厉以宁 吴易风 李懿 著

西方福利经济学述评

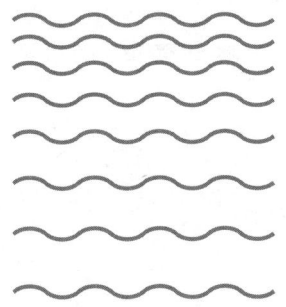

商务印书馆
创于1897 The Commercial Press

图书在版编目(CIP)数据

西方福利经济学述评/厉以宁,吴易风,李懿著.—北京:商务印书馆,2020
ISBN 978-7-100-15763-6

Ⅰ.①西…　Ⅱ.①厉…②吴…③李…　Ⅲ.①福利经济学—西方国家—文集　Ⅳ.①F061.4-53

中国版本图书馆 CIP 数据核字(2011)第 017532 号

权利保留,侵权必究。

西方福利经济学述评
厉以宁　吴易风　李懿　著

商 务 印 书 馆 出 版
(北京王府井大街36号　邮政编码100710)
商 务 印 书 馆 发 行
北京通州皇家印刷厂印刷
ISBN 978-7-100-15763-6

2020年12月第1版　　　　开本 880×1230　1/32
2020年12月北京第1次印刷　　印张 11⅛
定价:78.00元

前　　言

在1960年时,为了适应高等学校教学参考的需要,北京大学、中国人民大学和中国社会科学院经济研究所有联合编写当代资产阶级经济学说的计划。编写"福利经济学"是这个计划的一部分。当时负责编写的,有北京大学罗志如同志,中国社会科学院经济研究所巫宝三、汪友泉、李懿同志。编写工作在1965年基本完成,接着将初稿分送有关方面,并在北京大学经济系举行了一次征求意见的会议。以后将初稿加以修改,本拟送出付印,但因"文化大革命"开始,未果。这样,这部文稿就搁置了十多年。十年内乱结束以后,尤其是在十一届三中全会以后,通过拨乱反正,各条战线都出现了欣欣向荣的局面,经济学界亦不例外,在各种学会纷纷成立之际,外国经济学说研究会也在1979年成立。由此,我想到搁置了十多年的"福利经济学"那部稿子,想到它对于了解西方经济学说还有些用处。但是事隔十多年,西方"福利经济学"已有很多新的发展,旧稿已不适合于出版,而必须大加修改和补充。可是旧稿编写人员罗志如同志和我,已有其他工作在手,难以重理旧业,汪友泉同志则在国外,只李懿同志仍继续此项研究。所幸北京大学厉以宁同志、中国人民学吴易风同志对"福利经济学"已进行了多年研究,并对它的新发展进行了探索。这样,修改和补充旧的稿子就有了很好的条件,因此,我们征求了厉以宁、吴易风、李懿三位同志的同意,并得到北大、人大和中国社会科学院经济研究所负责同志的支持,于1981年夏间正式商定厉以宁、吴易风、李懿同志负责修改和补充"福利经济学"旧稿,完稿以后,交出版社出版。经过三位同志的共同努力,而由厉以宁同志总其成,费力最多,全稿于1982年9月间完成。此稿包括60年代以后此学的重要发展,由此可以窥见西方此学的梗概,甚可庆幸。最近与三位编写同志共同商定,将此稿送商务印书馆出版。余喜这一专题终由厉以宁、吴易风、李懿三位同志共同编写完成,以飨读者,故略述此书编写经过如上。

巫宝三

1982年12月

目　　录

第一章　绪论 …………………………………………… 1

　第一节　福利经济学的产生和发展 ………………………… 1

　　一、边沁的功利主义原则 ………………………………… 2

　　二、边沁以后功利主义学说的发展 ……………………… 4

　　三、"消费者剩余"和"最优状态"概念的提出 ………… 8

　　四、福利经济学的产生 …………………………………… 12

　　五、福利经济学的发展 …………………………………… 14

　第二节　福利经济学的特点 ………………………………… 18

　　一、提出资产阶级的道德标准，标榜规范研究 ………… 19

　　二、在边际效用价值论基础上提出福利概念 …………… 22

　　三、利用所提出的道德标准和福利理论作为制定经济

　　　　政策的指导原则 ……………………………………… 26

第二章　庇古的福利经济学 ………………………………… 30

　第一节　效用基数和经济福利 ……………………………… 32

　　一、庇古对福利的解释 …………………………………… 32

　　二、庇古采用边际效用分析法来计算经济福利 ………… 33

　　三、庇古关于计算经济福利时货币边际效用不变的

　　　　假定 …………………………………………………… 36

  四、庇古论经济福利与国民收入之间的关系 …………… 40

  五、庇古关于经济福利的学说的虚伪性 ………………… 42

 第二节 收入的转移 ……………………………………… 44

  一、国民收入分配问题的提出 …………………………… 44

  二、庇古的"收入均等化"学说的基本论点 …………… 46

  三、庇古的"收入均等化"学说的实质 ………………… 48

  四、庇古从"收入转移论"引申出来的四个论点 ……… 49

  五、庇古论转移收入的具体措施 ………………………… 51

 第三节 社会资源的最优配置 …………………………… 55

  一、社会资源最优配置问题的提出 ……………………… 55

  二、庇古在资源配置问题上采用的分析方法 …………… 56

  三、庇古论边际私人纯产值与边际社会纯产值背离
    条件下国家干预的必要性 …………………………… 59

  四、庇古对于边际私人纯产值与边际社会纯产值
    背离原因的分析 ……………………………………… 60

  五、庇古的社会资源配置学说的评价 …………………… 65

 第四节 国民收入变动的计算 …………………………… 68

  一、庇古关于国民收入增加的说明 ……………………… 68

  二、庇古关于国民收入变动的计算方法 ………………… 69

  三、庇古关于国民收入变动的含义所引起的争议 ……… 73

第三章 新福利经济学 ……………………………………… 75

 第一节 效用序数 ………………………………………… 77

  一、效用序数的含义 ……………………………………… 77

  二、边际替代率 …………………………………………… 78

三、无差异曲线 ·················· 80
　　四、消费可能线 ·················· 82
　　五、收入和价格变动条件下消费者均衡点的移动 ······ 84
　　六、收入效应和替代效应分析 ············ 86
　　七、效用序数和效用基数的异同 ··········· 90
　　八、从效用序数论得出的福利概念 ·········· 91
第二节　最优条件 ···················· 93
　　一、最优条件的含义 ················ 93
　　二、交换的最优条件 ················ 95
　　三、生产的最优条件 ················ 99
　　四、生产的最优条件和交换的最优条件的结合 ····· 104
　　五、两国之间生产和交换的最优状态 ········· 106
　　六、最优条件论的评价 ··············· 109
第三节　补偿原则 ···················· 110
　　一、补偿问题的提出 ················ 110
　　二、卡尔多的福利标准 ··············· 113
　　三、希克斯的福利标准 ··············· 116
　　四、西托夫斯基的福利标准 ············· 118
　　五、李特尔的福利标准 ··············· 120
第四节　社会福利函数 ·················· 124
　　一、社会福利函数论的特点 ············· 124
　　二、社会福利函数的表述形式 ············ 125
　　三、社会福利最大化的条件 ············· 127
　　四、"理想的收入分配"的实质 ··········· 130
　　五、社会福利函数论与经济政策的制定 ········ 132

第四章　福利经济学与"社会主义"经济学 …………… 134

第一节　资产阶级"社会主义"经济学的产生与发展 …… 135

一、资产阶级的"社会主义"经济学的产生 …………… 136

二、资产阶级经济学界关于"社会主义"经济学的两个派别 ………………………………………………………… 140

三、熊彼特对"社会主义"经济学渊源的分析 ………… 141

第二节　福利经济学中对社会主义本质的曲解 ………… 143

一、庇古对"社会主义"的解释 ………………………… 144

二、庇古的"社会主义"概念的谬误 …………………… 146

三、勒纳对"社会主义"的解释 ………………………… 147

四、勒纳命题的谬误 ……………………………………… 150

五、熊彼特对"社会主义"的解释 ……………………… 151

六、熊彼特对社会主义性质的曲解 …………………… 154

第三节　福利经济学中关于"计划化"的论述 ………… 156

一、福利经济学中社会主义"计划化"的出发点 ……… 156

二、社会主义"计划化"中的计算问题 ………………… 158

三、福利经济学中"社会主义计划化目标"的剖析 …… 159

第四节　福利经济学家论社会主义经济中"最优"条件的实现 ……………………………………………………… 162

一、所谓"竞争解决法" ………………………………… 162

二、"竞争解决"模式的庸俗性 ………………………… 164

三、所谓"中央集中解决法" …………………………… 167

四、中央集中解决模式的谬误 ………………………… 168

五、所谓"国家偏好函数"和"双重评价体系" ………… 169

六、多布关于实现"最优条件"的论点 ………………… 173

第五章　福利经济学与经济政策 …… 180

第一节　"福利国家"政策 …… 180

一、"福利国家论"与福利经济学的关系 …… 180

二、庇古的收入均等化学说对福利国家政策的影响 …… 182

三、资本主义国家累进税政策的实质 …… 185

四、资本主义国家"社会福利"设施的实质 …… 187

第二节　价格和产量政策 …… 189

一、新旧福利经济学家重视经济效率的原因 …… 189

二、福利经济学中关于制定生产政策的一般原则 …… 190

三、霍推林提出的产量和价格方案 …… 194

四、霍推林方案的实质 …… 197

五、霍推林方案实行过程中的政府干预与自由经营的矛盾 …… 198

六、霍推林方案实行过程中的课税问题 …… 201

七、多种收费方案和区别定价方案 …… 206

第三节　对外贸易政策 …… 210

一、当代西方国际贸易理论的特点：国际贸易理论与福利理论的结合 …… 210

二、自由贸易政策与所谓"世界福利" …… 212

三、保护贸易政策与所谓"民族福利" …… 218

四、"最优关税率" …… 221

第六章　当前资产阶级福利经济理论的动向 …… 228

第一节　外部经济理论 …… 228

一、"外部影响"的含义 …………………………………… 228
二、20世纪70年代以前福利经济学中关于外部经济问题的
　　研究 …………………………………………………… 230
三、外部经济理论的基本特征 …………………………… 242
四、外部经济理论中关于财产权的学说 ………………… 244
五、外部经济的计算 ……………………………………… 246
六、福利经济学中有关外部经济理论的若干新论点 …… 251
第二节　次优理论 …………………………………………… 254
一、次优问题的提出 ……………………………………… 254
二、次优理论的产生和发展 ……………………………… 256
三、次优理论的中心思想 ………………………………… 259
四、次优理论怎样为资产阶级政府的政策服务？——以
　　关税同盟为例 ………………………………………… 263
第三节　相对福利学说 ……………………………………… 268
一、对庇古福利命题的怀疑 ……………………………… 268
二、相对收入假定和相对福利学说 ……………………… 271
三、关于福利的比较问题 ………………………………… 275
四、相对福利学说的政策含义 …………………………… 277
五、相对福利学说关于未来社会的设想 ………………… 280
六、相对福利学说的庸俗性和辩护性 …………………… 283
第四节　"平等"和"效率"交替学说 ……………………… 283
一、"平等"和"效率"的交替 …………………………… 283
二、平等和效率的先后次序 ……………………………… 286
三、平等和效率协调的模式——混合经济制度 ………… 289
四、关于改善平等和效率之间关系的具体措施 ………… 294

五、资本主义制度下平等和效率交替问题的实质 …………… 296
第五节　关于国民福利尺度的讨论 ………………………………… 299
　　一、国民生产总值作为衡量福利的尺度 ……………………… 299
　　二、国民生产总值指标的局限性和缺陷 ……………………… 301
　　三、"经济福利尺度"和"纯经济福利" ………………………… 303
　　四、"社会财富"作为衡量福利的指标 ………………………… 305
　　五、综合福利指标 ……………………………………………… 307
　　六、有关福利指标讨论的意义 ………………………………… 309
第六节　宏观福利理论的探讨 ……………………………………… 310
　　一、宏观福利经济问题的提出：勒纳的论述 ………………… 310
　　二、对"最优增长"概念的异议 ………………………………… 315
　　三、通货膨胀与失业交替条件下的宏观福利问题 …………… 317
　　四、关于通货膨胀对福利变动的影响的论述 ………………… 323
　　五、关于通货膨胀与经济增长之间关系的论述 ……………… 328
　　六、政治周期理论 ……………………………………………… 331

人名索引 …………………………………………………………… 335

第一章 绪论

第一节 福利经济学的产生和发展

什么是福利经济学？资产阶级经济学家曾经对福利经济学下过各种不同的定义，但比较流行的一种说法是：福利经济学是从福利的观点对经济体系的运行进行评价的经济学。这里所说的"从福利的观点"，包含了价值判断的标准在内，这就是：使福利增进就是"好"，使福利减少就是"坏"。这里所说的"从福利的观点对经济体系的运行进行评价"，是指判断一种经济体系的运行究竟是增进福利还是减少福利：能够增进福利的经济体系运行被认为是"好的"，导致福利减少的经济体系运行被认为是"不好的"。至于什么是"福利"？什么是判断福利增加或减少的标准，福利经济学家们提出了各种不同观点，这些将在本书以下各章中再予以评述。

福利经济学作为资产阶级经济学的一个分支，在20世纪初形成于英国，后来在美国、瑞典、法国等国得到传播。福利经济学的出现，是西方主要资本主义国家，特别是英国社会经济矛盾和阶级矛盾激化的结果。

从19世纪70年代起到和第一次世界大战前，主要资本主义国家已经从自由竞争的资本主义阶段过渡到垄断资本主义阶段。各主要资本主义国家的经济发展是不平衡的。在19世纪末和20世纪初,英国在主要工业品的产量方面先后被跳跃式发展的美国和德国所超过。号称"世界工厂"和"日不落帝国"的英国,逐渐丧失了世界工业的垄断地位和世界贸易的垄断地位。1914—1918年的第一次世界大战,是资本主义政治和经济危机的结果,是资本主义发展不平衡和帝国主义国家间矛盾激化的结果。但是,战争并没有从根本上解决这些矛盾。相反,它加剧了资本主义的各种矛盾,促进了人民群众的觉醒。列宁指出:"英德两个金融强盗集团争夺赃物的战争留下的几千万尸体和残废者,以及后来的这两个'和约',空前迅速地唤醒了千百万受资产阶级压抑、蹂躏、欺骗、愚弄的民众。于是,在战争造成的全世界的经济破坏的基础上,世界革命危机日益成熟,这个危机不管会经过多么长久而艰苦的曲折,其结局只能是无产阶级革命爆发并且获得胜利。"[①]1917年,震撼世界的俄国十月社会主义革命就是在这一历史条件下爆发并且取得胜利的。

面对着日益激化的社会经济矛盾和阶级矛盾,一些资产阶级经济学家提出要通过社会经济福利的研究来改善社会状况,缓和国内的阶级矛盾。在这种背景下,福利经济学为适应资产阶级的需要而孕育和产生了。

一、边沁的功利主义原则

资产阶级福利经济学以边沁的功利主义哲学作为思想基础。

---

① 《列宁选集》,第2卷,第734页。

边沁(1748—1832)是自由资本主义时代英国的资产阶级社会学家和哲学家。他宣扬资产阶级的道德哲学和政治思想,把资产阶级的阶级利益说成是"普遍的利益"。他认为,人们的理性活动是寻求快乐和避免痛苦,如果让每个人都能自由地追求个人利益,那就会实现公共利益,即最大多数人的最大幸福。因此,他把道德归结为快乐和痛苦的计算,他把这称为"效用原则"。效用原则或译为功利原则或功用原则。这种原则不但规定个人应当做什么和将要做什么,并且还规定社会应当做什么和将要做什么,因为社会被认为是个人的总和。这种原则被用来指导政府的立法,它认为政府应当实行自由放任政策,使每个人不受阻碍地追求自己的利益。这实际上是让资产者不受阻碍地去追逐尽可能多的利润。

实际上,把所谓最大幸福作为人们行为的道德标准,在西方很早就已出现。在近代,以最大幸福作为道德标准的观点,最早见于里查德·孔伯兰(1631—1718)的《论自然规律》(1670)一书。边沁自己承认,约瑟夫·普利斯特利(1733—1804)在《政治原理要义》(1768)一书中提出的"一国大多数成员的利益应作为国家一切政策的标准"的主张,对他有直接的影响。尽管如此,在后来的西方哲学界和经济学界,边沁仍被看成是功利主义这一道德哲学原则的创立者,因为他不仅提出了功利主义概念,而且使之具有经济理论和政策的含义。

边沁的功利主义原则的经济理论和政策的含义在于:既然功利应当作为道德最高准则的原理,追求幸福是基于人类本性的根本动机,而社会作为个人的总和,社会的幸福作为社会成员的幸福的总和,那么,"最大多数人的最大幸福"原则既是道德标准,又是立法和制定政策的标准。假定在个人与社会之间,至少在最大多数人之外的少数人与最大多数人之间,在幸福方面存在着矛盾的话,那么就需要对这种矛盾进行调和。但总的说来,个人只能在整体的利益中获得自己的幸福;而长期来说,少数人将由于社会幸福的增进而分享这种利益。由于边沁认为只有个人才能对于自己切身的苦乐有深切的了解,个人不但最清楚地知道什么构成自己的幸福,而且是唯一知道什么构成自己的幸福的人,因此,个人追求私利是正当的,这种追求不应当受到任何干涉。这样,边沁功利主义原则的最重要的经济理论和政策含义就是要求自由放任,要求国家不干预私人经济活动。

二、边沁以后功利主义学说的发展

边沁的功利主义学说到了英国资产阶级经济学家詹姆斯·穆勒(1773—1836)的手里,便同政治经济学正式结合在一起。詹姆斯·穆勒从边沁的功利主义出发,认为经济学的研究应当关心人的幸福所在,而资本主义的现实生活却可以使个人的利益与公共利益相结合。在资本主义私有制条件下,不仅个人可以得到幸福,公众也可以得到幸福。因此,正如马克思和恩格斯所指出的,经过詹姆斯·穆勒之手,"经济学的内容逐渐使功利论变成了替现存事物的单纯的辩护,变成了这样的说教:在目前条件下,人们彼此之间的现有的关系是最有益的、最有公益的关系"。①

后来,詹姆斯·穆勒的儿子约翰·穆勒(1806—1873)坚持

---

① 《马克思恩格斯全集》,第3卷,第484页。

功利主义学说,并在这方面作了新的发展。他认为,凡是能促进最大多数人的最大幸福的行为,就是正义的行为。但是,约翰·穆勒所处的时代已经是不同于边沁和詹姆斯·穆勒的时代了。一方面,约翰·穆勒仍然是边沁功利主义的追随者,是自由放任政策的拥护者;但另一方面,在资本主义矛盾日益暴露的情况下,在宪章运动、工会运动和社会主义思想的冲击下,约翰·穆勒对资本主义社会中无产阶级和资产阶级之间冲突的日益尖锐化感到不安,他主张采取某些国家干预政策,在维护资产阶级利益的前提下把已经不容忽视的无产阶级要求同资产阶级利益调和起来。约翰·穆勒指出,那种认为政府最好什么事情也不管的论点,有正确之处,也有错误之处。正确之处在于:政府不应当干预个人的自由;错误之处在于,政府放弃了它应有的直接和间接促进人民福利改善的职责。因此,约翰·穆勒以一个社会改良者的身份出现,他主张在保存资本主义自由竞争的同时,限制遗产的继承,发展合作社,增加对贫民的救济等。

约翰·穆勒曾经写道:"人类有理由,个别地或集体地,干预任何其他成员的行动自由的唯一目的是自卫。有权对一个文明社会中的任何一个成员,不问其本人是否愿意,正当地施行权力的唯一目标是为了防止对别人的损害。为了他个人的好处,无论是物质的或道义上的,都不足以构成充分的理由。"[①]但他在另一场合又这样表述了自己的观点:"不应当把人类划分成为两个遗传下来的阶级——雇用者和受雇者,不能把这种制度看成是可以长久维持的制度;如果可以在具有一切可能性的共产主义和具有

---

① 约翰·穆勒:《论自由》,1924年版,第15页。

一切苦难与不公正的现代社会状态之间作一选择的话,如果私有财产制度必然附有这样一种后果,即劳动的产品应该照我们现在所看到的方式进行分配(那几乎是和劳动成反比例的)的话……,如果可以在这与共产主义两者之间进行选择的话,那么共产主义的所有大大小小的困难都是微不足道。"①约翰·穆勒的这两种看法恰恰是矛盾的。前一种看法,是对边沁的功利主义哲学的阐发,是对自由放任原则的颂扬;后一种看法则是对边沁的功利主义哲学的怀疑和否定,是对私有财产制度的谴责和对社会改良的推崇。约翰·穆勒无疑是一个折中主义者,这种折中主义的思想对后来的福利经济学家是有影响的。当然,这种折中实际上是行不通的,正如马克思所指出,约翰·穆勒和其追随者是"毫无生气的混合主义","企图调和不能调和的东西"。②

约翰·穆勒的折中主义在资本主义矛盾发展的现实面前逐步破产。从1870年起,资产阶级经济学家为了加强对资本主义制度的辩护,改变了政治经济学的研究对象,以完全脱离了历史条件的"经济人"的欲望和满足为考察中心,提出了边际效用价值学说来代替劳动价值学说。边际效用价值学说是一种主观主义的价值论,它从抽象的个人欲望出发,用买卖双方的主观估价来说明市场价格,进而否定资本主义剥削关系,掩盖剥削阶级攫取剩余价值的生产活动和奢侈性的消费活动。这种主观的价值学说使资产阶级经济学家更便于利用边沁的功利主义来解释人类的经济活动,因为价值本身就是一种评价,所以"最大幸福"也无非是一种主观的感受。不仅如此,边际效用论者在把边沁的

---

① 约翰·穆勒:《政治经济学原理》,1923年版,第761页。
② 《马克思恩格斯全集》,第23卷,第17、18页。

"效用原则"用于价值学说时,还应用微积分学求出效用的最大数值,以便使边沁的道德概念"最大幸福原则"具有数量的内容。边际效用价值学说创立者之一威廉·斯坦利·杰文斯(1835—1882)在所著《政治经济学理论》一书第一版序言(1871 年)中就说过:"在这本书中,我试图把政治经济学当作快乐和痛苦的一种微积分学"。① 在同书中,他还说:"经济学的目的是使幸福达到最大程度……我毫不踌躇地接受功利主义的道德学说,它确认对于人们幸福的效果是判断正确和错误的准则"。② 这种把资产阶级庸俗经济学变为完全主观内容的说教,以后就和边沁的功利主义政治、道德、哲学一起变成了福利经济学的理论依据。

在这里需要指出的是,威廉·斯坦利·杰文斯在"把政治经济学当作快乐和痛苦的一种微积分学"以及认为"经济学的目的是使幸福达到最大程度"的同时,尽管他口头上声称自己"毫不踌躇地接受功利主义的道德学说",实际上他仍然遇到了与约翰·穆勒相似的困难。约翰·穆勒的折中主义对于杰文斯的影响是不容忽视的。杰文斯感到,如果完全按照边沁的功利主义原则去做,将会碰到不少矛盾;但如果摒弃这一原则,又会带来更多的问题,所以杰文斯写道:"我们不能制定绝对不变的规则,但是必须对每个事件就事论事,仔细地加以处理。特殊的经验是我们的指南,甚至有可能为此进行试验,而真正的困难在于经验的解释。我们只能就善与恶的矛盾可能性来加以平衡。"③

---

① 杰文斯:《政治经济学理论》,1957 年第 5 版,第 Ⅵ 页。
② 同上书,第 23 页。
③ 杰文斯:《国家与劳动的关系》,1882 年版,第 Ⅴ—Ⅵ 页。

如果说约翰·穆勒对杰文斯的影响还不是十分明显的话，那么到了马歇尔(1842—1924)那里，约翰·穆勒的影响就明显了。马歇尔作为一个 19 世纪末期集资产阶级庸俗经济理论之大成者，在他的理论体系中保存了二重性，即一方面是纯粹的边沁功利主义原则，另一方面是对边沁功利主义原则的怀疑和修正，即社会改良思想。关于这一点，埃里克·罗尔在《经济思想史》一书中作了评论。罗尔写道："其所以有这种二重性是因为马歇尔和穆勒之间有着精神上的联系。马歇尔固然不承认有什么功利主义的偏见，但他基本上是个后期的功利主义者，就是说，是一个自由主义社会改良家。虽然他渴望不放弃现代经济学对于总的现存经济制度所能提供的任何有利的论证，但他更切望不对任何特殊改良的建议关闭大门。"[①]下面我们将会谈到，资产阶级福利经济学的创建人庇古(1877—1959)作为马歇尔的学生，从总的思想倾向来说，正是接受了从约翰·穆勒到马歇尔这一"边沁功利主义和社会改良思想的调和论"传统而对福利概念进行阐释的。

三、"消费者剩余"和"最优状态"概念的提出

在福利经济学正式出现之前，资产阶级经济学家在进一步加工和修饰主观价值论时提出的一些分析工具，以后一直为福利经济学所采用。其中，马歇尔提出的"消费者剩余"概念和帕累托(1848—1923)提出的"最优状态"概念，作为分析工具，对于福利经济理论的形成起了主要作用。

---

① 罗尔：《经济思想史》，商务印书馆 1981 年版，第 395 页。

马歇尔在1890年出版的《经济学原理》中,从边际效用价值学说演绎出他所谓的"消费者剩余"概念。马歇尔对消费者剩余的解释是:"一个人对一物所付的价格,绝不会超过而且也很少达到他宁愿支付而不愿得不到此物的价格;因此,他从购买此物所得到的满足,通常超过他因付出此物的代价而放弃的满足;这样,他就从这购买中得到一种满足的剩余。"①换言之,消费者剩余就是一个人愿支付的商品价格超过他实际支付的商品价格的差额。这个差额之所以称作消费者剩余,据说是因为这个差额可以表示消费者得到的额外的满足。

如下图所示,按照马歇尔关于消费者剩余的定义,dd 为需求曲线,价格为 0k 即 pn,购买数量为 0n 即 kp。于是 dpk 面积表示消费者剩余。这是在假设货币边际效用不变的前提下得出的。

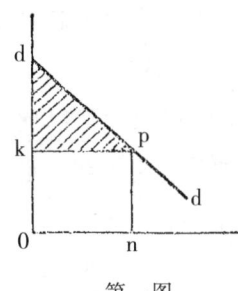

第一图

马歇尔认为,从消费者剩余这一概念可以得出如下的政策结论,即对报酬递减的商品实行征税,所得的税额可以大于所失的消费者剩余,而对报酬递增的商品实行补贴,所得的消费者剩余可以大于支付的补贴。因此,"政府对那些遵守报酬递减规律的商品征税,并把部分所得用来补贴那些遵守报酬递增规律的商品,对社会是更加有利的"②马歇尔的消费者剩余概念和由此推导出的政策结论,对于此后福利经济学研究起了重要的作用。

---

① 马歇尔:《经济学原理》,上册,商务印书馆1981年版,第142页。
② 同上书,下册,第154页。

为什么马歇尔提出的这一概念对此后的福利经济学研究如此重要呢？因为这正如马歇尔所承认的，研究消费者剩余的目的并不在于说明这种剩余的大小及其与个人需求之间的关系，而在于说明怎样才能增加个人和经济的满足程度。这一点正是以后福利经济学所要探讨的中心问题。所以马歇尔写道：对于消费者剩余的研究表明，"有许多工作留待我们去做，即通过慎重的搜集供求统计资料，并科学地解释它们的结果，以便发现什么是社会力所能及地把各个人的经济活动纳入最能增进总满足程度的那些途径的工作范围"。①

埃里克·罗尔在评论马歇尔的消费者剩余概念对于庇古的福利经济学的意义时，曾经这样说道："那些攻击这种概念的人们曾提出，暗示在消费者的剩余概念中的超额满足是不可能衡量的。马歇尔从未说过那是可以衡量的，除非是在一种非常抽象的假设之下：货币的边际效用是常数。他运用这个概念只是作为通常分析中的生产者剩余的对应物。他利用这种概念来表明，对于弹性和非弹性需求的商品所征税金的后果。他以此来试图说明什么样的政府干预是必要的。马歇尔的门生和继承人庇古教授所奠定的'福利经济学'的全部内容，确实是以知识先驱——消费者的剩余理论——所考虑的那些东西为基础的。"②应当认为，罗尔的评论符合实际情况。

对福利经济学的产生和发展有重要作用的另一分析工具是帕累托提出的"最优状态"概念。而帕累托在分析最优状态时又采用了同时代的英国资产阶级经济学家埃奇沃思(1845—1926)

---

① 马歇尔：《经济学原理》，下册，商务印书馆1981年版，第154页。
② 罗尔：《经济思想史》，第391页。

使用的"无差异曲线"和"契约曲线"概念。埃奇沃思在从边际效用价值学说出发"研究各个人"求达到自己的最大效用以及各个人彼此之间的协议"①时,曾应用几何图形画出所谓无差异曲线和契约曲线,表示两个人各有一种商品在完全竞争的交换中达到最为有利的状态。② 这种分析方法,为帕累托所采用。

帕累托为了避免效用计量和加总的困难,提出了"偏好顺序"来代替效用计量,即认为只要根据在市场上观察到的消费者行为——对于不同商品组合的同等、较多或较少偏好,就可以确定各个人在既定的价格和收入条件下所达到的最大偏好状态。这样,他就应用无差异曲线,以偏好顺序来表示各个人和全体的最大满足。帕累托给"最大偏好状态"下了一个定义:"最大偏好状态就是这样一种状态,它的任何微小的改变,必然使有些人的偏好增多和另一些人的偏好减少。"③后来,资产阶级经济学家把以"偏好顺序"表示满足的理论,叫作"效用序数论",把"最大偏好状态"叫作"帕累托最优状态"。二者都为以后的新福利经济学家所采用。④

从福利经济学产生和发展的历史来看,帕累托的"最优状态"概念的影响是不可忽视的。这种影响集中反映于以下三个方面:

第一,帕累托的最优状态被认为是一种理想的境界,而在这个理想的境界中可以得到最大的福利,所以后来的福利经济学

---

① 埃奇沃思:《数理心理学》,1881 年版,第 6 页。
② 关于"无差异曲线"和"契约曲线"的说明,见本书第三章。
③ 帕累托:《政治经济学教本》,意文 1906 年版。引自法文译本 1927 年第二版,第 354 页。
④ 关于"效用序数论",见本书第三章。

研究者围绕着这种最优状态的条件问题进行讨论,即究竟怎样才能实现最优状态,怎样才能使得一些人的福利增加同时又不会使另一些人的福利减少。

第二,帕累托的最优状态既然与福利最大化联系在一起,那么就应当设法对之进行检验,而这种检验又必须具有一定的标准。于是,后来的福利经济学研究者围绕着福利的检验标准问题展开了讨论,并试图用这种标准来判断个人、集团和政府的经济行为的合理性问题。

第三,由于帕累托的最优状态是在一定的假设的前提下才能达到并且才能接受检验的,那么,如果客观上不存在这种假设的前提条件,甚至不可能出现这种假设的前提条件,那么能不能找到帕累托的最优状态的替代物呢?能不能用一种替代的方法来衡量福利的增减呢?或者能不能找到另一种替代的目标来代替帕累托式的理想境界呢?这又是一些引起讨论的重要课题。

庇古以后的福利经济学的发展,包括最近二十年来资产阶级福利经济学所提出的若干新观点,都是与帕累托最优状态概念不可分的。关于这些,本书第三章和第六章中将有较详细的评述。

四、福利经济学的产生

有些资产阶级经济学家认为福利经济学最早起源于霍布森(1858—1940)。霍布森是英国资产阶级经济学家和改良主义者,他在《社会问题》(1901年)、《工业制度》(1909年)、《现代资本主义的演进》(1894年)、《工作和财富》(1914年)等著作中曾经论述过"福利"问题。霍布森认为资本主义社会的"不平等"是突出的,应当引起人们的注意,他主张以"社会福利"作为经济研究的中心问题。由于霍布森接受了庸俗经济学观点,所以尽管他承认资本主义制度下存在着剩余价值,并承认剩余价值的占有是不劳而获,但又说剩余价值是在"竞争性的议价"中产生的,议价双方有一方是强者,另一方是弱者,由于议价力量的不平等,议价结果使强者占有了剩余价值。从这一观点出发,霍布森主张通过税收政策或国有化使剩余价值转归政府所有,并被政府用于社会福利方面。

作为一个改良主义者,霍布森对福利问题是进行了探讨的。但他不曾建立资产阶级福利经济学的体系。霍布森被认为是一个"非正统的"经济学家,他也自称为一个"异端经济学者"(an economic hertic)。他对以后福利经济学的影响是不大的。

福利经济学的正式产生是在第一次世界大战爆发以后。第一次世界大战爆发和俄国十月社会主义革命的胜利,使资本主义陷入经济和政治的全面危机。这是帝国主义阶段资本主义的各种矛盾尖锐化的必然结果,和它对抗的社会主义已使世界六分之一土地上的劳动者摆脱了资本的统治。在这种情况下,垄断资产阶级已经不满足于过去的辩护方式,于是马歇尔的门徒庇古发挥他老师的学说,在1920年出版了第一次以"福利经济学"为题的著作。

庇古的《福利经济学》的出版标志着福利经济学的正式产生。在此书出版以前,资产阶级经济学家曾经先提出"财富"经济学,以后又提出"幸福"经济学,他们不常使用"福利"一词。但在此书出版以后,福利一词就变得非常流行。

庇古在《福利经济学》一书所阐述的基本观点,本书第二章中将专门予以评述。这里需要指出的主要是这样两点:第一,与庇古以前的资产阶级经济学家(包括马歇尔在内)不同,庇古所建立的是一个资产阶级福利经济学的理论体系,是对福利概念及其政策应用作了系统的论述,而不是在讨论效用、消费者行为、分配等理论时才对福利概念进行阐发。第二,庇古并不是凭空建立自己的福利经济学理论体系的,他是在马歇尔等人的一般经济理论的基础上讨论福利概念本身以及与福利有关的各个理论的。不能认为庇古在一般经济理论领域内创建了新的学派,而应该把他的福利经济学研究看成是剑桥学派经济理论的发展,是资产阶级经济学中的一个新的分支的产生。

庇古的《福利经济学》一书的出现,在资产阶级经济学说史上具有重要意义。资产阶级经济学家汉内曾就庇古的研究这样写道:"英国的社会问题——庞大的财富和大众贫困的对比——非常严重,并且由于世界大战而变得尖锐起来。因此有些思想家以建立社会福利的一种标准概念作为目标,并导使经济学研究社会政策以接近那种目标的倾向就突出出来了。这种研究趋势可以叫'福利经济学'"。①

五、福利经济学的发展

1929—1933 年,资本主义世界爆发了空前严重的大危机。不久,又爆发了第二次世界大战。第二次世界大战结束后,包括中国在内的一些国家取得了社会主义革命的胜利,殖民地民族解放运动风起云涌,帝国主义国家经济危机频繁。面对着这些

---

① 汉内:《经济思想史》,1947 年版,第 698 页。

事实,资产阶级经济学家除了以凯恩斯主义的理论作为制定应付经济危机的政策的根据而外,还企图进一步制造福利理论和政策,以缓和国内阶级矛盾、美化和加强垄断资本主义制度。这表明凯恩斯主义经济学说和福利经济学理论二者并不是互相抵触的。在资产阶级政府和资产阶级经济学家看来,它们可以相互补充,以适应为资本主义辩护的需要。例如,英国凯恩斯主义者哈罗德在宣扬凯恩斯学说的同时,也提出要重视福利经济学理论和政策的研究。早在1938年,他就在"经济学的范围和方法"一文中指出:"庇古的福利经济学仍然具有生命力","国家干预的广泛增长,使得经济学家在政策建议上的职能的重要性更为增加,而不是减少"。①

接着,一批关于福利经济学的重要论文相继出现了。最著名的是英国的卡尔多、希克斯和美国的霍推林、柏格森等人发表的论文。后来,美国的萨缪尔森、西托夫斯基等人也都积极参加福利经济学的讨论。1960年,美国洛克菲勒基金会约请福利经济学家米商为福利经济学的新发展写了一篇评论。据米商统计,在1939年到1959年这20年中,不计以前和最近出版的,在这一方面发表的论文和著作共达250种。②

资产阶级经济学家把庇古的福利经济学称作旧福利经济学,而把庇古以后的福利经济学称作新福利经济学。他们之所以说后者是新的,主要是说后者不再像庇古那样根据马歇尔的效用基数论和局部均衡论,而是根据帕累托的效用序数论和瓦尔拉的一般均衡论,运用数学表述方法,提出"最优条件""福利

---

① 《经济学杂志》,1938年9月号。
② 米商:"福利经济学评述,1939—1950年",载《经济学杂志》,1960年6月号。

标准"的"客观检验"等理论。他们还把这些称作福利经济理论的"高度严密化"。美国资产阶级经济学家包尔丁说，新福利经济学"很像一个木匠，对于'家具'的兴趣，不如对于用锯子和锤子操作那么大"。① 这种情形正好说明新福利经济学比庇古的福利经济学更注意辩护手法。当然，新福利经济学的特点不仅在于它讲求使用各种辩护手法，更为重要的在于它从完全竞争的状态出发，得出适应国家垄断资本主义需要的全面干预国民经济生活的政策理论。完全竞争是理论探讨的前提，国家干预的必要性则是理论推导的结论。关于这一点，本书第三章将有较详细的评述。这里只需引用美国资产阶级经济学家雷德尔的这样一段话，就很可以说明问题了。雷德尔说道："新福利经济学实际上是反对自由放任传统的副产品；在很大程度上，三十和四十年代的福利理论在于表明情况的多样性和重要性，在这种情况下，自由放任政策是不适合的。换言之，'新'福利经济学设计的政策准则，是同'竞争状态'，'个人契约自由'等无关的"。②

关于福利经济学的应用，有的资产阶级经济学家曾采取悲观的论调。他们认为，福利理论很难应用于具体政策，所以主张经济学家放弃政策研究，回到实证经济学的轨道，为政策制定者提供选择政策方案所需要的知识。③ 这种悲观的论调引起很多资产阶级经济学家的反对。这是因为，他们研究福利经济学的目的就在于企图用它来指导政策。米商说："大多数悲观主义的产生，是基于错误的理由"；"这个学科所急需的，是加强注入经

---

① 包尔丁："福利经济学"，载海莱编：《当代经济学概览》，第 2 卷，1957 年版，第 2 页。
② 同上书，第 35 页。
③ 参看格拉夫：《理论福利经济学》，商务印书馆 1980 年版，第 185 页。

验主义,以终止无限制地遨游天空,并使它首先脚落实地"。①李特尔则说:"福利经济学的主要目的是开药方"。② 不难看出,他们所说的"加强注入经验主义",就是加强研究维持资本主义制度存在的统治经验,他们所说的"开药方",就是他们所提出的政策原则只要符合资产阶级及其政府的要求就行了。这就是他们为应用福利理论于指导政策所指出的途径和所作的辩护。

现代资产阶级经济学家在把福利经济理论应用于制定垄断资本主义的政策时,主要是用于制定价格、产量、收入分配、赋税、对外贸易等政策,以及"福利国家"政策。此外,他们还在福利经济学的基础上建立所谓"社会主义经济学",企图以资产阶级经济学来代替马克思主义的社会主义政治经济学,抹煞社会主义社会和资本主义社会的本质区别。应该说,福利经济学发展到了现在,已经成为现代资产阶级美化国家垄断资本主义制度的一种手段。因此,对于资产阶级福利经济学,我们必须进行批判。

还应该指出,虽然有个别资产阶级经济学家(如雷德尔)把凯恩斯经济学也包括在福利经济学说之内,③但一般说来,这种看法是不妥的。我们在前面已经提到,福利经济学和凯恩斯经济学应当被看成是相互补充的两种资产阶级经济学说:福利经济学以资本主义社会充分就业为前提,讨论资源配置和收入分配问题;凯恩斯经济学则以小于充分就业为前提,讨论实现充分就业问题。福利经济学和凯恩斯经济学从不同方面来为垄断资

---

① 米商:"福利经济学评述,1939—1950年",载《经济学杂志》,1960年6月号。
② 李特尔:《福利经济学评述》,商务印书馆1980年版,第302页。
③ 参看雷德尔:《福利经济学理论研究》,1948年版。

本主义提供制定经济政策的依据。本书所评述的福利经济学以讨论资源配置和收入分配问题为内容的福利经济学说为范围，不包括凯恩斯经济学在内：只是在本书第六章第六节，即在谈到当前资产阶级福利经济学的新动向时，才涉及与凯恩斯经济学有关的问题，即宏观福利学说的问题，如通货膨胀与失业的最优交替等等。即使如此，仍应该认为凯恩斯经济学与宏观福利学说并不是等同的，因为宏观福利学说并不是像凯恩斯经济学那样去分析造成通货膨胀或失业的原因，而是着重从"增进福利"的角度来考察国民经济的运行，并对这种运行作出评价。

当然，也有一些当代资产阶级经济学家从另一个角度论述凯恩斯经济学应当包括在福利经济学之内。他们的主要根据是：凯恩斯在《就业、利息和货币通论》一书的第二十四章《略论"通论"可以引起的社会哲学》中，谈到了收入分配和对资本主义经济制度的评价问题，提出了他的关于资本主义社会演变前景的设想。这是一个事实，应当承认这一点。但要知道，这不是凯恩斯经济学的基本部分，而且即使在《就业、利息和货币通论》一书中，它也不占主要的位置。因此，不把凯恩斯经济学包括在福利经济学之内，是符合实际情况的。

第二节　福利经济学的特点

福利经济学的独特内容是些什么？关于这一问题，虽然在以下各章要专门论述，但仍有必要在这里先概括地作一些说明。我们认为，福利经济学的主要特点可以概述如下。

一、提出资产阶级的道德标准，标榜规范研究

福利经济学的主要特点之一是强调道德判断或价值判断。它之所以要强调道德判断，是因为在资产阶级经济学家看来，经济研究中的道德判断就是要判明经济行为的是非善恶："应该如何"和"不应该如何"。把是非善恶的标准引入经济学中，这就使经济学成为一种规范性的科学，或称为"规范经济学"，以区别于对经济行为本身的说明的实证经济学。换句话说，资产阶级经济学家之所以要突出福利经济学的规范性质，是同福利经济学的政策含义有关的，即他们要在历来所标榜的"实证的或纯粹的经济学"之外，另立一种政策性或规范性的经济学，以适应资产阶级政府制定政策的需要。

资产阶级经济学家把价值或价格理论说成是"实证经济学"。他们认为，实证经济学是关于经济行为的"说明"，是从经验中得出并且可以用经验证明的，是研究"是什么"或"不是什么"的科学，它不涉及"应该"或"不应该"、"好"或"坏"的道德标准。比如说，酒的价格由哪些因素决定？这是一个实证经济学的问题。政府应不应该限制酒的生产，应不应该对酒征收一种高额的税，这就是一个规范经济学的问题。又如，政府增加公共工程投资一千万美元可以增加若干人就业，这是一个实证经济学的问题。至于政府应不应该增加一千万美元的公共工程支出，或者，政府究竟有没有责任或义务使那些失业者获得工作的机会，这就是一个规范经济学的问题。

英国福利经济学家格拉夫曾这样区分实证经济学和规范经济学。他写道："检验实证经济学中的一种理论的正常途径是检

验它的结论,而检验一种福利命题的正常途径是检验它的假设。这一点的重要意义是不容忽视的。在实证经济学中,我们往往可以大胆地使假设简单化,相信当我们把由这些假设得出的结论应用到我们对周围世界的观察上来时,就可以验明它们是否合适。在福利经济学中,我们却不能抱这样的信心。因而我们对所作的假设必须详加审察。每个假设本身必须站得住脚。我们不可能加以多大地简单化"。①

当然,以检验结论或检验假设作为区分的方法,并不是所有的资产阶级经济学家都能接受的。在资产阶级经济学中,实证经济学与规范经济学究竟如何区分,经济学界仍有争议。有些资产阶级经济学家主张,只有实证经济学才是科学,才是经济学家研究的领域,而规范经济学则不是科学,而是一种道德标准的探讨,它不是经济学家所要研究的,而是伦理学家的研究领域。另一些资产阶级经济学家则认为,无论是实证经济学还是规范经济学,都是经济学家应当研究的。我们认为,资产阶级实证经济学和规范经济学在本质上并无区别,作为从两个不同角度为资产阶级利益服务的方法,它们都是资产阶级所需要的。如果说二者之间在方法上有所不同的话,那就是:规范经济学为资产阶级政府的经济政策的辩护性更加突出,因为规范经济学通过自己的论证,说明什么样的经济政策是好的,什么样的经济政策是不好的,而实证经济学则不涉及政策本身的好坏的评价。以福利经济学来说,它一方面不否认实证经济学对资产阶级的有用性,另一方面则从规范研究的角度提出论据,强调道德判断的

---

① 格拉夫:《理论福利经济学》,商务印书馆 1980 年版,第 7 页。

重要性,并以此作为资产阶级政府经济政策在伦理方面的根据。

应当指出,也有一些福利经济学家在论述时避开价值判断前提或道德前提,不谈论应该实行什么样的政策和不应该实行什么样的政策,力图把福利经济学说成是实证经济学,似乎这样一来,就可以把福利经济学说成是一种具有"严谨性质"的科学了。庇古就是采取这种论述方式的福利经济学家之一。他曾说,福利经济学"从事福利原因的研究","是实证的研究","不陈述政策方案"。① 但另一些福利经济学家不同意这种说法,他们认为这是不符合福利经济学的本意的,并且庇古本人也不是不涉及价值判断或道德标准的。他们指出,庇古自己就根据功利主义观点和他自己的理论提出过许多政策原则,不能认为庇古是"完全不带感情地在探索福利的原因"。② 庇古以后的一些福利经济学家,如伯格森、萨缪尔森、李特尔等人,都承认福利和道德标准是分不开的,他们认为既然要论证福利的增减,其中必然含着好或坏的道德判断。

福利经济学用作判断福利的道德标准究竟是些什么呢?旧福利经济学家使用的道德标准是边沁功利主义的复述。这就是:第一,个人行为在于求得最大满足,第二,社会福利是所有个人满足的总和。新福利经济学家由于认为各个人的满足不能加总,就改变一下形式。他们说道,道德标准就是:"第一,个人是他自己福利的唯一判断者;第二,社会福利取决于组成社会的个人的福利。"③ 显然,这种道德标准抹煞了资本主义社会中资产

---

① 庇古:《福利经济学》,1932年版,第5、11页。
② 参看李特尔:《福利经济学评述》,商务印书馆1980年版,第90页;缪尔达尔:《经济理论发展中的政治因素》,1955年版,第10页。
③ 米商:"福利经济学评述,1939—1950年",载《经济学杂志》,1960年6月号。

阶级同无产阶级的对立,把资本主义社会说成是社会各个成员的利益的和谐与一致,也就是以资产阶级的道德标准作为全民的道德标准。福利经济学家正是根据这样一种臆造的全民道德标准来评价社会中的是非善恶的。我们知道,在阶级社会中,道德始终是阶级的道德,福利经济学家所提出的道德标准,始终是剥削阶级的道德标准。他们之所以要提出这种道德标准完全在于为他们所说的福利制造根据,以便把资本主义剥削制度说成是好的、增加福利的制度。

二、在边际效用价值论基础上提出福利概念

福利经济学是以庸俗经济学的价值理论为基础的。资产阶级经济学家毫不掩饰这一点。例如美国资产阶级经济学家罗森贝写道,福利经济学"是一种应用科学。它按照一种单独的目标,即社会的经济福利,从实证或纯粹经济学那里集合一些重要的理论关系"。[①] 他所说的实证或纯粹经济学,就是以庸俗经济学价值论为基础的价格经济学。在这里需要进一步说明的是,福利经济学究竟拼凑了和采用了庸俗经济学价值论和价格经济学中的哪些理论,它所根据的基本原则究竟是些什么。

上一节已经提到,福利经济学是根据资产阶级的功利主义道德学说和边际效用价值学说而发展起来的。从经济学说史的角度来看,它是边际效用价值理论的引申,因为边际效用价值理论以个人对于商品的主观感受和评价来说明商品价值和价格的决定;以后的资产阶级经济学家又在这个基础上进一步加以发

[①] 罗森贝:《社会福利的衡量》,1960年版,第3页。

挥,得出了一些"最大原则"。他们认为,在资本主义的完全竞争价格制度下,消费者按照自己的收入和偏好,安排各项支出,将得到最大的效用或满足;生产者(厂商)按照一定的产品价格和成本项目的价格,安排生产,将生产出最大的产量和取得最大的利润。资产阶级经济学家根据边际效用价值论,不但提出了关于最大原则及其实现条件的学说,并且还提出了关于"消费者主权"的论点。"消费者主权"是指,消费者的偏好和自由选择不但是实现最大效用的前提,并且是生产活动的指示器,即厂商生产什么,生产多少,都是按照消费者的偏好和自由选择的指示(市场价格的指示)来进行的。这就是说,消费者的爱好和自由选择是合理地配置社会资源的最高权威者、主宰者。

从分析方法上说,福利经济学通常采取的是资产阶级经济学中的长期、静态、微观分析方法。

长期分析有两个含义。第一个含义是,所分析的时期长到能使各个厂商按照价格来调整成本项目,使边际成本等于平均成本(等于价格)。厂商在调整成本项目的条件下得到最大产量并得到正常利润。第二个含义是,所分析的时期长到能使新厂商加入某一市场,或使原有的厂商退出某一市场。在新厂商加入和原有厂商退出的条件下,一切厂商都只得到正常利润,超额利润也就不再存在。

静态分析,是以一定的个人偏好和一定的生产技术为条件来分析最大满足、最大产量和最大利润;作为静态分析的基本前提是:消费者的偏好不变,生产技术不变。

微观分析,就是把消费者个人、家庭、厂商、个别单位、个别市场当作研究对象,分析其生产、分配、交换和消费活动;微观分析是把国民经济的总量不变作为既定条件来对待的。

通过长期、静态、微观分析方法,资产阶级经济学家抹煞了资本主义社会中的阶级剥削和对抗关系,把以增殖剩余价值为目的的资本主义生产说成是以满足社会全体成员的需要和偏好为目的的生产,把资产者积累资本的贪欲和穷奢极欲的享受说成是社会全体成员的爱好和选择。总之,在这里,纯粹的数量分析代替了对资本主义生产关系的分析,代替了资本主义基本矛盾的分析,这就是资产阶级福利经济学的分析方法的反科学性质。而在这些福利经济学家看来,只要应用了边际效用价值论、最大原则、关于"消费者主权"的学说,以及应用了长期、静态、微观分析方法,再加上一定的道德概念,就会直接得出所需要的福利经济理论。这就是说,如果改变某些经济情况能使这些"最大原则"得到满足,那么这个社会的生产和"全民"的满足就会增加,这个社会的"福利",亦即"全民的福利"就达到最优程度。

为了把边际效用价值论更好地贯彻于资产阶级福利经济学的研究中,福利经济学家提出了一些专门名词,例如把产量和满足程度的增加叫作"福利标准",把"社会福利"达到最优程度叫作"福利最优状态",把生产上和交换上满足这种最优状态的条件,叫作"生产最优条件"或"交换最优条件",等等。当然,这种引申并无新的内容,不过是同一理论的不同表述方式而已。简单地说,根据消费者的偏好,最大满足程度就是最大福利,也就是"福利最优状态",而为了达到这种状态,就需要去满足足以达到这种最优状态的条件。于是"经济效率"问题就变得异常突出了。

这里需要特别指出的是福利经济学中关于经济效率的论

述。什么是经济效率？按照福利经济学家的解释，经济效率就是对经济资源的有效利用，而对经济资源的有效利用又是同对经济资源的有效配置分不开的，所以说，经济效率也就是指对经济资源的有效配置。比如说，在既定的生产技术条件之下，利用现有的一切可利用的经济资源（人力、物力、财力）进行生产，经济资源没有闲置和浪费，这就是具有经济效率的标志。

从这个意义上说，新福利经济学家认为他们所得出的"最优状态"和"福利标准"，以及所得出的为满足这种状态和标准所需要的"最优条件"，就是关于交换和生产活动的标准和条件，因而也就是关于经济效率的标准和条件。这意味着，新福利经济学家研究的对象，主要是关于交换和生产活动的经济效率问题，即经济资源的有效配置问题。

问题是，为什么他们要以这种交换和生产的经济效率作为主要研究对象呢？为什么他们在研究经济效率的同时一般不去研究"最优"的收入分配呢？收入分配不是和他们所说的福利有密切的联系吗？应该说，旧福利经济学家曾经提出过收入分配问题。但他们提出这个问题，并不是真的想解决收入的合理分配，而是为了替资产阶级政府缓和阶级矛盾的改良措施提供理论依据。并且，当他们在维护资本主义私有制的前提下，根据主观价值学说提出这个问题时，又同样利用主观价值学说把这个问题收回去了。例如，庇古一方面说把富人的货币收入转移给穷人可以增大社会的总满足量，另一方面又说由于各个人的偏好和满足能力不同，所以有同等货币收入的两个人并不意味着他们所得到的是同等程度的满足。这就使旧福利经济学中的收入分配命题陷入了自相矛盾的境地。以后，新福利经济学家干脆撇开了收入分配问题,声称福利经济学不必研究收入再分配问题,收入再分配问题要由政治家来决定,或者说,收入再分配要根据政府的道德标准来决定。这里所说的政府,当然是资产阶级政府,所以在新福利经济学家看来,资本主义社会中的收入再分配要由资本主义社会的统治者,即垄断资本集团来决定,而垄断资本集团究竟如何决定收入再分配,则取决于垄断资产阶级的道德标准。不仅如此,由于新福利经济学家把福利最优状态看成是由生产和交换决定的,而这种最优状态又可以随收入分配的改变而改变,结果,经济中就可以有无数个最优状态,而不是只有唯一的一个最优状态。这就更清楚地表明福利经济学中关于最优福利状态的表述是适合垄断资本的需要的。

三、利用所提出的道德标准和福利理论作为制定经济政策的指导原则

福利经济学强调规范研究的目的,当然不止是为了从理论上得出有关福利的论断,更重要的在于应用这些福利学说作为资产阶级政府制定政策的指导原则。雷德尔说道:"福利经济学……在于建立恰当的标准并把这些标准应用于政策。"[①]这句话充分表达了福利经济学家的政治意图。

一定的社会政策总是服务于一定的社会目标问题。既然福利经济学要制定社会政策,那就必须讨论社会目标,并以一定的社会目标作为指导原则。他们认为,社会目标具有伦理的性质,社会目标就是伦理目标。社会目标或伦理目标不是由经济理论

---

① 雷德尔:《福利经济学理论研究》,1948年版,第13页。

分析决定的,不是由经验事实决定的,而是假定的。因此,福利经济学在确定社会目标时只能求助于审慎的假设。但是,在假设时必须充分考虑到,所假定的社会伦理目标应当是为"大多数人"所能接受的伦理目标。有了假定的社会目标,就可以根据它们来制定相应的政策。

福利经济学在政策上的应用主要是与资源的利用和配置有关的。其中,除了有关利用闲置资源的政策而外,还涉及合理的有效的配置资源的政策,包括价格政策、生产政策、税收政策、资源分配政策和对外贸易政策等。福利经济学家既提出这些方面的具体的政策建议,也为现行政策制造新的理论依据。关于福利经济学在政策上的应用和福利经济学家在政策制定中所起的作用,将在后面用专章分析,这里只概括地谈谈福利经济学和制定政策的关系。

第一,福利经济学家通常根据所得出的理论原则,提出具体的政策方案,供资产阶级政府和垄断集团采用。最显著的例子是根据生产上的最优条件(边际成本等于价格的所谓一般规则)和补偿原则论所提出的福利标准,提出征收直接税,并对自来水、电力、铁路、桥梁、隧道等部门实行补贴的措施。① 福利经济学家声称,这样就可以增加产量,降低价格,社会所得的利益就会大于为支付补贴所征收的税额。这一政策方案充分表明福利经济学是如何通过拟定具体政策来为垄断资本服务的。与此类似的,还有根据所谓收入边际效用递减规律提出的税收政策和各种救济政策,以收入均等化和增加社会福利为标榜的福利政

---

① 参看本书第五章第二节。

策。① 这一政策方案曾被一些资产阶级经济学家称为与完全竞争原则不相容的"革命方案"。② 实际上,这些政策方案都是在承认雇佣劳动制度的前提下提出的,它们根本不是什么与剥削制度不相容的革命方案,而是旨在维护资产阶级统治的改良主义措施。

第二,福利经济学家从理论上提出一般原则,作为资产阶级政府制定政策的指导原则。最显著的例子,就是新福利经济学家提出的收入再分配要根据道德标准由统治当局来决定的原则。新福利经济学家除了提出这个一般原则而外,并未提出收入再分配的具体政策。初看起来,好像福利理论和政策制定之间的关系不是那样密切的。但正是这样一个原则,最适宜于作为统治当局据以制定任何合乎垄断资本利益的收入分配政策(从不包含收入再分配因素的措施到各种收入再分配的措施)的指南,因而这一原则是最符合资产阶级利益的制定政策的指导原则。③

第三,福利经济学家根据所得出的理论原则,对于符合垄断资本利益的现行政策提出新的辩护方式,以加强现行政策的推行。最显著的例子,就是对于主要资本主义国家现在推行的对外扩张的自由贸易政策和保护贸易政策所提出的新的理论依据。④ 这两种对外贸易政策并不是由福利经济学家首先提出的。早在福利经济学出现之前,资本主义国家就已经实行这两

---

① 参看本书第五章第一节。
② 参看琼·罗宾逊:《经济哲学》,1962年版,第51—54页。
③ 参看本书第三章第三节和第四节。
④ 参看本书第五章第三节。

种对外贸易政策,并且在资产阶级经济学界就已提出对这两种对外贸易政策进行论证的学说。但福利经济学却以新的手法来达到为之辩护的目的。例如,"最优条件""福利最优状态"等等,既可以被用来为自由贸易政策辩护,又可以被用来为保护贸易政策辩护。在为自由贸易政策辩护时,福利经济学家强调:通过自由贸易,可以达到实现资源最优配置和提高经济效率的所谓"福利世界"。在为保护贸易政策辩护时,福利经济学家又认为:通过保护贸易,可以增加"民族利益",增加国民的福利,从而实现"福利的最优状态"。可见,这种新的辩护术,对于垄断资本集团推行的任何一种对外贸易扩张政策都能起到辩护的作用。事实上,现在一些主要资本主义国家无论是推行自由贸易政策还是推行保护贸易政策,都越来越多地应用福利理论来加以论证。这是福利经济学的特点之一。

总之,福利经济理论和政策制定之间的关系是极其密切的,并且是多方面的。福利经济学有时隐蔽地为资产阶级统治当局提供制定政策的依据,有时则公开地、直接地提出具体政策主张。唯有充分揭露这种关系,才能认清福利经济学的阶级实质。

第二章 庇古的福利经济学

庇古是英国著名资产阶级经济学家。他是剑桥学派领袖马歇尔的学生,继马歇尔在英国剑桥大学任教,并曾任国际经济学会名誉会长、英国通货与外汇委员会委员,皇家所得税委员会委员等职。

1920年,庇古写成了《福利经济学》一书。这本书使庇古被资产阶级经济学界称为"福利经济学之父"。[①] 后来,他对自己的学说加以发挥,在1937年写了《社会主义与资本主义的比较》一书,利用福利经济学来混淆社会主义与资本主义的区别,以达到为资本主义制度辩护的目的。在20世纪50年代,他又发表了两篇文章:《福利经济学的几个方面》[②]和《全民福利国家的几个方面》[③],继续宣扬他的福利经济学论点,并大谈当时流行于英美等国的"福利国家"论。

庇古的福利经济学说,是对马歇尔庸俗经济学说的进一步发挥。马歇尔在1893年曾声称:"在这二十五年中,我投身于贫穷问题的研究……,我所致力的任何研究工作,很少不是和这个问题有关的",[④]庇古和马歇尔一样,也声称要用经济学"作为改善人们生活的工具","要制止环绕我们的贫困和肮脏、富有家庭

---

① 参看《经济学杂志》1964年9月号,第544页。
② 载《美国经济评论》1951年6月号。
③ 载《代奥杰内斯》杂志(Diogenes),1954年第7期。
④ 凯恩斯编:《马歇尔公职文书集》,1926年版,第206页。

有害的奢侈,以及笼罩许多穷苦家庭朝不保夕的命运等罪恶,①他以马歇尔的均衡价格论为依据,提出一整套福利学说,并在这种福利学说基础上提出一系列经济政策的准则。

庇古为福利经济学所作的解释是:福利经济学"研究增进世界的或某一国家的经济福利的主要影响"。② 庇古虽然主张国家应当关心贫穷问题,应当致力于福利的增加,但他的福利经济学说仍然以资本主义完全竞争作为前提,他是在完全竞争的理论前提下提出改良措施的。他认为只要资产阶级政府采取一些改良措施,就可以弥补完全竞争之不足。因此,庇古的福利经济学说的实质可以归结为:美化垄断资本主义,宣扬资产阶级国家的经济政策的"超阶级"作用,把资本主义国家说成是"福利国家"。

这里需要说明的是,被庇古作为前提的完全竞争究竟是指什么。按照资产阶级经济学中的解释,完全竞争包含以下条件:(一)各个企业单位生产某一种商品的生产率完全相同,而商品的出售对于各个消费者的效用来说也完全相同;(二)每个企业单位和消费者的购买量和出售量在市场交易总量中所占的比重非常小,不会影响价格;(三)企业和消费者对于市场价格有完全的知识;(四)企业和消费者参加或不参加市场活动,有完全的自由。庇古认为,在这些条件下,消费者可以通过安排自己的各项支出而得到最大满足;企业单位可以使产品的边际成本等于产品的价格,使生产要素的边际产值等于生产要素的价格,使总成

---

① 庇古:《福利经济学》,1932年版,第Ⅶ页。
② 同上书,第733页。

本达到最小,使产量达到最大;对社会而言,资源只有配置方面的调整问题,而没有充分利用还是不充分利用的问题。因此,完全竞争状态就是资产阶级经济学家心目中的理想境界,也就是理想的资本主义状态。

庇古和以后的新福利经济学家都以完全竞争作为前提,认为这种理想境界是可以实现的。十分明显,福利经济学所提出这种前提和所谓理想境界的概念是建立在抽象的"经济人"对商品的主观评价的基础之上的。它抹杀了在帝国主义阶段垄断已经代替自由竞争这一事实;它美化市场自发竞争和利己动机在资本主义经济中的作用,并把这些宣扬为实现最大福利的条件。理想境界概念正是福利经济学辩护性的集中反映。

庇古的福利经济学说,主要可以分为两部分。一部分是根据边际效用价值学说而提出的一套福利概念,并把这种主观福利概念和国民收入联系起来。另一部分是从国民收入量的增加和国民收入的分配出发,推导出增加社会经济福利的重要因素。以下,我们从这两方面对庇古的福利经济学进行评述。

第一节 效用基数和经济福利

一、庇古对福利的解释

如上所述,庇古的福利经济学说是建立在边际效用价值学说基础之上的。庇古对福利概念提出了两个命题:"第一,福利的要素是一些意识形态,或者说是意识形态之间的关系;第二,福利可以置于较大或较小的范畴之下"。①

按照第一命题,庇古认为:一个人的福利寓于他自己的满足之中;这种满足可以由于对财物的占有而产生,也可以由于其他原因(如知识、情感、欲望等)而产生;而全部福利则应该包括所有这些满足。但庇古又认为,含义如此广泛的福利是难以研究的,也是难以计算的,因此他把研究的主题局限于能够计量的那种福利,即与经济生活有关的福利,也就是能够直接或间接同货币量杆(the measuring-rod of money)有关的那部分社会福利。② 以货币计量的那部分社会福利,被称为经济福利。

庇古认为,经济福利对于整个社会福利有决定性的影响;能够影响经济福利的因素也能够影响总的福利。他说:《福利经济学》"这本书的目的,就是研究在现代社会实际生活中影响经济福利的重要因素"。③

庇古不但认为人们对于商品的满足程度可以用货币来计量,而且认为一个人从各种商品中所得到的满足程度,以及各个人之间对于商品的满足程度都可以通过货币计量来进行比较。那么究竟如何衡量福利以及如何对之进行比较呢? 庇古仍然以边际效用价值论作为理论的依据。

二、庇古采用边际效用分析法来计算经济福利

为了衡量福利和经济福利,庇古提出了这样的衡量方法。

首先,庇古用效用表示满足。他说,"效用就意味着满足,一

---

① 庇古:《福利经济学》,第 10 页。
② 同上书,第 11 页。
③ 同上。

个人的经济福利就是由效用构成的"。而满足可以用"一个人为避免失去某种满足或快乐而愿意支付的货币量来计量"。① 这就是说,满足或效用可以用单位商品价格来计量。

庞古认为:如果一个人的欲望不变,他持有的一种商品越多,那么他对于那种商品增加的单位所得到的效用就越少,因而他对于那种商品增加的单位所愿意支付的货币量(单位价格)也就越少。从一种商品最后增加的单位所取得的效用,叫作边际效用;从商品的边际单位所得到的效用越来越少,被称为边际效用递减规律。一个人为了得到最大的满足或效用,他需要对各种商品所提供的效用进行比较,以便合理地分配自己的货币收入来购买各种商品,使所购买的各种商品的边际效用与商品的价格成比例。例如,他把全部收入用来购买两种商品:A 和 B,那么,他就要使得

$$\frac{A 边际效用}{A 价格} = \frac{B 边际效用}{B 价格} 或 \frac{A 边际效用}{B 边际效用} = \frac{A 价格}{B 价格}$$

这样,边际单位商品的价格,就被说成是消费者愿意支付的价格,也就作为该消费者所购商品的边际效用的计量单位。② 以这种方式计量出来的效用,意味着效用是可以用 1,2,3……等基数计量的。这就是所谓边际效用基数论。

可以用下图对边际效用基数和效用递减规律作一简略的说明。

假定消费者购买茶叶。随着茶叶价格的下跌,消费者所购

---

① 庞古:"福利经济学的几个方面",载《美国经济评论》,1951 年 6 月号,第 288—289 页。
② 庞古:《福利经济学》,第 23 页。

买的数量将增加。

茶叶每磅价格（先令）	消费者购买数量
20	1
14	2
10	3
6	4
4	5
3	6
2	7

现根据茶叶价格的变动和消费者购买数量的变动绘成下图：

图中横轴（Q）代表消费者购买茶叶的数量，纵轴（P）代表茶叶的价格。需求曲线 DD′ 向右下有倾斜。消费者愿付 20 先令买一磅茶叶，证明消费者从那一磅茶叶所得到的满足或效用等于 20 先令。如果增买一磅，即买二磅时，消费者只愿意每磅付出 14 先令。这说明：他从增加的一磅所得到的效用比买一磅时的效用减少了 6 先令。他从购买二磅所得到的效用，是 $14 \times 2 = 28$ 先令。依此类推，这些所增加的购买的单位，就是边际单位，而为此支付的价格就等于边际效用。随着商品单位继续增加，单位效用继续减少，单位价格也就继续下降。这就是所谓边际效用递减规律。图中，向下倾斜的 DD′ 曲线就是需求曲线，也可以看成是效用递减曲线。当 DD′ 线作为需求曲线时，0P（价格）是自变量，0Q（数量）是因变量，即需求量随价格变动而变动。当 DD′ 线作为效用递减曲线时，0Q（数量）是自变量，0P（以支付的价格表示得到的效用）是因变量，即效用随数量的变动而变动。

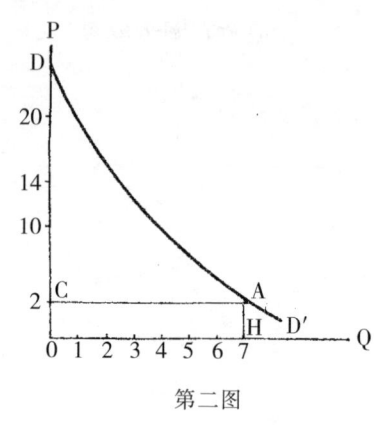

上图也可以用来说明马歇尔的"消费者剩余"概念。消费者从购买 7 磅茶叶所得到的总效用是 □ODAH，共为 59 先令，即 20＋14＋10＋6＋4＋3＋2＝59。如果商人一个单位一个单位出售，那么消费者购买 7 磅茶叶时，势必愿意支付 59 先令。但消费者购买 7 磅茶叶所付的价格是每磅 2 先令，他实际所付的代价是 □OCAH（2 先令 × 7＝14 先令）。这 14 先令就代表他在茶叶"边际单位"（购买的第 7 磅）时所得到的效用。因此总效用 □ODAH－边际效用 □OCAH＝□OCDA，也就是 59 先令－14 先令，等于 45 先令。这就是马歇尔理论中的"消费者剩余"，也就是消费者多得的效用。由于庇古认为计算商品的总效用有困难，因此在他看来，采用边际效用分析法，就可以对经济福利进行计量了；庇古没有采用马歇尔的"消费者剩余"分析法，但这与"消费者剩余"概念在庇古的福利经济学中被广泛利用这一点，并不矛盾。

三、庇古关于计算经济福利时货币边际效用不变的假定

庇古认为边际效用递减规律不但适用于商品的边际效用，而且也适用于货币的边际效用。货币的边际效用可以因一个人的货币收入增加而减少，也可以因商品价格跌落、实际收入增加而减少，并且还可以因各人的货币收入不同而互异。这样就产

生了两个矛盾:既然货币本身的边际效用是可变的,那么怎样用可变的货币量杆来计算商品效用呢?为此,庇古首先假定货币的边际效用不变。

货币边际效用不变的含义是:

假定一个消费者想购买商品 X。以 MU_X 表示 X 的边际效用。以 L 表示货币的边际效用。以 P_X 表示价格。

一个消费者在购买若干数量的 X 时,他从购买所得到的效用应当等于他所愿意付出的价格。因此,

$$MU_X = P_X \cdot L$$

$$P_X = \frac{MU_X}{L}$$

这就是： X 的价格 $= \dfrac{X 的边际效用}{货币的边际效用}$

如果货币的边际效用不变,那就可以根据对 X 的购买数量与 X 的价格之间的函数关系推导出对 X 的需求曲线。

同时,由于 $L = \dfrac{MU_X}{P_X}$,所以货币的边际效用不变,意味着在各种购买量的条件下,X 的边际效用与 X 的价格之间的比例是一个常数。

同样的道理,如果消费者要购置 X,Y,Z 三种商品。以 MU_X, MU_Y, MU_Z 分别表明 X,Y,Z 的边际效用。以 P_X, P_Y, P_Z 分别表示它们的价格,以 L 表示货币的边际效用。

$$MU_X = P_X \cdot L$$

$$MU_Y = P_Y \cdot L$$

$$MU_Z = P_Z \cdot L$$

这样，
$$\frac{MU_X}{P_X}=\frac{MU_Y}{P_Y}=\frac{MU_Z}{P_Z}=L$$

货币的边际效用不变，意味着在有 X，Y，Z 三种商品可供购买，而且可以分别有各种购买量的条件下，商品的边际效用与商品价格之间的比例是一个常数。

假定消费者的福利来自他购买商品时所得到的效用或满足，所以要计算这种福利，应当假定货币边际效用不变，以便考察商品的边际效用和总效用的变化。所以庇古正是从假定货币边际效用不变出发来考察经济福利的计算的。

庇古的论证如下。他先假定一个人的货币收入不变，同时假定某人购买某种商品的支出在他的货币收入中占很小一部分。在这种假定之下，他认为这种商品价格的变动就不会影响这个人的实际收入，也不会影响货币的边际效用，这样就可以计算某一商品的效用，并且比较各种商品的效用了。关于这一点，庇古曾举例说："如果我有一千英镑，可以说，当我在一种商品微量增加时用去的两英镑，使我所得到的满足可能两倍于当我在另一种商品微量增加时用去的一英镑。但是，没有人认为我从全部一千英镑收入中所得到的满足，只能是我从一边际英镑支出中所得到的满足的一千倍。"[①]

怎样理解庇古所作的这种解释呢？这就是说，在庇古看来，如果一个人用他的全部货币收入或他的大部分货币收入购买一种商品，在那种商品价格下降时，他所用于购买那种商品的货币将减少，于是货币对他的边际效用也比以前减少，那么他就可以

---

① 庇古："福利经济学的几个方面"，载《美国经济评论》，1951 年 6 月号，第 289 页。

把节省下来的那部分货币购买其他东西。这意味着货币的边际效用有了变动。既然货币的边际效用有了变动，那么怎么能够用货币作为量杆来计算和比较购买各种商品所得到的满足呢？但是，如果一个人用来购买一种商品的支出在他的货币收入中只占很小一部分，比如说只占千分之一或千分之二，那么这种商品价格的变动就不会引起货币边际效用的变动，因此也就可以不理会商品价格变动这一因素了。庇古认为，在这种情况下，任何一个人都可以用货币来计算他所购买的各种商品的满足或效用，并且可以用货币来比较所购买的各种商品效用的大小。

庇古认为：不仅同一个人对商品的满足程度可以比较，而且各个不同的人或集团对于商品的满足程度也是可以比较的。而要进行这种比较，也必须假定货币的边际效用不变。庇古指出，这一论点对于福利经济学来说是非常重要的，因为如果不同的人的满足程度不能比较，那么福利经济学的大部分内容也就不能成立了。在本章第四节中，我们将会指出，新福利经济学对马歇尔和庇古关于"货币边际效用不变"的假设是持否定态度的。由于对这一假定的否定，庇古关于经济福利的许多论点也就被认为站不住脚了。

为了对不同的人的满足进行比较，庇古还指出，可以假定不同的阶级所支出的货币量与所得的满足量的比例是相同的。他说，"可以认为，一定量的东西不但在任何一个人与其他一个人之间，并且在不同集团代表成员之间，都得到同量的满足。"① 如果没有这个假定，经济福利的相互比较也会变成一

---

① 庇古："福利经济学的几个方面"，载《美国经济评论》，1951年6月号，第292页。

句空话。庇古的这个假定实际上就是马歇尔在讨论不同个人之间的比较时所做的假定。马歇尔曾写道:"对一个英国人值一先令的满足可以当作与另外一个英国人的一先令的价值相等。"①马歇尔还认为,"经济学所研究的大多数事件,是以大约相同的比例影响社会上一切不同等级的人的事件,因此,由两个事件所造成的幸福的货币衡量如果相等的话,则这两个事件的幸福的多寡一般说就没有什么很大的差异。"②后来,其他一些资产阶级经济学家对这一点作了这样的解释:马歇尔和庇古都假定货币的边际效用对于不同的人是相同的,从而满足数量是与货币数量成比例的;而满足数量与货币数量成比例的假定,等于把每个集团成员之间收入的差别抽掉了,也等于把不同集团成员之间收入的差别抽掉了。③ 由此可以看出,马歇尔和庇古所作的这一假定,抹煞了资本主义社会不同集团成员之间收入的差别。

四、庇古论经济福利与国民收入之间的关系

在上述福利经济概念和福利计量理论的基础上,庇古用国民收入来表示全社会的经济福利。在这里,庇古接受了马歇尔关于国民收入的基本论点。马歇尔认为,"一国的劳动和资本作用于它的自然资源时,每年生产一定的纯商品总量,其中有的是物质的,有的是非物质的,各种服务也包括在内。而'纯'这个限制词,是指补偿原料和半制成品的消耗以及机器设备在生产中

---

① 马歇尔:《经济学原理》,上册,第148—149页。
② 同上书,第149页。
③ 参看科林·克拉克:"论庇古",载斯皮格尔:《经济思想的发展》,1952年版,第784页。参看迈因特:《福利经济学理论》,1943年版,第153页。

的耗损和折旧。必须从总产品中减去所有这种种消耗,我们才能求得真正收入或纯收入。国外投资所提供的纯收入也必须包括在内。这就是一国的真正年纯收入,或国民收益。当然,我们可以按一年或按某一时期计算这种收益。国民收入和国民收益这两个名词是可以互用的。"马歇尔还写道:"凡普通不算作个人收入的一部分者,也不能算作国民收入或收益的部分。"①马歇尔关于国民收入的这些表述对于庇古的经济福利而言,是很重要的,因为国民收入被看成是个人的有代价的收入的总和,被看成是"可供分配的各种享受之新来源的总和"②,这样就必然导出国民收入增长意味着经济福利增长的论断。

至于经济福利与国民收入之间的关系,庇古进一步论述道:"影响任何国家经济福利的经济原因,不是直接的,而是通过经济福利的客观对应物,即经济学家们所谓的国民收入的形成和使用。正是由于经济福利是可以直接或间接地与货币量杆联系起来的那部分总福利,因此国民收入是可以用货币衡量的那部分社会客观收入,当然包括从国外来的收入,所以这两个概念,经济福利和国民收入,是对等的,对其中之一的内容的任何表述,就意味着对另一个内容的相应表述。"③

由于福利是用效用或满足程度来表示的,因此庇古认为,可以用单位商品的价格和价格变动来计算效用的大小和变动,并且用效用的大小和变动来表示个人福利的增减。由于国民收入被认为是一国国民的个人福利的总和,所以在庇古看来,国民收

---

① 马歇尔:《经济学原理》,下册,商务印书馆 1981 年版,第 196—197 页。
② 同上。
③ 庇古:《福利经济学》,第 31 页。

入总量愈大意味着国民福利或全社会的福利愈大。这样一来，庇古便通过商品的购买和价格计量，把国民收入变成了主观满足的"客观对应物"。

应当注意的是，庇古采用的是资产阶级经济学中的国民收入概念，它不但包括商品，并且包括各种非生产性的活动，以及属于收入再分配领域的各种劳务。在庇古的福利理论中，从主观福利论过渡到用国民收入计算福利的论点，具有十分重要的意义。庇古在这里所谈的问题，涉及国民收入理论的三个方面，即国民收入量的增加，国民收入的分配，以及国民收入的变动。按照庇古的解释，这些问题全都关系到全社会的福利的变动问题。

关于国民收入量的增加，庇古认为重要的是生产资源的配置，应当通过资源在生产中的配置使得国民收入量达到最大限度。

关于国民收入的分配，庇古认为任何能够增加穷人的实际收入而又不减少国民收入的措施都将增加经济福利，因此，福利经济学应当研究国民收入的分配问题。庇古的这一观点，将在下一节中再详细分析。

关于国民收入的变动，庇古的看法是：任何引起国民收入份额变动的因素，如果并不同时引起国民收入量的减少或收入分配均等化程度的下降，都意味着经济福利的增加。

五、庇古关于经济福利的学说的虚伪性

庇古在论证他的经济福利概念时，力图把作为这一概念出发点的资产阶级道德原则掩盖起来，声称他的福利经济学说不涉及任何道德方面的问题，只是一种实证的科学；只研究福利变

动的原因,而不作出规范的判断,不研究如何为福利开药方的问题。① 这显然是一种掩饰之辞。实际上,庇古的福利概念是从边沁的功利主义原则引伸出来的。边沁早就提出:追求快乐、追求个人利益的功利原则,符合最大多数人的最大幸福。边沁已认为这种功利原则,不但在个人生活中应该成为指导原则,而且应当成为立法者的指导原则。庇古正是把这种资产阶级的道德与政治原则作为自己的福利理论的前提的。庇古从这一前提出发所提出的论点,如个人福利是他所得到的满足的总和,全社会的福利是个人福利的总和,个人福利的增大就是全社会的福利的增大等,目的都在于为资本主义国家的经济政策的制定提供论据。

至于庇古用来论证经济福利的效用基数论,那么它的错误也是很明显的。主要的错误是:第一,使用价值是商品的自然属性,是某种特定的经济关系借以表现的物质基础,但庇古在讨论商品效用时,却把这种作为商品的自然属性的使用价值即资本主义经济关系借以表现的物质基础,当作经济学的对象来研究。这就决定了他的福利理论是完全违背资本主义现实的。第二,一切商品作为不同的使用价值,依照它们的自然特征,具有不同的尺度;或者说,一切商品,作为使用价值,它们在质上各不相同,在量上无法比较。因此,主观效用论者把具有不同尺度的商品使用价值,用主观效用来加以计量的方法,是不能成立的,从而庇古建立在主观满足和边际效用上的福利概念及其计量的理论,也是不能成立的。

---

① 庇古:《福利经济学》,第23页,第5页。

第二节 收入的转移

一、国民收入分配问题的提出

在庇古看来,要增加经济福利,就要增加国民收入,增加国民产品的数量,消除国民收入分配的不均等。

应当指出,在国民收入分配问题上,庇古发展了马歇尔的观点。马歇尔虽然也谈到过国民收入分配不均等是资本主义社会的一个缺陷,但当他把福利的大小同国民收入的大小联系在一起时,他主要是从增加国民收入,增加国民产品的数量方面来考虑的。不仅如此,马歇尔甚至认为,要达到增加福利这一目标,增加国民收入与国民收入分配的改善二者之间的矛盾便显得十分突出。马歇尔写道:"从国民收入的增长取决于发明的不断进步和费用浩大的生产设备的不断积累这一事实出发,我们不得不想到,使我们驾驭自然的无数发明差不多都是由独立的工作者所创造的……我们,不得不想到,国民收入的分配虽有缺点,但不像一般所说的那样多。实际上英国有许多技工的家庭,美国这种家庭甚至更多(尽管在那里曾发现了巨大的宝藏),它们会因国民收入的平均分配而受到损失。"[①]因此马歇尔的结论是:"财富的不均,虽没有往往被指责的那样厉害,确是我们经济组织的一个严重缺点。通过不会伤害人们的主动性,从而不会大大限制国民收入的增长的那种方法而能减少这种不均,显然

---

① 马歇尔:《经济学原理》,下册,第 363—364 页。

是对社会有利的。"①

庇古作为马歇尔学说的继承者,在福利与国民收入分配问题上作了进一步的论述。庇古在《福利经济学》一书中指出:"在很大程度上,影响经济福利的是:第一,国民收入的大小,第二,国民收入在社会成员中的分配情况。"②后来,庇古在《福利经济学的几个方面》一文中写道:"在福利经济学中有两个命题,粗浅地说,即,第一,对于一个人的实际收入的任何增加,会使满足增大;第二,转移富人的货币收入予穷人会使满足增大。"③这两种情况之中,如果一种情况朝着有利的方向变化,而另一种情况没有发生不利的改变,那就能够认为经济福利增加了。庇古说:"以下情况中的任何一种情况,即或者使国民收入增加,而不减少穷人在其中占有的绝对份额,或者使穷人占有的绝对份额增加,而不减少国民收入,都一定会增加经济福利。如果使得其中之一的数量增加,却使另一数量减少,那么对于经济福利的影响就不明确了。"④

庇古的这些论述表明,在他看来,在研究任何一个因素对于经济福利的影响时,需要详细对照这个因素对于国民收入所造成的损害(或利益),以及对穷人实际收入所产生的利益(或损害),然后再判断它究竟是有利于经济福利还是有损于经济福利。换句话说,庇古认为需要观察某个因素对于整个国民收入以及对于穷人的实际收入的影响是否一致,如果不一致,那就要

---

① 马歇尔:《经济学原理》,下册,第 364—365 页。
② 庇古:《福利经济学》,第 123 页。
③ 庇古:"福利经济学的几个方面",载《美国经济评论》,1951 年 6 月号,第 293 页。
④ 庇古:《福利经济学》,第 645 页。

研究不一致的原因,指出其中的问题所在。

这样,从逻辑上说,庇古很自然地从对于经济福利的分析转入对国民收入与分配问题的分析。

二、庇古的"收入均等化"学说的基本论点

庇古的"收入均等化"学说的基本论点是:如果把富人的收入的一部分转移给穷人,社会的福利就会增大。收入转移的途径就是由政府向富人征税,再贴补穷人。贴补穷人的方法可以采取各种社会服务设施,如养老金、免费教育、失业保险、医药保险、房屋供给等,因为这些收入转移将会增加穷人的实际所得。

庇古是怎样得出这一论点的呢?边际效用递减规律就是庇古的根据。在这里,货币的边际效用不再假定为不变,而是根据边际效用递减规律,被看成是随数量的增加而递减的。庇古认为,一个人收入愈多,货币收入的边际效用愈小;收入愈少,货币收入的边际效用就愈大。庇古由此推论,如果政府一方面采取征收累进所得税、遗产税之类的措施,另一方面采取一些社会福利设施,将货币收入从富人那里"转移"一些给穷人,就可以增加货币的边际效用,而使社会满足总量增加。庇古举例说:"假如有一个富人和十个穷人,从富人拿出一镑钱,并把它给予第一个穷人,总满足量就增加了。但是富人还是比第二个穷人富,所以再转移一镑钱给第二个穷人,就又增加了总满足量。如此转移,直到原来的富人不比其他任何人富裕为止。"庇古还说道:"如果人们的心理状态不因收入的多少而有所不同,那么实际收入的效用递减规律就是有效的。"[①]庇古的这一论点为资产阶级的

---

① 庇古:"福利经济学的几个方面",载《美国经济评论》,1951年6月号,第299—300页。

"福利国家"理论提供了部分论据。

在庇古的收入均等化学说的基础上，勒纳对收入分配与边际效用递减规律之间的关系作了进一步的论述。勒纳指出：把收入从收入边际效用较小的人转移给收入边际效用较大的人的过程，将反复进行下去；根据边际效用递减规律，随着接受收入者收入的增加，他的收入的边际效用将逐渐减少；同时，随着转出收入者收入的减少，他的收入的边际效用将逐渐增大，最后，差别越来越小，两个人的收入的边际效用刚好彼此相等。当收入达到这种分配情形时，就无法再扩大这两个人的满足的总量了；由于收入的分配使社会上一切人的收入的边际效用都趋于相等，总满足也就达到最大量。勒纳认为，庇古这一论点表面上看起来是可以成立的。

但勒纳立即指出了庇古的这一论点中的一个困难，这就是根据庇古的理论，无法断定不同的人从收入获得的满足的能力是否相同，无法断定收入转移之后能否使收入转移者的满足的减少小于接受收入者的满足的增加。比如说，有一个穷人和一个富人，根据庇古的理论，把收入从富人转移到穷人手中，两人的总满足是可以增加的。但这只有在假定这个富人较易于获得满足的前提下才是正确的。假定这个富人是较难得到满足的，他必须有更多的收入才能使自己得到满足，那么收入转移后，富人受的损失过大，这样，收入转移后的总满足就不一定增加了。[①]

勒纳在这里所谈到的问题正是我们在本书第三章中将会论

---

① 参看勒纳：《统制经济学：福利经济学原理》，1946年版，第三章。

述的一个重要问题,即庇古的福利经济学理论的收入分配学说为什么被以后的福利经济学研究者所摒弃的原因之一。至于勒纳本人,尽管他对庇古的论点表示异议,但他仍主张把收入分配问题列入福利经济学讨论范围,这是他与另一些新福利经济学家的区别。

三、庇古的"收入均等化"学说的实质

其实,庇古所谓的收入均等化并无改变资本主义收入分配制度的含义。这是因为,要改变资本主义的收入分配制度,那就势必要否定资本主义的生产资料所有制和资产阶级对无产阶级的剥削制度。庇古完全是在维护资本主义生产资料所有制的前提下来谈论收入转移的。他从不否定资产阶级对无产阶级的剥削,他认为劳资关系是合作关系。

庇古的分配论是以庸俗经济学的边际生产率论为基础的。根据庸俗经济学的边际生产率论,工资取决于所谓劳动的边际生产率。庇古说道:"公平工资意味着工资与'效率'成比例;一个工人的效率,是由他的边际纯产品乘以产品价格计算的。"[1]这就是说,工人得到了自己生产的全部产品,工资是所谓的"公平工资",而劳动人民之所以贫困,只是由于他们"赚钱的本领小"。[2] 所以庇古所说的收入转移和收入均等化,丝毫不意味着他想改变资本主义的剥削制度,也不具有他所说的"如此转移直到原来的富人不比其它任何人富裕"的实际含义。

---

[1] 庇古:《福利经济学》,第550页。
[2] 庇古:《社会主义与资本主义的比较》,1938年版,第21页。

那么,庇古为什么要提出收入均等化的理论呢?概括地说,这是因为他感觉到,"在经济萧条、工会力量强大和舆论坚持要求等情形存在时,"①不能不提出"从富人转移收入予穷人"的说法来欺骗劳动人民,以维护资本主义制度。

四、庇古从"收入转移论"引申出来的四个论点

值得注意的是,就在庇古提出"收入转移"的同时,他又根据主观福利论的观点提出下列看法:

第一,满足相对论。

庇古写道:富人从收入中得到的满足,是收入的相对量,而不是收入的绝对量。② 如果所有的富人的收入都减少一定的数量,那么它们的相对关系仍然存在,原有的满足并不会失去。这种说法无疑是荒诞的,因为这样一来必然会导致下面这个结论:富中有贫(即某些资本家的收入不如别的资本家多,所以算作"贫"),贫中有富(即某些劳动者的收入也可能比别的劳动者多,所以算作"富")。这不是混淆了真正的贫富界限又是什么呢?按照庇古的说法,如果要转移收入,岂不是也要转移贫者中的"富者"的收入吗?

第二,消费者收入论。

庇古写道:"任何人在任何时期所享受的经济福利,都取决于他所消费的收入,而不是他所得到的收入。一个人愈富,他的消费在他的总收入中所占的比例就愈小,因此,如果他的总收入二十倍于较穷的人,他所消费的收入可能只是五倍于较穷的消

---

① 庇古:《福利经济学》,第700页。
② 同上书,第90页。

费者。"①在这里,庇古把收入的转移仅限于消费部分,而不触及资本家的根本利益,即资本积累部分。按照庇古的分析,"把用来满足富人非必需品的收入用于满足穷人的迫切需求,富人所作的牺牲并不大,而穷人从所转移的收入中得到的利益远远超过富人所作的牺牲,但如果这种转移影响到资本家的投资和积累,那就会使有钱人被搞穷了,穷人到头来反而吃了亏。"②可见,庇古关于收入转移的论点的真正用意在于维护资本积累,即维护垄断资本的根本利益。

第三,享受能力不同论。

庇古认为,富人和穷人在享受能力和爱好方面是不同的,所以即使收入转移后,劳动人民也未必会享用增大了的收入,结果反造成了财富的浪费。他写道:"当然,必须承认,如果富人和穷人是具有不同精神素质的两个种族,富人天生有能力从任何数量的收入中获得比穷人更多的经济满足,那么很难说收入形式的改变会增加福利。此外,即使没有任何固有的种族差别的假定,可以说,一个富人,从他的教养和训练的特质来说,也能够比穷人从一定的收入(例如一千英镑)获得更多的满足。这是因为,当一个人习惯于一种生活水平,而突然发现他的收入增大时,他就会将这额外的收入耗费于欢乐的享受。如果把直接和间接的影响考虑在内,这甚至会导致满足的纯粹损失。"③这就是说,在庇古看来,劳动人民天生是"愚昧的",如果从富人那里

---

① 庇古:《福利经济学》,第 89 页。
② 庇古:"全民福利国家的几个方面",载《代奥杰内斯》杂志,1954 年第 7 期,第 10 页。
③ 庇古:《福利经济学》,第 90—91 页。

把收入转移给穷人,那就会使社会的实际满足遭到损失,因此收入的转移只能在不影响资本积累和资产阶级享受的前提下进行。

第四,所谓不通过转移购买力而达到转移收入的目的。

庇古写道:"即使两个集团所掌握的购买力数量不变,也就是一对生产资源的支配能力不变,那么也有可能使穷人得到好处和使富人受到损失。这是指:如果穷人的主要消费品的生产技术得到改进,而富人的主要消费品的生产技术变坏了,那么就会发生这种情形。庇古还说:"这种转移,是改变分配并使之有利于穷人的最重要的方法,并且是一种模范的方法。"①可见,这是庇古为了宣扬不必实际上转移富人的货币收入的又一诡辩。

在庇古从"收入转移论"引申出来的上述四个论点中,后面两个论点比前面两个论点更具有辩护性,因为按照前两个论点,即使庇古对资本主义社会的收入状况作了极大的歪曲,但他并未得出否定转移富人收入的做法的结论;而后面两个论点,实际上却把转移富人收入这一做法本身否定了。

五、庇古论转移收入的具体措施

庇古一方面讨论收入转移的理论依据,另一方面又为资产阶级政府策划如何利用收入转移来维护资本主义剥削制度。从19世纪末年起,也就是在庇古写作《福利经济学》一书之前若干年,英国资产阶级政府为了缓和国内阶级矛盾,就已经利用增加

---

① 庇古:《福利经济学》,第88—89页。

赋税所得到的收入的一部分,在增加养老金,建立失业保险,以及实行义务教育等方面采取了一些措施。尽管当时在累进税税率和各种补助金的金额上远远不能与后来英国以"福利国家"自称时的措施相比,但它们毕竟也起到麻痹劳动人民意识的一定作用。庇古对这些措施是推崇的。不过,他除了美化这些措施以外,为了不使这些措施有损于资产阶级的利益,还着手分析这些措施的利弊,并向政府提出更有利于资产阶级的政策建议。

庇古认为,福利措施应当以不损害资本增殖和资本积累为宗旨,否刚就会减少国民收入和社会福利。庇古还认为,从富人那里转移收入,"自愿转移"要比"强制转移"好。

庇古所说的自愿转移,是指资本家自愿拿出一小部分剥削所得,对工人阶级施以小恩小惠,例如举办娱乐、教育、保健等福利事业,或举办一些为资产阶级自身利益服务的科学和文化机构。庇古对于富人的这种施舍行为大加赞扬。他认为:如果富人都能自愿转移收入,那就会使经济福利增加,而且这也使资本家找到了更有利地利用资金的途径。

但庇古也感到,收入的自愿转移往往少于社会所需要的收入转移的数量[①],因此还需要有政府对收入的强制转移。庇古所谓的强制转移,主要是指征收累进的所得税和遗产税。他把累进税区分为无损于资本积累和有损于资本积累的两种累进税。前者指对资本家的"工作"的收入征税。后者的征税对象也包括资本家的积累在内。庇古认为对资本积累征收累进税是有害的。他写道:"在目前的制度下,使用这种财政手段具有一定

[①] 参看庇古:《福利经济学》,第713页。

的限度。人们担心,如果这种手段使用过度,我国投资于国内的资本和积累可能受到限制,因为这会引起目前提供大部分资本的人的投资能力和投资兴趣的下降。"其结果将是:有钱的人被搞穷了,总收入减少得更多了,"国民蛋糕"缩小了,穷人到头来不是日子越来越好,而是吃了亏。①

那么,在实行转移收入的措施以后,资本家能否得到更多的剩余价值呢?庇古也对此进行了分析。他指出,只要不妨碍资本积累,资本家的收入还是有保证的,特别是,如果劳动者能因福利设施而为资本家提供更多的剩余价值,那么即使这些福利设施会使资本家的剥削收入受到一些损失,但总的说来,对资本家而言还是得多于失。因此庇古认为这种情形下的转移收入是可取的。

庇古还把向穷人转移收入的办法分为两类:一类是直接的转移,例如举办一些社会保险或社会服务设施;另一类是间接的转移,例如,对于穷人最迫切需要的食品(如面包、马铃薯等)的生产部门和生产单位,政府给予补贴,促使这些部门和企业降低这些食品的售价,使穷人受益;或者,由政府对工人住宅的建筑进行补贴,以便降低房屋造价,降低房租,使穷人受益;或者,由政府补贴垄断性的公用事业,以便降低服务价格,例如公共交通车的票价等。

庇古认为,不论实行哪一类收入转移措施,都要防止懒惰和浪费,以便做到投资于福利事业的收益大于投资于机器的收益,使投资于福利事业的结果能给资产阶级带来更大收益。为此,

---

① 参看庇古:《福利经济学的几个方面》,第 301—302 页;《福利经济学》,第 717—719 页。

庇古竭力主张训练身强力壮的低收入工人,让失业的技术工人学习新技术。庇古还建议对非慢性病的病号提供一些医疗设施,向工人的优秀子弟提供上学的机会并补贴他们的膳食。庇古说道:"有充分理由可以相信,如果把适当数量的资源从较富的人那里转移给较穷的人,并把这些资源投资于穷人,以便使他们更有效率,那么这些资源由于增强能力而在额外生产上所得到的报酬率,是会大大超过投资于机器厂房的通常的利息率的。"①

庇古反对实行像施舍性救济这样的收入转移。他认为,最好的补贴是那种"能够鼓励工作和储蓄"的补贴,并且在实行补贴时应该附有下列条件,即先确定受补贴者自己挣得生活费用的能力,再给予补贴。例如,一个人在一定年龄以前(例如60岁)能够从事劳动,能够按收入的一定比例从事储蓄,这就是一个标准;凡能达到这个标准的人,政府才给以补贴;如果超过标准,则增加补贴。庇古认为,这样的补贴不仅没有救济性质,而且还能鼓励人们多工作,多储蓄,结果有利于增加国民收入。

根据这种标准,庇古认为,对那些低能力的人、多子女的寡妇、年老病弱的半劳动力,只要他们多少做些工作,就可以给予少许补助;至于那些有能力而不工作的人,则不应当得到补助。因此庇古反对实行无条件的补贴,包括实行普遍养老金制度,或者按最低收入水平给予穷人以普遍的补贴的制度。他指出,如果按这种方式实行补贴,那就会使某些有工作能力的人完全依靠救济,不愿工作,这就会减少国民财富的生产。庇古甚至认

---

① 庇古:《福利经济学》,第747页。

为,如果给予那些他所谓的懒惰、堕落的人以补助,那简直是浪费资源。庇古说,"对于他们,只有拘禁才有用"。①

综上所述,庇古福利经济学中的收入均等化论,并不是想使资本主义的收入分配制度有利于穷人,而是借此来论证,只有为资本家增加生产和增加资本积累,才能增大社会的满足;而劳动人民只有提高劳动强度,为雇主卖力,才能摆脱贫困。恩格斯曾指出:那些资产者"吸干了无产者最后一滴血,然后……在世人面前摆出一副恩人的姿态(其实你们还给被剥削者的只是他们应得的百分之一),好像这就对无产者有了什么好处似的"②。庇古的收入均等化论的实质就是如此。

第三节 社会资源的最优配置

一、社会资源最优配置问题的提出

庇古的福利经济学的另一个主要论点,是关于社会资源最优配置问题的论述。前面已经谈到,庇古认为国民收入总量的增加是促进经济福利的主要因素。他由此推论,一个社会如果要增加国民收入量,就必须增加满足社会需求的社会产品量;而要增加社会产品量,就必须使生产资源在各个生产部门中的配置能够达到最优状态,否则就不能最大限度地增加国民收入量。因此,庇古的"社会资源最优配置论",是从生产的角度来论证经济福利的一种学说。

---

① 关于庇古的这些言论,见《福利经济学》,第四篇,第十章及第十一章。
② 恩格斯:"英国工人阶级状况",《马克思恩格斯全集》,第2卷,第566页。

庇古的这一论点,在他的福利经济学中占有重要的位置,因为他认为,转移收入的措施虽然可以缓和贫富之间的矛盾,但如果要彻底解决社会贫困问题,则必须增加社会生产,而社会资源的最优配置的目的就是为了彻底解决这个问题。在这一点上,他和新福利经济学是相同的。这也是一般资产阶级经济学家都持有的论点。

二、庇古在资源配置问题上采用的分析方法

为了考察社会资源配置问题,庇古采用了边际产值分析法。在这里,边际产值是指最后单位生产要素的产值。

庇古在进行有关社会资源配置的分析之前,作了如下的假设,即假定处于完全竞争条件之下,从而,第一,一切生产要素的供给价格不变;第二,生产要素价格等于它的边际产值;第三,企业产品价格等于它的边际成本(最后单位商品的成本);第四,企业的边际成本等于边际收益。这样,无论对于生产要素供给者还是对于企业来说,都处于最优的状态。生产要素供给者可以按照自身的利益来充分提供生产要素,而企业则可以按照自身的利益来安排生产,以实现它可能得到的全部正常利润。

庇古认为,在这种情况下,对社会来说,资源的配置也是处于最优状态,因为这时生产资源得到充分利用,没有失业或开工不足现象。

庇古的上述这些论点,与一般资产阶级微观经济学中关于资源配置的说法并没有什么不同。但庇古在这方面的独特之处是,他在马歇尔提出的内部经济和外部经济概念的基础上作了进一步的论述。马歇尔曾指出:"我们可以把因任何一种货物的

生产规模之扩大而发生的经济分为两类:第一是有赖于这工业的一般发达的经济;第二是有赖于从事这工业的个别企业的资源、组织和经营效率的经济。我们可称前者为外部经济,后者为内部经济。"①他还指出:"任何货物的总生产量之增加,一般会增大这样一个代表性企业的规模,因而就会增加它所有的内部经济;……总生产量的增加,常会增加它所获得的外部经济,因而使它能花费在比例上较以前为少的劳动和代价来制造货物。"②庇古不但接受了这些概念,而且提出了"边际社会纯产值"和"边际私人纯产值"两个概念;然后,他以这二者的相等,以及由这二者相等而得出的边际社会纯产值在一切生产部门都相等,作为社会资源最优配置和国民收入达到最大量的标准。庇古再根据收益递增或递减(或成本递增或递减)等概念并加以发挥,提出了制定经济政策的指导原则。从这个意义上说,庇古的社会资源配置学说不是马歇尔学说的重述,而是一种新的发展,正是这种发展构成了庇古的福利经济学的重要组成部分。

下面,让我们着手分析庇古的论述。

什么是边际私人纯产值和边际社会纯产值?

按照庇古的解释,边际私人纯产值就是指:增加一个单位的投资后,投资者收入所增加的值。所以边际私人纯产值等于边际私人纯产品乘以价格。而边际私人纯产品,则是指厂商每增加一个单位生产要素所增加的产量。例如,在某纱厂中,每年生产一百万包纱,如果增加了一个单位生产要素后,多生产一包纱,那么边际私人纯产品就等于这一百万零一包超过一百万包

---

① 马歇尔:《经济学原理》,上册,第 279—280 页。
② 同上书,第 328 页。

的那一部分产品。用庇古自己的话说,"边际私人纯产品是由于在任何用途或场所中,资源边际单位的增加而使该资源的投资者最初(即在销售以前)获得的那一部分物质生产或客观服务的纯产品总量。"①

庇古还解释道:生产者所承担的货币支出称作边际私人生产成本;由于投资的增加而增加的货币收入称作边际私人收益。因此,生产要素的边际私人纯产值也就是企业主对于他在生产中投资的估价,即生产要素每个单位的货币价值的收益率。

按照庇古的解释,边际社会纯产值是指社会因增加一个单位生产要素所得到的纯产值,它等于边际社会纯产品乘以价格。而边际社会纯产品,则是指社会每增加一个单位生产要素所增加的产品。庇古写道:"边际社会纯产品是由于在任何用途或场所中,资源边际单位的增加而产生的物质生产或客观服务的纯产品总量,不管这种产品的任何部分由谁所获。"②

因此,在庇古看来,边际社会纯产值就是在投资者所得到的边际私人纯产值之外,再加上因这种生产而使社会上其他人可能得到的利益或损失。

关于边际私人纯产值和边际社会纯产值之间的关系,庇古作了这样的说明:如果在边际私人纯产值之外,其他人还得到利益,那么,边际社会纯产值就大于边际私人纯产值。反之,如果其他人受到损失,那么边际社会纯产值就小于边际私人纯产值。庇古把生产者的某种生产活动带给社会的有利影响,叫作"边际社会收益";把生产者的某种生产活动带给社会的不利影响,叫

---

① 庇古:《福利经济学》,第 134—135 页。
② 同上书,第 134 页。

作"边际社会成本"。

庇古正是利用上述的边际产值分析方法和有关的各种边际产值概念，提出了自己的社会资源配置学说。

三、庇古论边际私人纯产值与边际社会纯产值背离条件下国家干预的必要性

庇古以完全竞争作为分析社会资源最优配置的出发点。他指出，在完全竞争条件下，生产资源可以完全自由转移，也可以完全分割；投资者消息灵通，能够完全掌握市场情况；投资者为了谋求自身利益，可以使得各方面所投入的资源的边际社会纯产值趋于相等，并且每一方面的价格都等于边际（社会）成本。这样，在庇古看来，资源配置就可以达到最优状态。

庇古认为，在上述这种情况下，虽然边际私人纯产值和边际社会纯产值的背离是很小的，但是仍然有趋于背离的情形：在社会上，有些部门的边际私人纯产值大于边际社会纯产值，另一些部门的边际私人纯产值小于边际社会纯产值。如果客观上存在着二者的背离，那么应当采取什么样的对策呢？庇古由此提出了国家干预必要性的论点。

庇古论述道，在客观上存在着边际私人纯产值与边际社会纯产值相背离的情况下，依靠自由竞争是不可能达到最大国民收入量的。这是因为，私人投资者只对边际私人纯产值感兴趣，在边际私人纯产值和边际社会纯产值发生差距时，私人投资者不会使各个企业的投资的边际社会纯产值相等。于是就应当由政府采取适当的经济政策，消除这种背离。政府这时应采取的经济政策是：对前一类部门（即边际私人纯产值大于边际社会纯

产值的部门)征税,对后一类部门(即边际私人纯产值小于边际社会纯产值的部门)实行补贴。庇古认为,通过这种征税和补贴,就可以导致经济资源从边际私人纯产值小的地方转移到边际私人纯产值大的地方去,以减少边际私人纯产值与边际社会纯产值之间的差距,其结果将使经济福利增加。

值得注意的是,庇古在这里所谈论的边际私人纯产值与边际社会纯产值的背离,并不是指在资本主义雇佣制度之下资本家利益同劳动者利益的矛盾,而是指资本主义生产过程中一些资本家的利益同另一些资本家的利益的矛盾。他提出这种论点的目的是:一方面强调资本主义的生产和经营方式对全社会是有利的,另一方面则建议用一定的政策措施来协调资本家之间的利益的冲突,保证资本家全体获取更多的剩余价值。

四、庇古对于边际私人纯产值与边际社会纯产值背离原因的分析

为了进一步说明在边际私人纯产值与边际社会纯产值相背离条件下国家干预的必要性,庇古对于这种背离的原因进行论述。他指出,在经济生活中可能存在以下几种相背离的情形:

第一类背离:由某些耐久性生产设备的使用权与所有权不一致而引起的背离。

庇古认为,当一个生产者所使用的某种耐久性生产设备不是他本人的财产,而是其他人的财产时,这个使用者就不可能及时对它进行维修和改进,这样就会减少社会投资。在这一类背离中,最重要的是农业用地的租佃和城市水电等公用事业的租让。在这种情况下,生产者或投资者是承租人,而不是所有者。

庇古就此解释道：为了生产的需要，承租人进行了改良土地和维修租用设备的投资，但承租人的这些投资将如何取得补偿呢？如果不规定在租佃期满或租用期满时予以补偿，那么承租人是不会在期满之前去投资改良土地或维修设备的，他们反而会过度地使用土地或设备，结果将使社会产值受到损失。庇古说道："在很多方面，改善耐久性生产工具的某些投资者，往往是这些工具所有者以外的人。只要有这样的情形，这种投资的私人和社会纯产值之间的某些背离就容易产生，并且背离程度的大小，要依出租人与承租人之间所订契约的条款为转移。"①

庇古由此得出结论，这种背离可以通过在租约中或合同中规定补偿办法而加以消除。比如说，假定在土地的租佃契约，煤气公司、电灯公司的租让合同中规定了这样的条款，即承租人花钱改良土地或维修设备，则应当给以补偿；如果对租用的生产资料有所损坏，也应当由承租人作价赔偿。虽然这种补偿规定只不过使地主、农业资本家以及有关的其他资本家得到好处，但庇古却认为这就是社会福利的增加。

第二类背离：由于"外部经济"问题而引起的背离。

庇古认为，在这种情况下之所以出现边际私人纯产值与边际社会纯产值的背离，是因为一种商品的生产会使第三者（他既不是这种商品的生产者，也不是这种商品的消费者）由此得到免费使用的利益或受到无补偿的损失。庇古举例道：一家吐冒黑烟的工厂虽然能够使厂商获利，但却污染着附近地区的空气，使附近住户的卫生条件恶化，因而使投入的资源的边际社会纯产

---

① 庇古：《福利经济学》，第 174—175 页。

值小于边际私人纯产值。又如,海上的灯塔虽然没有花费多少成本,但能使无数过往船只安全航行,因而使所投入的资源的边际社会纯产值大于边际私人纯产值。再如,在公共服务事业方面,有些设施是免费的,它们使公众受益,而其成本由社会负担。这也会产生边际私人纯产值与边际社会纯产值的背离。

庇古认为,由于这一类背离是因"外部经济"或"外部不经济"引起的,它们不像前一类背离那样发生于订约者双方,所以不能采用修改契约的办法来加以补救。但庇古指出,如果采取由国家对投资者实行特殊鼓励或者特殊限制的办法(即补贴或征税的办法),这一类背离也是可以消除的。① 比如说,政府对吐冒黑烟的工厂增税,可以迫使它设法消除黑烟;或者,对私人不愿投资的公共服务事务,可由公共部门投资,或者由政府对私人经营的某些服务事业予以补贴。

第三类背离:由于收益变动或成本变动而引起的背离。

庇古认为这是上述三类背离中最重要的一类。在这里,庇古采用了收益或成本递增、递减和不变等概念。他指出,在生产中,任何一个单位资源的增加,都会使平均成本增加或减少,从而或者增加投资者的负担,或者增加投资者的收益。但是,如果投资者把成本增加或减少的结果转给了消费者,那么边际私人纯产值就会大于或小于边际社会纯产值。因此,这种背离表现为某一厂商在使用生产资源时对于其他厂商和消费者的有利影响或不利影响。

关于这一点,庇古作出这样的结论:边际私人纯产值之所以

---

① 庇古:《福利经济学》,第192页。

大于、等于或小于边际社会纯产值,取决于厂商收益递增,不变或递减的情形,或取决于厂商成本递减、不变、或递增的情形。这是因为,厂商成本或收益的递增、递减具有内部和外部经济或内部和外部不经济的作用。

内部经济是指:某一生产部门的厂商由于对商品的需求增加而扩大经营,它或者充分利用固定设备,或者加强生产过程专业化,结果导致生产成本下降。

可以用第三图来说明内部经济和内部不经济:

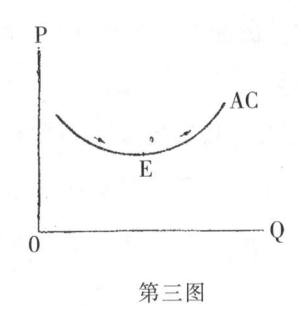

如图所示,横轴 Q 表示产量,纵轴 P 表示成本或价格,AC 为厂商的平均成本曲线,它是 U 型的。E 为 AC 线上的最低点。当成本随着厂商的产量的增加而减少时,这时有内部经济,即图上 E 点的左方表示有内部经济。当成本随着厂商的产量的增加而增加时,这时有内部不经济,即图上 E 点的右方表示有内部不经济。

第三图

外部经济是指:如果一厂商因受内部经济的作用而使产品的价格下降,从而使其他那些以该厂商的产品作为生产要素的厂商获得利益,那么,其他厂商便得到了外部经济,即得到来自本产业部门或社会带来的利益。它也是同厂商成本递减或收益递增的情形相联系的。

可以用第四图来说明外部经济和外部不经济。

图上原有一条厂商的平均成本曲线 AC,当该厂商成本随着本行业的产量的增加而减少时,平均成本曲线由 AC 下移到 AC′,从而表明这时有外部经济。当该厂商的成本随着本行业的产量的增加而增加时,平均成本曲线由 AC 上移到 AC″,从而表明这时有外部不经济。

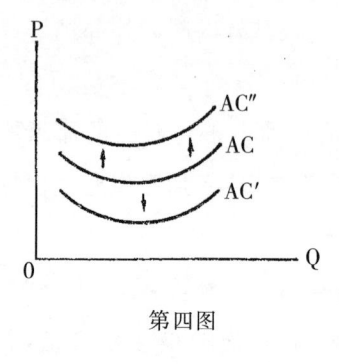

第四图

庇古认为,某一生产部门成本递减所包含的内部经济的存在,意味着对社会说来也存在成本递减的情形。他写道:"在完全的递减供给价格情形起作用时,对社会来说,递减供给价格的情形通常也一定起作用。因此在竞争条件下,某一生产部门投资的边际私人纯产值一般会小于边际社会纯产值。"①于是庇古得出结论,对于这种生产部门,国家要采取奖励政策,使之能扩大规模,使"那里的边际社会纯产值接近于一般资源的边际社会纯产值"。② 庇古认为制造业就是属于这种情形的生产部门。

关于内部不经济和外部不经济,还可以举煤矿的生产和价格变动为例。在这里,内部不经济是指:厂商继续使生产规模扩大,从而发生生产要素价格上涨和生产效率下降的情形。例如煤矿在增加产量的过程中,矿井愈挖愈深,生产效率随之下降,于是煤价也要上涨。而外部不经济则指:一个生产部门继续扩张,它将对其他生产者产生不利的影响。例如,由于对煤的需求大量增加而使煤矿企业扩大生产,结果,煤的生产效率下降,煤价上涨,从而使所有消费煤的工业和用户都受到不利影响。

因此,庇古认为,无论是内部不经济还是外部不经济,都同

---

① 庇古:《福利经济学》,第 223 页。
② 同上书,第 224 页。

成本递增或收益递减相联系。他指出：从社会这个角度来看，假定生产要素价格没有上涨，但生产的增加却使得每单位产品所需要的生产要素增加了，那么生产成本将会上升。如果只是生产要素价格上涨，那么对厂商来说，固然是成本的增加，但对社会来说，只不过是价格的转移而已。这就是说，只有在生产要素价格不上涨而生产的增加使单位产品所需要的生产要素增加的情况下，厂商生产成本的递增才会使社会生产成本递增，厂商的内部不经济才会使其他厂商的生产效率受损失。在这种情况下，边际社会纯产值将会小于边际私人纯产值。① 庇古认为，政府应当向这些扩大生产规模的厂商征税，以限制它们扩大生产规模。庇古说：如果这样做，"就可以增加国民收入和经济福利"。② 在庇古的福利经济学中，农业、建筑业和采矿业，都被认为属于成本递增的生产部门。

五、庇古的社会资源配置学说的评价

按照庇古的看法，虽然可以根据上述种种情况，由政府对一种企业实行补贴，对另一种企业征税，但在实际生活中，往往分辨不出哪些企业属于这种类型，哪些企业属于另一种类型。因此，在西方资产阶级经济学界，庇古有关收益递增、递减的企业分类，被认为不过是些"空匣子"，并没有实际用处。不少资产阶级经济学家就此对庇古的收益或成本递增、递减的论述方式，提出了批评。他们认为，既然假定的前提是完全竞争，那么各个生产部门的生产规模都已经扩大到最低成本的地步了，于是就不

---

① 参看庇古：《福利经济学》，第 217,218,220,222 页。
② 同上书，第 224 页。

可能再有所谓成本递减的情形。他们还认为,从实际情况来看,很难判明哪一个生产部门属于外部经济,哪一部门属于内部经济,加之外部经济又太复杂,难以计算。① 所以英国经济学家克莱潘指出,庇古的"这种分析是虚构的,好像一个帽子铺里的货架上摆满了贴上标签的好多帽盒子,但这些盒子里面都是空的"。②

面临着来自资产阶级经济学界的批评,庇古作了这样的解释,他说道:"至少这种努力还是值得的。由于短少什么而不耐烦地要把整个事情否定掉,这未免过早了。"③在资产阶级经济学界,这场争论持续了很久。庇古的著作是20年代出版的,隔了30年,到了50年代初,赫其生又反驳说:"时间已经过去几十年了,还是看不到装满这些空盒子的迹象。"④所列庇古的这些论述仍然被一些人看成是一种没有实际意义的空论。

我们认为,虽然资产阶级经济学家对庇古关于社会资源配置的论述有过上述批评,但不能因此而全盘否定马歇尔和庇古关于内部经济和不经济、外部经济和不经济的分析的意义,这些分析对于社会和企业的收益-成本比较问题的研究还是有一定的参考性的。我们不能简单地把有关内部经济和外部经济的论点简单地看成是没有实际意义的空论。当然,在这方面还有许多问题没有得到充分的研究,还有待于经济学家们继续进行探讨。而且,我们认为需要指出,资产阶级经济学家在对庇古的理论的批评中,尽管用词比较尖刻,但却没有揭示庇古关于社会资

---

① 迈因特:《福利经济学理论》,第184页。
② 克莱潘:"论空经济匣子",载《经济学杂志》,1922年,第305—314页。
③ 庇古:《福利经济学》,第228页。
④ 赫其生:《经济学评论》,1953年版,第292页。

源配置学说的实质。从实质上看,庇古提出这一论点的目的在于掩盖资本主义制度下日益尖锐的矛盾,把垄断资本主义说成是可以实现社会资源最优配置的经济制度,并以此作为制定有利于垄断企业的经济政策的依据。

为了从理论上较深入地揭示庇古的学说的实质,让我们专就庇古关于垄断条件下的资源配置问题的论述进行一些剖析。庇古认为,上述三种边际私人纯产值与边际社会纯产值的背离都是在完全竞争条件下发生的;而在垄断情况下,由于各个垄断企业进行大规模生产,控制了相当大的部分的市场(如钢铁工业等),此外,由于它们还生产副产品,产生了内部经济,所以这时边际私人纯产值与边际社会纯产值的差距要大于完全竞争下的差距。而在存在垄断竞争的地方,垄断企业之间的竞争使企业产量小于完全竞争下的产量,其投资也不符合完全竞争下的理想投资,从而会给生产带来损失。庇古认为这些情况的存在进一步说明了国家干预的必要性。

但另一方面,庇古仍然为垄断企业进行辩护。他认为,如果垄断企业成为经常而普遍的现象,那么只要边际私人纯产值与边际社会纯产值的背离程度在所有各生产部门都相同,也可以说是达到了最优资源配置。同时,虽然庇古提出了在垄断条件下有必要采取国家干预的措施,但他认为阻止厂商合并为垄断企业的做法并不有利于国民收入的增加,如果由国家直接控制垄断企业,则会压抑这些企业的生产和经营的积极性,而如果由国家自己来经营这些企业,那么情况就会更糟,因为那样就会导致腐化、官僚主义等现象。庇古还认为,国家控制物资和限制物价上涨的措施,只适用于战争时期,平时如果控制物价,是不利于经济福利的。因此庇古所谓的采取国家干预,主要仍是前面所提到的征税和补贴等措施;庇古所主张的价格政策,实质上并不是旨在一般地限制垄断企业,而主要是对收益递减或成本递增的企业(其中有许多是非垄断企业)加以限制。

总之,庇古所谓的社会资源最优配置理论,在理论上是错误的,在政策上是为垄断资本的利益服务的。他所谓的社会利益无非是资产阶级利益的代名词。特别应当指出的是,庇古甚至声称:通过社会资源最优配置方面的措施,可以使资本主义渐进地达到社会主义目标。① 这就更加荒诞了。其实,列宁早就驳斥了诸如此类的谬论。列宁指出:"尽管资本大王们预先考虑到了一国范围内甚至国际范围内的生产规模,尽管他们有计划地调节生产,但是现在还是处在资本主义下,虽然是在它的新阶段,但无疑还是资本主义。"②

第四节 国民收入变动的计算

一、庇古关于国民收入增加的说明

第一节中已经提到,庇古在考察经济福利时,曾用商品价格来计算各种商品量的微小变化对经济福利的有利影响或不利影响;庇古在考察国民收入时,把商品总量和为这些商品支付的货币总额看成是影响国民收入的两个因素,而后一个因素就是以商品价格来计算的。

---

① 参看庇古:《社会主义与资本主义的比较》,第三章。
② 《列宁全集》,第 25 卷,第 430 页。

庇古由此出发,考察了两个不同时期的国民收入的变动。他指出,假定收入分配不变,个人偏好不变,那么用于满足个人的货币数额(即个人在购买商品时支付的货币数额)的增加反映了个人实际收入的增加;如果由个人推广到社会,那么这也反映了用于满足社会的货币数额(即社会为商品购买所支付的货币数额)的增加。因此,在庇古看来,如果第二个时期用于满足社会的货币总量大于第一个时期,那就意味着国民收入的增加。

二、庇古关于国民收入变动的计算方法

庇古是这样计算国民收入的变动的:

假设以 C_1 表示社会在第一个时期所购买的商品总量。C_1 中包含有 $x_1, y_1, z_1 \cdots\cdots$ 等商品单位。

假设以 C_2 表示社会在第二个时期所购买的商品总量,C_2 中包含着 $x_2, y_2, z_2 \cdots\cdots$ 等同样的商品单位。

假设第一个时期的商品价格是 $a_1, b_1, c_1 \cdots\cdots$,第二个时期的商品价格是 $a_2, b_2, c_2 \cdots\cdots$

假设以 I_1 表示第一个时期的社会总货币收入(等于总支出),以 I_2 表示第二个时期的社会总货币收入(等于总支出),

那么,(1) 如果两个时期的社会购买商品总量都是 C_1,则

$$\frac{I_2}{I_1} \cdot \frac{x_1 a_1 + y_1 b_1 + z_1 c_1 + \cdots\cdots}{x_1 a_2 + y_1 b_2 + x_1 c_2 + \cdots\cdots}$$

可用来衡量国民收入的变动;

(2) 如果两个时期的社会购买商品总量都是 C_2,则

$$\frac{I_2}{I_1} \cdot \frac{x_2 a_1 + y_2 b_1 + z_2 c_1 + \cdots\cdots}{x_2 a_2 + y_2 b_2 + z_2 c_2 + \cdots\cdots}$$

可用来衡量国民收入的变动。

庇古认为,在国民收入没有发生变动的情况下,一种商品的货币收入除以价格指数,应当等于同样质量的实际收入的单位。因此,如果 $\frac{第二时期的总货币支出}{第一时期的总货币支出}$ 或 $\frac{\sum p_2 q_2}{\sum p_1 q_1}$ 大于一,就意味着第二个时期的购买力比第一个时期的购买力大,因为第二个时期选择 C_2,证明 C_2 所产生的满足程度大于 C_1 所产生的满足程度。如果分数值小于一,就意味着第二个时期的购买力比第一个时期的购买力小,因为第二个时期选择 C_2,证明 C_2 所产生的满足程度小于 C_1 所产生的满足程度。这是因为,在庇古看来,福利是一种主观的东西,单位资本收入的增加并不一定增加经济福利,所以 $\sum p_2 q_2 > \sum p_1 q_2$,意味着第二时期比第一时期好;$\sum p_1 q_1 > \sum p_1 q_2$,意味着第一时期比第二时期好。

关于产量变化对实际收入的影响,庇古指出有两种不同的计算方法,即拉斯泼雷(Laspeyres)指数法和帕斯奇(Paasche)指数法。

拉氏产量指数以第一时期的产量来加权。

$$LQ = \frac{px_1 qx_2 + py_1 qy_2}{px_1 qx_1 + py_1 qy_1} = \frac{\sum p_1 q_2}{\sum p_1 q_1}$$

帕氏产量指数以第二时期的产量来加权。

$$PQ = \frac{px_2 qx_2 + py_2 qy_2}{px_2 qx_1 + py_2 qy_1} = \frac{\sum p_2 q_2}{\sum p_2 q_1}$$

拉氏产量指数公式和帕氏产量指数公式分别表明:在拉氏产量指数公式中,如果拉氏产量指数(LQ)小于一,实际收入就减少。这是因为:

第二章 庇古的福利经济学

$$LQ=\frac{\sum p_1 q_2}{\sum p_1 q_1}<1$$

即 $\sum p_1 q_1 < \sum p_2 q_2$

这就是说,第一时期的商品组合比第二时期的商品组合包含了更多的商品 x 和 y。

在帕氏产量指数公式中,如果帕氏产量指数(PQ)大于一,实际收入就增大。这是因为:

$$PQ=\frac{\sum p_2 q_2}{\sum p_2 q_1}>1,$$

即 $\sum p_2 q_1 < \sum p_2 q_2$

这就是说,第一时期的商品组合比第二时期的商品组合包含了较少的商品 x 和 y。

可以看出,帕氏产量指数(PQ)对于实际收入的增加是决定性的,而拉氏产量指数(LQ)对于实际收入的减少是决定性的。因此,可以利用拉氏产量指数小于一或帕氏产量指数大于一来判断实际收入的变动。

以上是就产量变化而言的,下面再考察价格的变化对实际收入的影响。

拉氏物价指数公式是:

$$Lp=\frac{px_2 qx_1+py_2 qy_1}{px_1 qx_1+py_1 qy_1}=\frac{\sum p_2 q_1}{\sum p_1 q_1}$$

帕氏物价指数公式是:

$$Pp=\frac{px_2 qx_2+py_2 qy_2}{px_1 qx_2+py_1 qy_2}=\frac{\sum p_2 q_2}{\sum p_1 q_2}$$

以 I_1 表示第一时期货币收入(等于支出),I_2 表示第二时期货币收入(等于支出),则 $\frac{I_2}{I_1}$ 为两个时期货币收入之比(等于支出

之比),

由于
$$I_1 = px_1qx_1 + py_1qy_1$$
$$I_2 = px_2qx_2 + py_2qy_2$$

所以,
$$\frac{I_2}{I_1} = \frac{px_2qx_2 + py_2qy_2}{px_1qx_1 + py_1qy_1} = \frac{\sum p_2 q_2}{\sum p_1 q_1}$$

在帕氏产量指数(PQ)大于一,即 $\sum p_2 q_2 > \sum p_2 q_1$ 时,以 $\sum p_1 q_1$ 除以公式的两边,可得:

$$\frac{\sum p_2 q_2}{\sum p_1 q_1} > \frac{\sum p_2 q_1}{\sum p_1 q_1}$$

此公式的左端就是两个时期货币收入之比,即 $\frac{I_2}{I_1}$,此公式的右端就是拉氏物价指数,即 Lp。

由此可知,在帕氏产量指数(PQ)大于一,实际收入增大时,货币收入之比(I_2/I_1)将大于拉氏物价指数(Lp)。或者说,如果货币收入之比(I_2/I_1)大于拉氏物价指数(Lp),这意味着实际收入的增加。

同样的道理,在拉氏产量指数(LQ)小于一,实际收入减少时,货布收入之比(I_2/I_1)将小于帕氏物价指数(Pp)。或者说,如果货币收入之比(I_2/I_1)小于帕氏物价指数(Pp)时,这意味着实际收入的减少。由于产量的比较应以实际收入较大的时期为根据,于是庇古进一步用价格指数来计算国民收入的变化,即以下述公式来表示国民收入的变化:

$$\frac{I_2}{I_1} \sqrt{\frac{x_1 a_1 + y_1 b_1 + z_1 c_1}{x_1 a_2 + y_1 b_2 + z_1 c_2} \times \frac{x_2 a_1 + y_2 b_1 + z_2 c_1}{x_2 a_2 + y_2 b_2 + z_2 c_2}}$$

庇古的这些观点引起了以后有关指数问题的讨论,这种讨论在近数十年关于经济福利的讨论中占有显著地位。

三、庇古关于国民收入变动的含义所引起的争议

庇古用国民收入变动来表明经济福利变动的观点,引起了一些资产阶级经济学家的异议。例如,萨缪尔森就曾对庇古的论点提出批评。[①] 他指出庇古是从效用基数论的角度来看待福利的变动的,如果用效用序数论代替效用基数论,那么庇古关于福利变动的观点就不能成立。这是因为,从效用序数论的角度来考察,只有在一个人好起来而又不损害任何其他人的情况下,国民收入的变动才意味着福利的增加。

有些资产阶级经济学家从另一个角度评论了庇古用国民收入变动来表明经济福利变动的观点。他们说道,在把消费者个人同消费者群体进行比较时,传统论证方式的矛盾就会暴露得很明显。这是因为:

从消费者个人来看,如果 $\sum p_2 q_2 \geqslant \sum p_2 q_1$,那就意味着 $\sum p_1 q_1 < \sum p_1 q_2$。因此可以用 $\sum p_1 q_1 < \sum p_1 q_2$ 来检验 $\sum p_2 q_2 \geqslant \sum p_2 q_1$。

但从消费者群体来看,假定用 P 和 Q 来代替 p 和 q,各个 Q 是指组成国民收入的各种不同商品的总量,各个 P 是指组成国民收入的各种不同商品的价格,那么,如果 $\sum P_2 Q_2 \geqslant \sum P_2 Q_1$,这并不意味着 $\sum P_1 Q_1 \sum P_1 Q_2$,所以就不能用 $\sum P_1 Q_1 < \sum P_1 Q_2$ 来检验 $\sum P_2 Q_2 \geqslant \sum P_2 Q_1$。为什么会这样?因为消费者作为群体来看,社会产品可能有不同的分配方式,而在不同的方式之下,有些人的境况会比过去变得好些,但也会有些人的境况不如过

[①] 萨缪尔森:《实际国民收入之估测》,载《牛津经济文汇》,1950 年 1 月号。

去。这样，$\sum P_1Q_1$ 也有可能大于若 $\sum P_1Q_2$。这是一个涉及补偿原则和福利检验标准的问题①，庇古是不曾注意到的。李特尔就此写道："除非预先假定有关分配变化的价值判断，否则国民收入的比较是不会具有福利意义的。"②

国民收入变动与福利变动之间的关系的争论和福利经济学家的新观点，将在以下有关章节中再评述。

※　　　　※　　　　※

作为本章的结束语，让我们对庇古的福利经济学作一总的评价。

从经济学说史来考察，庇古在福利经济学中的历史地位是重要的。他对资产阶级经济学的主要贡献，是采用了马歇尔的成本或收益递增、递减的概念，把在以前西方经济学界对于社会财富的注意力转移到国民福利方面。在庇古的论述中，关于内部经济和不经济、外部经济和不经济的某些分析还是可供参考的。但从根本上说，庇古的福利经济学是庸俗的经济理论。他以主观价值论为基础而进行的一系列有关福利的论述，并没有科学性。从政策主张上看，庇古是垄断资本的代言人，他企图用国家对经济生活的干预来挽救资本主义。这反映了庇古的福利学说的辩护性。

庇古建立的福利经济学从三十年代以来日益发展，它对于新福利经济学有很大影响。当然，后来发展起来的新福利经济学跟庇古的论点有很大不同，庇古的若干命题成为后来资产阶级经济学家争论的焦点，也成为新旧福利经济学的分界线。下一章，我们将转入对新福利经济学进行评论。

---

① 参看本书第三章第三节。
② 李特尔：《福利经济学评述》，商务印书馆 1980 年版，第 251 页。

第三章 新福利经济学

以庇古为代表的旧福利经济学家认为社会的经济福利是组成社会的各个人的福利的总和,而个人福利又是个人满足的总和。这就是说,他们是以效用基数论和不同个人间效用的可比性作为自己的理论基础的。这种福利学说,连一些资产阶级经济学家也认为漏洞太多,并且不太适合为垄断资本辩护的要求,因而受到很多人的反对,其中最有代表性的是英国资产阶级经济学家罗宾斯。他在1932年出版的《论经济科学的性质和意义》一书中,从以下几个方面对庇古的福利经济学进行了批判。

首先,罗宾斯否认个人间效用比较的可能性。他说:"没有办法能够检查出,在和B比较以后,A的满足的大小。……内心省察不能使A衡量B的心理活动,也不能使B衡量A的心理活动。因此,没有办法对不同人的满足加以比较。①"

其次,罗宾斯认为,既然个人间的效用比较是一种主观评价,是不科学的,因此凡是从事研究"应该是什么"的经济政策问题的福利经济学都是主观评价,这和研究"是什么"的实证经济学应当加以区分。也就是说,罗宾斯主张经济学家研究"是"与"否"的问题,而不要涉及"应当"与"不应当"的问题。②

第三,罗宾斯强调经济科学的中立性,认为"凡是使我们说

---

① 罗宾斯:《论经济科学的性质和意义》,1935年,第2版,第139—140页。
② 同上书,第149页。

明政策好坏的经济学都是不科学的"，①因此，福利经济学不是经济学家所应当研究的固有学科。②

罗宾斯对旧福利经济学的批评在资产阶级经济学界引起很大反响。在旧福利经济学的基础发生动摇的情形下，所谓新福利经济学出现了。

新福利经济学是20世纪30年代以后，在新的历史条件下适应垄断资本的需要产生和发展起来的。新福利经济学之所谓新，并不是在理论上真的有什么新的发展，而是它以一种新的方式，对旧福利经济学进行一些改头换面的工作。具体地说，就是采用效用序数论和无差异曲线分析法来摆脱旧福利经济学难以回答的福利命题；排除旧福利经济学的收入均等化理论，仅以交换上和生产上的最优条件作为达到最大福利的条件；提出福利标准以及所谓补偿验证，来代替旧福利经济学关于个人之间的效用的比较；把资产阶级的道德标准作为理论的前提，以论证社会福利标准。他们认为，经过这些改装和补充，福利经济学仍然可以研究"应该是什么"和"不应该是什么"。也就是说，他们为了坚持把福利经济学作为制订经济政策的工具，肯定了罗宾斯提出的第一点，否定了罗宾斯的第二点和第三点。

新福利经济学的起源，可以追溯到意大利资产阶级经济学家帕累托，因为帕累托最先提出了效用序数论，采用和发展了英

---

① 罗宾斯：《论经济科学的性质和意义》，1935年，第2版，第153页。
② 罗宾斯在《美国经济评论》1981年5月号上发表了"经济学和政治经济学"一文。在这篇文章中，他写道："尽管不否认在福利经济学标题下的有些思想是有价值的，但我极力认为：很怀疑福利经济学的要求是科学的；我还进一步论证：从它的假定得出的一些推理缺乏现实性。"罗宾斯的这一看法同他在20世纪30年代初年的看法并没有什么区别。

国资产阶级经济学家埃奇沃思的无差异曲线分析方法,提出了"最大偏好状态",①亦即以后资产阶级经济学家所称的"帕累托最优状态"(Pareto optinium)。帕累托虽然早在 1896 年就提出了这一套理论,但是直到 20 世纪 30 年代,才通过希克斯、艾伦和勒纳等人介绍到英语国家。② 资产阶级经济学家对他们找到的这种效用序数论和最优条件论大加阐释和发挥。在这个基础上形成了希克斯、卡尔多、霍推林等人的补偿原则论和伯格森、萨缪尔森等人的社会福利函数论。以下让我们先看看作为他们的两大理论柱石的效用序数论和最优条件论究竟是什么内容,然后再剖视建立在这种理论基础上的新福利经济学的补偿原则论和社会福利函数论。

第一节 效用序数

一、效用序数的含义

效用序数概念由帕累托提出后,被希克斯在著作中加以采用,成为新福利经济学的理论基础。

效用序数与效用基数是不同的。如第一章所述,效用基数是指效用可以用数量单位来衡量。例如对一个消费者来说,一件外衣对他有五十个单位的效用,一磅面包对他有五个单位的效用,一个苹果对他有两个单位的效用。而效用序数则指,只有

---

① 本章第二节有较详细的说明。
② 希克斯与艾伦:"价值理论的重新考虑",载《经济学报》1934 年,第 52—76,196—219 页;希克斯:《价值与资本》1939 年;勒纳:《垄断的概念和垄断势力的衡量》,载《经济研究评论》,1934 年 6 月号,第 157—175 页。

次序先后才是表现财富效用的合理方法;效用只能用第一,第二,第三……等顺序数目表示。比如说,消费者对外衣的偏好胜过对面包的偏好,对面包的偏好胜过对苹果的偏好,等等。

因此,效用序数表明一个人对一组物品的偏好比对另一组物品较高,较低,或无差异;但不要求表明一种物品的效用比另一种物品的效用大多少倍。

效用序数是以假定消费者对于各种物品或各组物品都有一种偏好作为前提的。比如说,某个消费者不是对外衣的偏好大于对面包的偏好,就是对外衣的偏好小于对面包的偏好,否则就是对外衣的偏好等于对面包的偏好。上述三种情况必居其一,而且只可能出现其中一种情况,不能同时出现其中两种情况,或三种情况同时出现。

根据以上的假定,所以效用序数被认为是一种比效用基数更广泛的和更能反映消费者行为的分析方法。用萨缪尔森的话说:"许多作者不再相信内心经验的尺度或基数数量上的性质。由于有这种怀疑,从而认为在任何情形下,效用的基数衡量是不必要的,只有序数上的偏好,包括'多些'或'少些',而不是'多少',才是分析消费者行为所必需的。"[①]

二、边际替代率

那么在经济学中如何表示消费者这种多些或少些的偏好呢?又如何把这种偏好尺度构成消费者的福利概念呢?效用序数论是这样分析的:

---

① 萨缪尔森:《经济分析的基础》,1948年,第91页。

假定消费者在一定的偏好、技术和资源的条件下,依据一定的价格和一定的收入,对商品的不同组合作出选择。例如有两种商品:面包和布,按照一个消费者的偏好,四个单位的面包和一个半单位的布,三个单位的面包和二个单位的布,二个单位的面包和三个单位的布,或一个单位的面包和六个单位的布等,可以使他得到同等程度的满足。这就意味着,两种商品的不同组合,可以给这个消费者带来同等程度的满足。

这还意味着,消费者为了使自己的满足程度不变,当他损失一定单位的面包时,就需要有一定单位的布来补偿。例如,他从四个单位面包和一个半单位布的组合得到的满足,和从三个单位面包和两个单位布的组合所得到的满足相同。这后一种组合就意味着,消费者损失一个单位的面包,要有半个单位的布来补偿,这样才能使他的满足程度相等。这就是新福利经济学中所说的两种商品的替代关系,又叫作边际替代率(marginal rate of substitution)。边际替代率概念也是希克斯提出并采用的。

可以用边际替代率来表述上述面包(甲商品)和布(乙商品)之间的替代关系:

甲商品替代乙商品的边际替代率,就是在消费者满足程度不变的条件下,为增加一单位的甲商品而减少的乙商品的数量。

为了要保持消费者的满足程度不变,商品组合中的甲商品(如面包)越减少,则需要相应地增加的乙商品(如布)的数量就越多。反过来说,商品组合中的乙商品(如布)越增加,为此所需要相应地减少的甲商品(如面包)的数量就越少。这是因为消费者持有的乙商品(如布)越来越多,而持有的甲商品(如面包)则越来越少,他对于一个单位甲商品(如面包)的评价,将相对地越来越高于对一个单位乙商品(如布)的评价。这种边际替代关系被称为边际替代率递减律。①

可以把上述例子作成下表来表示：

有甲乙两种商品(面包和布)，它们有 A, B, C, D 四种组合方式：

组合	A	B	C	D
面包	4	3	2	1
布	$1\frac{1}{2}$	2	3	6

如表上所示，从 A 到 D，每减少一个单位的面包，所需要增加的布的单位是越来越多的；从 D 到 A，每增加一个单位的面包，所需要减少的布的单位是越来越少的。

三、无差异曲线

无差异曲线(indifference curve)由埃奇沃思首创，后来由希克斯和艾伦加以发展。它是一条用来表示消费者对不同组合的商品的偏好没有差异的曲线。

可以根据上表绘出无差异曲线(见第五图)。图中横轴 X 表示面包的数量，纵轴 Y 表示布的数量。在这条曲线上的各点，都表示面包和布的不同组合(A, B, C, D)能给予消费者同等程度的满足。用上表中的数字可得出无差异曲线 I_2。它表明，在 I_2 曲线上，一定数量的 X 和一定数量的 Y 的组合，对于消费者的满足程度说来没有差异。

无差异曲线的斜率是负的。这是因为，在消费者相等的满

---

① 参看希克斯：《价值与资本》，商务印书馆 1982 年版，第一章。

足程度的前提下,要增加 X 商品就必须减少 Y 商品,或者,要减少 X 商品,就必须增加 Y 商品,所以无差异曲线成为向右下方倾斜的曲线,其斜率必定为负。

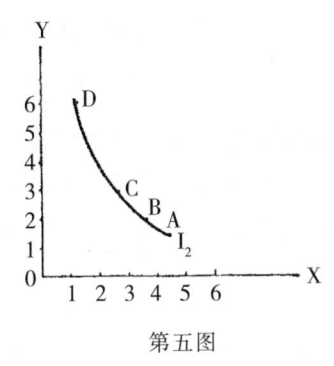

由于边际替代率是递减的,所以无差异曲线必定凸向原点,即对于原点 O 必定呈凸形。这是因为,根据边际替代率递减规律,每增加一单位的 X 所需要减少的 Y 单位是越来越少的。以 $\Delta X_1, \Delta X_2, \Delta X_3$ 表示 X 商品的每次变动的数量,以 $\Delta Y_1, \Delta Y_2, \Delta Y_3$ 表示 Y 商品每次变动的数量。根据上表所示,从 D 到 C,从 C 到 B,从 B 到 A,X 商品每次变动量是相等的,即都是增加一单位,即 $\Delta X_1 = \Delta X_2 = \Delta X_3 = 1$,然而,Y 商品变动量则是递减的,即 $\Delta Y_1 > \Delta Y_2 > \Delta Y_3$。因此,$I_2$ 必定凸向原点(见第六图)。

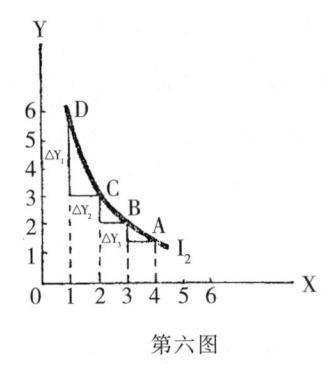

第五图

如果 $\Delta Y_1 = \Delta Y_2 = \Delta Y_3$,那么 I_2 将是一条直线;或者,如果 $\Delta Y_1 < \Delta Y_2 < \Delta Y_3$,那么 I_2 对于原点 O 将是呈凹形的。但根据边际替代递减规律,这两种情况都是不可能出现的。可能出现的,只能是 $\Delta Y_1 > \Delta Y_2 > \Delta Y_3$ 这一种情况。

第六图

在同一个平面坐标图上,不同的无差异曲线表示消费者所得到的满足程度是不同的。如果两种商品的消费数量都增加了,例如达到无差异曲线 I_3,I_3 高于 I_2,那么,消费者就得到较高

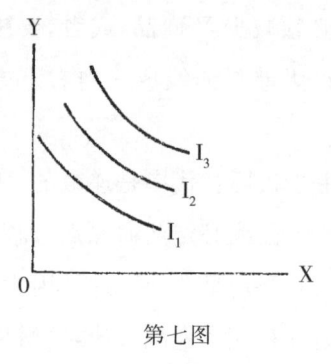

水平的满足。反之,如果两种商品的消费数量都减少了,则只能得到比 I_2 为低的满足,例如无差异曲线 I_1 所表示的满足(见第七图)。

效用序数论者认为,消费者的无差异曲线究竟处于哪一个水平上,要取决于消费者的收入和商品的价格,于是就需要转入对消费可能线的分析。

第七图

四、消费可能线

消费可能线(income-possibility line),又称预算线(budget line)、价格线(price line)或收入—价格线(income-price line)。它是用来表示在一定的收入和价格条件下,消费者利用自己的收入所能得到的 X 和 Y 两种商品的数量。

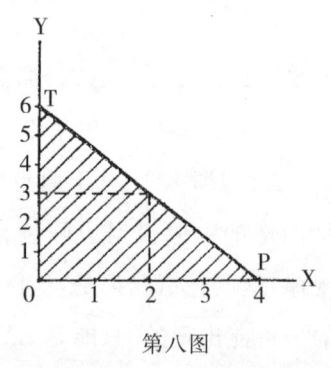

假设消费者每天的收入为 6 元,并且把全部收入用来买面包(X 商品)和布(Y 商品),而面包和布在市场上的价格分别为 1.5 元和 1 元,亦即 6 元可以买四个单位的面包而不买布,或者买两个单位的面包和三个单位的布,或者买六个单位的布而不买面包。这种按收入和价格所得出的购买两种商品的许多组合,在图上成为一条直线,即消费可能线(见第八图)。

第八图

图上,PT 线就是消费可能线。

消费可能线以外的任何一点,图上阴影以外部分,都是消费者在现有收入和价格条件下力所不及的。消费可能线的斜率等于面包价格对布的价格的比率,即 $\frac{1.5}{1}$。这是因为,消费者如果放弃买 1 个半单位的布,他可以多买一个单位的面包,亦即他可以用三个单位的布,换二个单位的面包。用公式表示:

$$消费可能线的斜率(布对面包的边际替代率) = \frac{\frac{收入}{布的价格}}{\frac{收入}{面包的价格}} = \frac{面包的价格}{布的价格}$$

这就是说,如果面包的价格为每单位 1.5 元,布的价格为每单位 1 元,那么要增加一个单位的面包,必须减少一个半单位的布。

根据效用序数论,无差异曲线表示消费者的偏好,消费可能线表示消费者实际消费的可能。由于无差异曲线对原点为凸形,所以消费可能线与无差异曲线只能在一点相切。

现在,把前面提到的无差异曲线(I)上的各组商品组合情形列出:

组合	A	B	C	D
面包	4	3	2	1
布	$1\frac{1}{2}$	2	3	6

根据前面所引的数字,某消费者收入为 6 元,面包单价为 1.5 元,布的单价为 1 元,可以将这时的消费可能线所表现的各组购买状况列出:

组合	P	Q	R	S	T
面包	4	3	2	1	0
布	0	$1\frac{1}{2}$	3	$4\frac{1}{2}$	6

关于无差异曲线与消费可能线相切的情况，请看第九图。

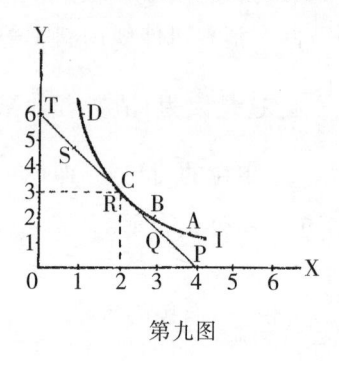

由图上所示可知，消费可能线PT与无差异曲线 I 在无差异曲线上的 C 点相切，C 与 R 重叠。在 C 点上，消费者愿意接受 2 个单位面包和 3 个单位布的组合，这时他的满足程度不变。在 R 点上，消费者用 6 元收入，可买 2 个单位面包和 3 个单位布，他的收入能达到这一点。

第九图

因此，这一点就是消费者在现有收入和价格条件下达到最大满足之点。在这一点上，消费者不能用增加或减少某种商品的办法来增加自己的满足。效用序数论者把这一点称作消费者均衡点。

五、收入和价格变动条件下消费者均衡点的移动

效用序数论者认为，无论是收入的变动还是价格的变动，都将引起消费者均衡点的移动。

先看收入变动的影响（见第十图）：

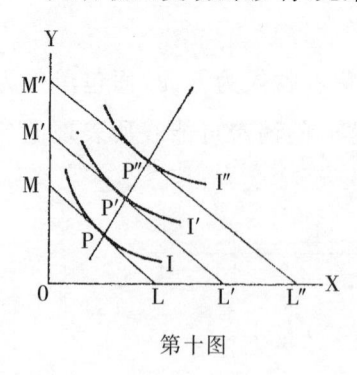

如图所示。假定商品 X 和 Y 的价格是既定的。消费可能线最初是 ML，它与无差异曲线 I 相切于 P 点。P 是消费者均衡点。

现在收入提高了，X 和 Y 价格不变，消费可能线移为

第十图

$M'L'$。$M'L'$与 ML 平行，它与无差异曲线 I' 相切于 P' 点（OM'/OL'＝OM/OL）。P' 是新的消费者均衡点。

收入继续提高，X 和 Y 的价格仍不变，则有 $M''L''$ 线，$M''L''$ 与 $M'L'$ 平行，它与无差异曲线 I'' 相切于新消费者均衡点 P''。

把 P，P'，P'' 联结起来的曲线，被称为收入—消费曲线。每一种价格体系有一条相应的收入—消费曲线。

根据无差异曲线的定义，I'' 比 I' 有较大的满足程度，I' 比 I 有较大的满足程度，所以由 ML 向 $M''L''$ 的移动，即由 P 向 P'' 的移动，表明消费者满足程度的提高，表明福利的增大。

但效用序数论者认为，收入—消费曲线并不一定全是向右上方延伸的。如果商品 X 是劣等商品，即在收入水平较低时才被大量消费的商品，而当收入上升时，它们就会被较优的商品所代替或部分代替，那么收入—消费曲线将会向左或向下移动。

再考察价格变动的影响。

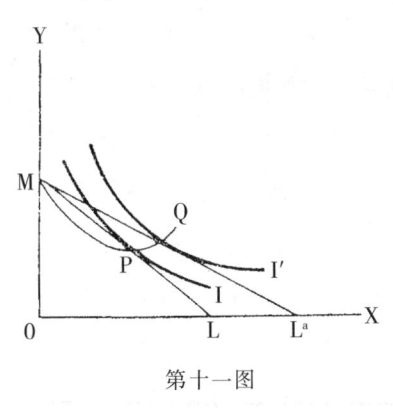

假定收入是既定的。消费可能线最初是 ML，它与无差异曲线 I 相切于 P 点。P 是消费者均衡点。在收入为既定的前提下，如果 X 和 Y 的价格按同比例上升或下降，那么新的消费可能线（$M'L'$）一定与原来的消费可能线（ML）平行。关于这一点，就不在这里赘述了。下面，再考察一种商品价格变动的影响（见第十一图）。

第十一图

现在，假定 Y 价格不变，X 价格下降。于是，如第十一图所示,有新的消费可能线 ML^a。ML^a 与无差异曲线 I′相切于 Q 点。Q 是新的消费者均衡点。连接 M,P,Q 的曲线被称为价格—消费曲线。它表示当 X 价格变动而其它条件不变时的消费变动情况。

下面把第十图和第十一图合并在一起。请看第十二图。

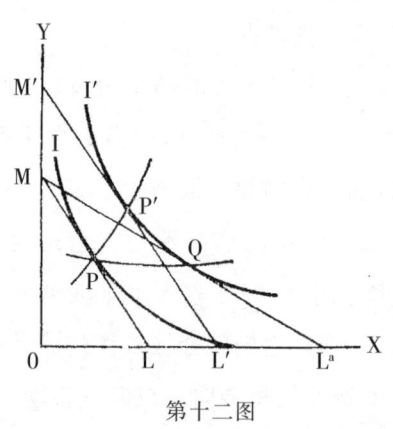

图上,P 点是消费可能线 ML 同无差异曲线 I 的相切点;P′点是消费可能线 M′L′同无差异曲线 I′的相切点;Q 点是消费可能线 ML^a 同无差异曲线 I′的相切点。由于无差异曲线必定是凸向原点的,所以无差异曲线 I′与 M′L′的切点 P′同 I′与 ML^a 的切点 Q 相比,Q 必定位于 P′的右方。这也就是说,在较高的无差异曲线上通过 P′点的价格—消费曲线总是位于通过 P′点的收入—消费曲线的右方。

第十二图

效用序数论者认为,这一命题对于福利经济学具有重要的含义。这是因为,一种商品价格的下降从两个方面对消费者的福利发生影响。一方面,它使消费者实际收入增大,使消费者的境况比从前好一些。另一方面,它改变了相对价格,从而价格下跌的商品将替代其他商品。这一结论被认为是运用无差异曲线分析所推导的必然结果,而效用基数论对这些影响是不曾注意的。

六、收入效应和替代效应分析

一种商品价格下降对消费者福利所发生的上述两种影响,被称为收入效应(income effect)和替代效应(substitution effect)。

按照资产阶级经济学中的定义,收入效应是指:由于商品价格上升或下降而引起的实际收入的变动对商品需求量的影响。比如说,一种商品价格下降,消费者的实际收入上升,于是他就会增加对这种降价商品的购买;反之,一种商品价格上升,消费者的实际收入下降,于是他就会减少对这种涨价商品的购买。

替代效应是指:在消费者购买一种以上的商品时,由于一种商品价格上升或下降而引起的不同商品的购买量的变化。比如说,一种商品价格下降而其余商品价格不变,消费者就会增加对这种降价商品的购买以替代那些价格不变的商品;反之,一种商品价格上升而其余商品价格不变,消费者就会减少对这种涨价商品的购买,而以购买另外某种价格不变的商品作为替代。

这两种效应对消费者的福利有什么影响?能否把它们区分开来?希克斯对这个问题进行了探讨。

希克斯指出:价格变动对需求的影响或对消费者的福利的影响,是上述两种效应的总和。假定消费者所要购买的 X 商品的价格下降了,那么消费者"从 X 价格的下降中能受惠到什么程度,视他原先购买 X 的数量而定;设与他的收入相较,这一数量相当的大,则他就受惠很大,而第一种影响(我们可称之为收入效应)将属非常重要;但如这一数量很小,那么所获也小,收入效应很可能被替代效应所盖没。"[①]

关于收入效应和替代效应可用第十三图来说明。

以横轴 X 表示商品,纵轴 Y 表示货币。I_1 和 I_2 为两条满足

---

① 希克斯:《价值与资本》,第 28 页。

程度不同的无差异曲线。

ML_1 为原来的消费可能线。ML_1 与 I_1 相切于 A 点。A 为原来的消费者均衡点。X_1 为均衡购买量。

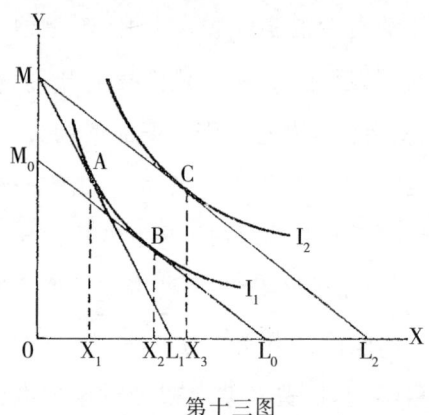

如果 X 的价格下降,则消费可能线由 ML_1 移到 ML_2。ML_2 与 I_2 相切于 C 点。C 为新的消费者均衡点。

在消费者均衡点由 A 移到 C 后,消费者的均衡购买量也由 X_1 移到 X_3。这就是消费者的受惠。但由于无差异曲线 I_2 处在高于无差异曲线 I_1 的位置上,它意味着较大的满足程度,所以这也意味着消费者实际收入的增加。

第十三图

假定消费者仍处于原来的无差异曲线上,那么 X 商品价格的下跌会使他受惠多少呢? 如果那样,他就会少支出货币。可以作 M_0L_0 线平行于 ML_2 线,并使 M_0L_0 与无差异曲线 I_1 相切于 B。这意味着,如果使消费者维持原来的满足程度,在 B 这个消费者均衡点,消费者可以少支出 M_0M 的货币。这时的均衡购买量是 X_2。

由此可知,在上述例子中,消费者的受惠是 X_1X_3。其中 X_1X_2 是由 X 价格下跌而造成的替代效应的结果。X_2X_3 是由 X 价格下跌而造成的收入效应的结果。

希克斯认为,在收入效应和替代效应中,替代效应是可以肯定的,因为从边际替代率递减规律得知,一种商品价格下跌而其余商品价格不变,对这种商品的需求量会增加;然而,收入效应的情况与此不同。希克斯说:"收入效应则不是这样可靠;它通常在同一方向起作用,但货物如属低劣,它常向相反的方面起作用。因此,当所述商品在消费者的预算中占据较小的地位的情况下,这一不甚可靠的收入效应相对地不重要——这是有很大重要性的一点;因为只有在这种情况下(幸运地,它们是最为重要的情况),我们才有一个明确的需求定律。只有在这种情况下我们才能十分肯定,价格的下降必然会导致需求数量的上升。"①

以上是两种效应对单个消费者的福利的影响。如果把考察的范围从单个消费者扩大到消费者群体,那么按照希克斯的观点,可以得出以下几点结论:

第一,由于所有的个人的替代效应都是在商品价格下降时增加对该种商品的购买,所以对消费者群体而言,替代效应也必定如此。

第二,由于个人的收入效应是不确定的,所以消费者群体的收入效应也是不确定的。有些人有正收入效应,另一些人则有负收入效应。正收入效应和负收入效应有可能抵消。

第三,假定消费者群体只花费一小部分收入在某种商品上,那么可以不必注意由于该种商品价格变动而引起的收入效应。②

希克斯和其他一些效用序数论者根据无差异曲线分析而提出的上述这种看法,被认为是福利经济学在效用和消费者行为

---

① 希克斯:《价值与资本》,第28页。
② 同上书,第30—31页。

七、效用序数和效用基数的异同

通过以上的论述,效用序数论者认为无差异曲线(或偏好曲线)不表示效用的加总,而是在不同的收入—价格的情况下,观察消费者在市场上的选择所表示的最大满足水平。因此,他们把无差异曲线看作是直接从经验中得来的,而不是从内心省察得来的。无差异曲线水平的高低,表示较多或较少商品所给予一个人的满足。这就是效用序数论者强调的效用序数与效用基数的区别。

实际上,效用序数论者只是在表面上非难效用基数论。他们所说的偏好尺度,仍然以效用、欲望和满足等心理因素为基础,只不过改变了一下术语。例如,他们用"边际替代率"的概念来代替"边际效用"的概念,用边际替代率递减规律来代替边际效用递减规律,用消费可能线和无差异曲线的切点来代替边际效用和价格的比例。关于这一点,效用序数论者也是承认的①。所以这就引起了资产阶级经济学家之间的争论。效用基数论者反问道:既然认为消费者满足水平有高低,那不就等于承认,由无差异曲线 I_1 到 I_3 的满足水平,可以比由 I_1 到 I_2 的水平有一定的倍数吗?那不就等于承认效用基数论了吗?② 效用序数论者对于这种批评也无辞以对。至于所谓消费者偏好是从市场行为观察得来而不涉及主观判断的说法,琼·罗宾逊也反驳说,偏好本身就是主观判断,并且,对于不同时间内的不同价格的反

---

① 参看萨缪尔森:《经济学》,第 11 版,第 409—410 页。
② 罗伯逊:《效用以及这类的东西》,第 18 页。

应,消费者没有办法知道在他的购买行为的改变中,哪一部分改变是由于价格改变的原因引起的,以及哪一部分改变是由于偏好本身改变的原因引起的。[①] 由此可见,效用序数论者表面上将边际效用的原则从自己的理论中排除掉,但实际上却保留着边际效用论的一切基本前提和范畴,从而也就保留着边际效用论的庸俗性。

八、从效用序数论得出的福利概念

根据效用或满足不能相加而只能有水平高低的效用序数论,新福利经济学家得出结论说:一个人达到最大的满足,不是指达到最大的满足总量,而是指达到最高满足的水平。由无差异曲线 I_2 移至 I_3,意味着达到较高的满足水平,也就意味着得到较多的商品。因此,效用序数论所说一个人的福利好些或坏些,就是指无差异曲线高些或低些。换言之,假定平面坐标图上有 I_1,I_2,I_3 三条由低到高的无差异曲线。由 I_2 到 I_3,表示一个消费者的福利增大了。由 I_2 到 I_1,表示一个消费者的福利减少了。

不仅如此,效用序数论者既然认为效用不能相加,一个人所得到的效用总量无法知道,那么各个人得到的效用或满足究竟是较大还是较小,当然也就无法比较,也就是说,富人和穷人从不同收入所得到的效用或满足,是无法加以比较的。这是现代资产阶级经济学家从效用序数论直接得出的推论。这个推论,当然就成为他们反对触动资产阶级剥削收入的一种工具。罗宾

---

① 琼·罗宾逊:《经济学哲学》,第49—50页。

斯宣称:"相对效用递减的概念(亦即无差异曲线对原点为凸形),不能为那种认为从富人向穷人的转移将增加社会满足总量的论断辩解。"①新福利经济学家正是根据上述关于一个人的福利状况好些或坏些的概念和各个人之间的满足程度不能比较的论点,得出了社会福利概念,即"社会福利取决于组成社会的各个人的福利,而不取决于其他"②。在社会福利概念里,他们表面上把庇古概念里的"福利总和"中"总和"二字去掉了,实际上则是否定庇古概念里所包含的收入再分配的内容。

关于福利概念,从帕累托到最近的新福利经济学家,都是如此立论的。他们认为,对于收入分配问题,各人可以有不同的判断,无法科学地加以论证。因此,他们把现存资本主义社会的收入分配状况当作"合乎道德标准的分配",③也就是把收入分配状况当作既定条件来对待。迈因特曾说道:"帕累托式的表述之所以抽掉了不均等收入分配的内容,的确是因为除了根据既定的收入分配而外,不可能对于主观最优状态作出一种科学概念的表述,而不涉及个人间效用比较。"④李特尔也说道:"也许有人认为,一个人是否获得公平的工资,是一个经济福利问题。但是我们把它排除掉了,因为我们所关心的只是他得到多少钱和他做什么事,而不是他所得待遇和其他的人比较起来是否公平的问题。⑤ 新福利经济学家这种论点十分适合垄断资本的需

---

① 罗宾斯:《论经济科学的性质和意义》,第 141 页。
② 米商:"福利经济学评述,1939—1959",载《经济学杂志》,1960 年 6 月号,第 199 页。
③ 帕累托:《政治经济学教本》,第 362—363 页。
④ 迈因特:《福利经济学理论》,第 103—104 页。
⑤ 李特尔:《福利经济学评述》,商务印书馆 1980 年版,第 94 页。

要，因为它一方面可以把资本主义社会中的任何一种收入分配状况都说成是符合"道德标准"的，另一方面又把资产阶级在生产中的剥削活动和在消费中的挥霍行为同所谓"社会福利"联系在一起。

那么，新福利经济学家如何根据一个人境况好些或坏些的福利概念和个人间的满足程度不能比较的论点，论证社会最大福利的实现呢？这是他们需要加以说明的重要问题。于是他们提出了一系列在交换上和在生产上达到社会最大福利的最优条件，然后再根据一个人的境况好些或坏些的福利概念和道德标准，提出在经济情形改变时检验社会福利是否增大的福利标准。这就是他们的论证步骤。

第二节 最优条件

一、最优条件的含义

按照福利经济学的解释，所谓最优条件，是指在一定的经济组织下，为达到最大社会福利地位所需要具备的条件。上一节谈到，新福利经济学家首先试图论证单个消费者在一定收入和价格条件下达到最大福利的条件。由消费可能线与无差异曲线的相切点所表示的消费者均衡点，就是这种情况下的最优条件。接着，新福利经济学家着手论证究竟什么是社会在一定收入分配和价格情形下达到最大福利的条件。这就是企图撇开收入分配问题，论证在交换上和生产上达到社会最大福利的条件。他们的方法是，从一个人达到最大福利的条件，推论到两个或两个以上的人达到最大福利的条件。

帕累托最先提出关于最优条件的概念。他曾说:"当某种分配标准为既定时,我们可以遵照这种标准,研究何种状态会使集体中各个人达到最大可能的福利。让我们考虑任何一个特定的状态,并且假定在适合所包括的关系方面作一很小变动,如果这样做以后,每一个人的福利都增进了,显然新的状态对每一个人就更有利;相反,如果所有人的福利都减少了,则新的状态对于每一个人就没有利。但是,另一方面,如果这种小变动使一些人福利增进,而另一些人福利减少,那么对于整个社会来说,就不能认为这种改变是有利的。因此,我们规定最大偏好状态是:在那种状态,任何微小的改变,除了某些人的偏好依然不变而外,不可能使所有人的偏好全增加,或者全减少。"[①]

帕累托这段话的含义在于:如果生产和交换情形改变了,所造成的收入分配使得有些人的境况变得好些,而其他人的境况变得坏些,那就不能说整个社会福利是增加了还是减少了。只有在一定收入分配的条件下,生产和交换情形的改变使得有些人境况变得好些,而其他人并未变得坏些,社会福利才能说是增加。

帕累托的这种社会最大福利状态理论,是以资本主义社会剥削关系的合理性和完全竞争为前提的,是对资本主义制度的美化。这种美化手法,引起现代资产阶级经济学家极大的兴趣,因为它不但是美化一般资本主义社会的新手法,并且可以作为维护垄断资本利益的新工具。所以新福利经济学家就在"帕累

---

① 帕累托:《政治经济学教本》,第 617—618 页。

托最优状态"的基础上,大加发挥和论证,形成了现在所谓的最优条件论。雷德尔把这种补充和发挥的最适宜条件分门别类为七种[1],但过于烦琐,在这里没有一一论述的必要。新福利经济学家一般把这种条件综合成下列三类:(一)交换的最优条件,(二)生产的最优条件,(三)生产和交换的最优条件的结合。[2]现在分别说明如下。

二、交换的最优条件

新福利经济学家所说的交换最优条件,旨在说明两个消费者在不同的收入—价格情况下,如何从商品的选择中达到均衡。他们利用埃奇沃思盒状图(Edgeworth box diagram)来表示(见第十四图)。

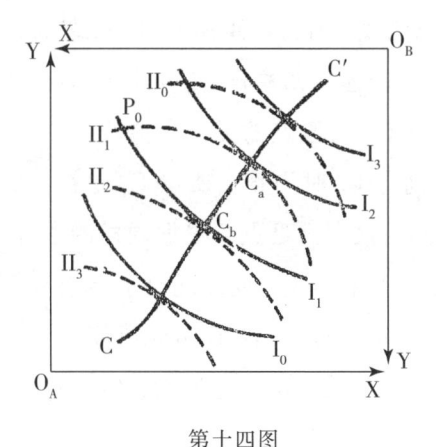

这是两人两物交换均衡图。

假定有 A、B 两人,有 X,Y 两种商品。

图中,以 O_A 为原点。横轴 $O_A X$ 表示商品 X 的数量,纵轴 $O_A Y$ 表示商品 Y 的数量。以 O_B 为原点,横轴 $O_B X$,纵轴 $O_B Y$

第十四图

的含义也是如此。图中的各条曲线就是前面说过的对于 A 或 B 的无差异曲线,表示商品 X 和 Y 的许多不同的组合。在同一条

---

[1] 雷德尔:《福利经济理论研究》。
[2] 参看前引米商论文和迈因特的书。

无差异曲线上,商品的不同组合所给予消费者的满足程度是相等的。假设 $I_0,I_1,I_2,I_3\cdots\cdots$ 为 A 的无差异曲线,$II_0,II_1,II_2,II_3\cdots\cdots$ 为 B 的无差异曲线,这些无差异曲线都是按二人的满足程度排列的,离原点越远的,满足程度越高。连接两组无差异曲线切点轨迹的 CC' 曲线,埃奇沃思称之为契约曲线。

新福利经济学认为,通过市场上的竞争和均衡,一定会使 A、B 双方达到契约曲线上的某一点。而一旦双方达到契约曲线上的某一点时,那就是社会的交换最优点。这是因为,在 CC' 曲线上各点,没有人能够移向较好的位置,而不将他人推向较次的地位。而 CC' 曲线以外各点,则可以在不损及其他人的情况下,使一个人的境况变得较好。例如,任取 CC' 曲线以外一点 P_0,由 P_0 沿 B 的无差异曲线 II_1 往 CC' 曲线上的 C_a 点移动。在移动的过程中,A 的境况逐渐变好(因为由距离原点 O_A 较近的无差异曲线移向距离原点 O_A 较远的无差异曲线),同时 B 的境况并没有变坏(因为始终在以 O_B 为原点的无差异曲线上)。这种移动一直进行下去,直到到达 C_a 时为止。所以 C_a 是在一定的情况下 A、B 两人所能达到的最大满足点。根据同样的道理,从 P_0 也可沿 A 的无差异曲线 I_1 移至 C_b,使境况对于 B 有利而无损于 A。所以 C_b 也是在一定情况下,A、B 两人所能达到的最大满足点。这样,新福利经济学就得出下述论断:契约曲线上的任何一点都是两人两物交换的最优点。[1]

新福利经济学家所谈的交换均衡点,或交换最优点,是通过竞争达到的。他们假设 A、B 二人到市场中进行交换,A 只有

---

[1] 参阅包尔丁:"福利经济学",载海莱编《当代经济学概览》,第 2 卷,1957 年版,第 14—15 页。

O_AQ 数量的商品 Y，没有商品 X，B 只有 O_BG 数量的 X，没有商品 Y。自由竞争市场的交换率为 O_AQ 数量的 Y 换取 O_AK 数量的 X（即消费可能线 QK）。当 A 是在无差异曲线 I_2 时，他会发现以 Y 换 X 可以增加他的满足，但是到了他放弃 QE 数量的 Y 换 EP 数量的 X 时，就不再交换了。因为在这一点上，消费可能线 QK 和他的无差异曲线 I_2 相切，从而达到最有利的地位（见第十五图）。

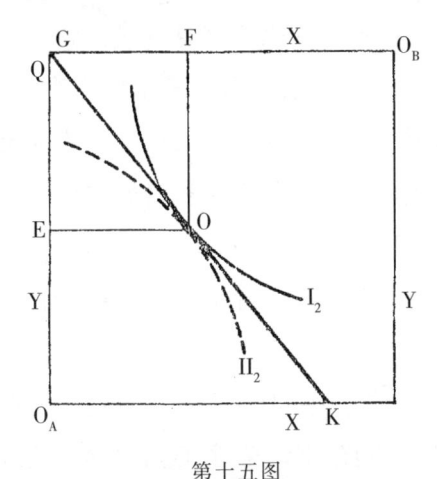

根据同样的道理，B 在他的无差异曲线 II_2 和消费可能线 QK 相切时，就达到最有利的地位（即放弃 GF 的 X 换取 FP 的 Y）。

在均衡点 P，A 的商品 X 及 Y 的边际替代率与价格之比相等，同时也与 B 的边际替代率相等。因此，两个无差异曲线相切之点，就成为新福利经济学家所谓交换的最优条件。这也就是说，在一定的收入，价格和偏好的基础上，任何两种商品之间的边际替代率，对于使用这两种商品的每个人来说，必须是相等的。在未达到相等的这一点以前，每一个人都能从继续换来的商品中获得的效用大于他所放弃的效用；超过这一点的任何交换率，又必然会使一方或双方所丧失的效用超过他所换来的效用。

第十五图

新福利经济学认为：由于在完全竞争的市场条件下，每一个消费者都企图使商品的边际效用和它的价格成比例，而且所有的消费者都处在一定的商品价格条件之下,因此,价格的比率可以省掉,从而得出这样的结论:当市场达到均衡时,任何两种商品之间的边际替代率对所有消费者都相等。①

由此可知,新福利经济学家所说的交换的最优条件,是指在完全竞争条件下,以及在一定价格和一定收入分配条件下的一种相对的最优地位。P 点并不表示这是 A、B 两人的唯一最优地位,因为正如前面所提到的,他们把收入分配当作"价值判断",认为不同收入分配条件下的满足程度是无法比较的。只要有某一种收入分配,就会有某一种最优地位。第十四图中,由 C_b 点移到 C_a 点,A 的收入增加了,B 的收入减少了,这两点无法比较。所以他们认为,单就 C_a 点而论,对 A 和 B 的交换同样是最优点。反之,由 C_a 点移至 C_b 点,A 的收入减少了,B 的收入增加了,这两点也无法比较。但单就 C_b 而论,对 A 和 B 的交换也同样是最优点。

新福利经济学正是利用所谓交换最优条件来为资本主义雇佣劳动制度进行辩护的。例如,包尔丁曾经利用这种分析方法,说明工会与雇主关于工资和假期合同的订立。以 Y 表示工资,X 表示假期,他说:"一旦达到了契约曲线上的一点,在曲线上的任何移动,都使一方得益,他方受损"②。这就是说,客观上达到的任何一点,不论工资如何低,或工时如何长,假期如何短都是最优点。此外,新福利经济学家既然确认完全竞争可以达到交换的最优状态,他们就以此作为反对垄断的论据。他们认为,在

---

① 迈因特:《福利经济学理论》,1948 年版,第 100—103 页。
② 同前引包尔丁:"福利经济学",载海莱编《当代经济学概览》,第 2 卷,第 17 页。

上述情形下,如果在A、B二人中,有一人是垄断者,那么垄断价格就会在契约曲线以外达成,因为垄断者可以阻挠按最优条件进行交换,从而使自己获得最大的利润。因此,他们认为垄断不能满足使所有人的边际替代率都相等的最优条件。值得注意的是:新福利经济学家在谈论垄断时,也把工会看成垄断势力之一。所以这个论点也成为他们反对工会的一个理由。

三、生产的最优条件

新福利经济学家所说的生产最优条件,旨在说明产品是否在最有效率的情况下生产出来,或者生产要素是否得到最有效率的配置。他们企图通过这种分析找到在一定技术水平情况下的生产最优条件。

在交换的最优条件下,新福利经济学家由于认为个人之间的效用不能比较,因此假定消费者的收入分配为既定的。但是,在生产的最优条件下,他们认为不同生产单位之间的生产率的比较是完全可能的,这样也就出现了是否有可能将资源从一个生产单位转移到另一个生产单位(亦即改变生产单位的规模)来增加社会总产量的问题。他们根据边际生产率学说,认为生产者在已知的各项生产要素价格和产品价格的情况下,通过竞争和调整生产要素使用量,可以使生产达到最优点,即均衡点。在这一均衡点上,边际生产成本(指生产最后一单位使总成本所增加的数值)和产品的价格相等。如果生产的数量超过均衡点,亦即边际生产成本超过价格,那么,这个生产者的总利润就会减少,这时可以减少使用生产要素和缩小生产规模来增加利润。相反,如果生产的数量低于这个均衡点,亦即边际成本低于产品的价格,那么,这个生产者可以增加使用生产要素和扩大生产规模而使利润增加。

以上是就一个企业单位生产一种产品而言的。如果一个企业单位生产两种产品,那么两种产品的边际成本的比率,必须等于两种产品价格的比率。这是因为:如果两种产品边际成本的比率和价格比率不等,企业单位就会少用某些生产要素,少生产边际成本高的产品,而多用另一些生产要素,多生产边际成本低的产品,以便增加利润。再者,如果两个企业单位同时生产两种产品,那么它们的均衡条件也必须是两种产品的边际成本的比率与价格的比率对于两个企业单位完全相等。这是因为:如果这种比率对于两个企业单位不相等,某一企业就可以多用某些生产要素,多生产一种产品,而少用另一些生产要素,少生产另一产品来增加利润。

新福利经济学家这样说明生产最优条件(见第十六图)。假定有两个生产单位:A 和 B。假定它们用 L 和 C 两种生产要素,分别生产 X 和 Y 两种产品。I_0, I_1, I_2, I_3……表示生产单位 A 生产 X 的等产量曲线,II_0, II_1, II_2, II_3……表示生产单位 B 生产 Y 的等产量曲线。把等产量曲线相切点联结起来,形成契约曲线 CC'。契约曲线上的任何一点,表明在既定数量的资源被最有效利用时所能生产的不同产品的最大产量组合,这就是生产最优条件。

假定 A、B 两个生产单位,在生产要素和其他产品不变的情况下,用一定资源生产 X 与 Y 两种产品,产品 X 的生产增加,产品 Y 的生产必定减少,而且这种减少率是递增的,亦即 X 生产的边际成本是递增的,因为X产品生产增加,将用越多的本来

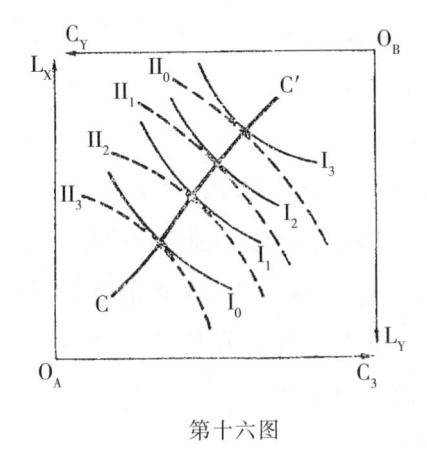

用于生产 Y 的资源来生产 X。X 和 Y 产品这种一增一减的替代关系,被称作边际产品转换率(marginal rate of product transformation)。它等于两种产品的边际成本比率。

第十六图

由于两种产品的价格是既定的,所以只有在边际成本比率等于价格比率时,才达到最优状态。这个道理同前面在谈到交换最优条件时所谈过的无差异曲线与消费可能线相切的道理是一样的。①

新福利经济学家由此推论,只有在所有生产单位生产这两种产品的边际转换率相等时,才达到最优状态(见第十七图)。

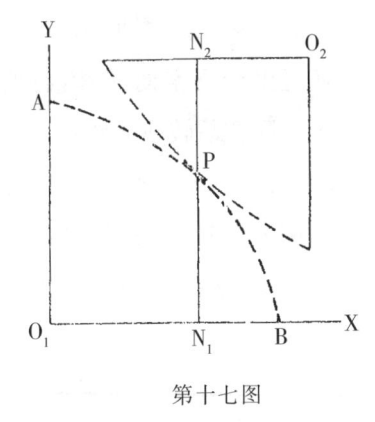

图上,O_1 是对于某一生产单位的原点,AB 线是边际产品转换曲线(也称为生产可能曲线),它对于原点来说为凹形的(因为边际成本递增)。边际产品转换曲线上每一点的斜率都表明两种产品的边际转换率。如果把以 O_2 为原点的另一生产单位的边际产品转换曲线倒置在以 O_1 为原点

第十七图

---

① 参看亨德森和匡德特:《微观经济理论》,1958 年版,第 68—70 页。

的边际产品转换曲线上,并且让轴与轴互相平行,那就可以说明,为什么在均衡情况(亦即最优状态)时两种产品的边际转换率对于所有生产者必须相等。

如第十七图所示,当两个生产单位的边际转换率相等时,这就意味着它们的边际产品转换曲线在某一点(如 P 点)相切,而不是相交。在 P 点上(X 产品是 $O_1N_1+O_2N_2$,Y 产品是 PN_1+PN_2)。P 点满足了两个生产单位的总生产在技术上的最优条件。换言之,在 P 点上,不可能增加 X 产品的总生产而不减少 Y 产品的总生产,反过来也如此。

如果两个生产单位的边际转换率不相等,那就意味着它们的边际产品转换曲线彼此相交,这样,就有可能通过生产要素的转移,在不损及一种产品的总产量的情况下增加另一种产品的总产量,从而将边际产品转换曲线转移到彼此相切之点(见第十八图)。

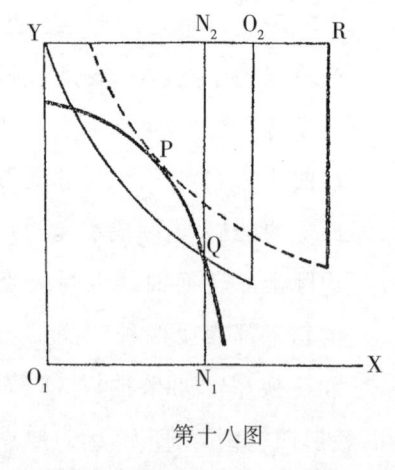

如第十八图所示,如果通过生产要素的转移,将两条边际产品转换曲线从原来的相交的 Q 点转移到彼此相切之点 P,这时,Y 产品的总产量(QN_1+QN_2)不变,X 产品的总产量就可以从 $O_1N_1+O_2N_2$ 增加到 $O_1N_1+N_2R$,亦即增加了 O_2R。

第十八图

同样的道理,也可以让 X 产品的总产量不变,同时增加 Y 产品的总产量。还有可能在增加每一种产品的最大限度内来增加两种产品的总产量。①

根据新福利经济学的观点,由于在生产的最优状态,所有生产单位生产同样两种产品的边际转换率要具备相等的条件,因此,为了达到这种最优状态,还必须分析成本状况。成本方面应该达到的条件是:生产单位投入的两种生产要素的边际产值的比率(亦即边际技术替代率),要同它们的价格比率相等;生产要素变为产品的边际比率(亦即要素的边际产值),要同它们的价格比率相等(生产要素的价格和产品的价格一样,都是既定的);要素的边际产值和要素的边际替代率,对于使用相同要素生产相同产品的企业单位必须相等。②

新福利经济学有关成本状况的论述是从保证资本主义制度下最大利润的实现这一点出发的。这里所说的使生产要素的边际产值达到最优状态,无非是要使生产单位对生产资源的使用达到最大限度;所说的使边际技术替代率达到最优状态,无非是要尽量用机器来替代劳动,并尽量减少工资成本在成本中的比例;所说的使边际产品转换率达到最优状态,无非是要生产出使得生产者能够获得最大利润的产品,使利润达到最大限度。这就更清楚地表明了新福利经济学家关于生产最优条件的说法,在资本主义条件下不过是旨在说明资本如何才能取得最大限度的剩余价值的一种论证方式。

---

① 参看希克斯:"福利经济学的基础",载《经济学杂志》,1939 年 12 月号;迈因特:《福利经济学理论》,第 113 页。

② 参看亨德森和匡德特:《微观经济理论》,第 205 页。

四、生产的最优条件和交换的最优条件的结合

新福利经济学家认为,生产的和交换的两种最优条件是一般均衡的两个方面。只有同时满足这两种最优条件,才能达到最大的社会福利。于是他们将两种最优条件结合在一起分析。

他们是这样论述的:

将前述的两个人在一定收入条件下交换两种商品的相同的边际替代率,引申为"社会无差异曲线"。同一社会无差异曲线的各点表示两种商品的各个组合对于全社会各个人的满足程度都是相等的。[①]

用同样的方式,他们将两个生产单位在生产上对于两种产品的边际转换率,引申为"社会转换曲线"。同一社会转换曲线的各点表示两种产品的组合对于全社会各个生产单位都是最优的。

下面,请看第十九图。

图示,I_0,I_1,I_2 曲线就是社会无差异曲线,FG 曲线是社会转换曲线。由于无差异曲线上的边际替代率必须等于价格比率,同时,产品转换曲线上的边际转换率也必须等于价格比率,而价格比率是既定的,因此,在经济体系中,任何一对产品的边际替代率,无论在主观上和技术上必须对于每一个人都相等。这在图中表现为:社会无差异曲线(I_0)同社会转换曲线(FG)相切于 P 点。新福利经济学家认为,这种最优条件要求生产的商

[①] 参看米商:"福利经济学评述,1939—1959",载《经济学杂志》,1960 年 6 月号,第 221—222 页。

品能与消费者的偏好相一致,如果取得一致,那就达到了社会最大福利状态。

新福利经济学家进一步论述道,这里又可分为两种情况(见第二十图)。

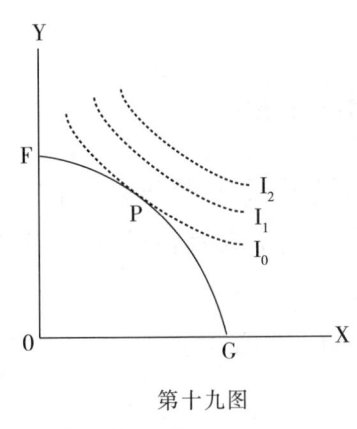

第一,假设这个社会和其他社会没有贸易关系,那么,它生产 AP 数量的 X 和 OA 数量的 Y,就能达到最优点。由于在 P 这一点上,社会无差异曲线 I_0 和社会转换曲线 FG 相切,因此,两种产品在主观上的边际替代率和它们在技术上的产品转换率相等。

第十九图

第二,假设这个社会和其他社会发生贸易关系,AP 数量的 X 可以换取 AC 数量的 Y。这时的消费可能线 CP 并没有在 P 点上和无差异曲线 I_0 及转换曲线 FG 相切。但如果这个社会仍生产 AP 数量的 X 和 OA 数量的 Y,它就可以通过交换而移至较高的社会无差异曲线 I_1 上的 Q。这个社会的福利,一定要等到产品转换曲线和消费可能线 ET(与 CP 平行)相切于 T 时,亦即用 BT 交换 BE 时,

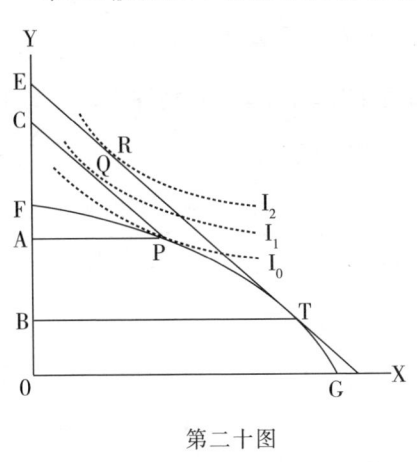

第二十图

才能达到最大化。这时,它可以通过贸易而移至 R 点,而 R 点是在可能最高的社会无差异曲线 I_2 上。到了 R 点时,最优点就达到了,因为这时,两个产品在主观上的边际替代率和两个产品在技术上的产品转换率相等(它们都和消费可能线 ET 的斜率相等)①。

五、两国之间生产和交换的最优状态

新福利经济学家把有关生产最优条件、交换最优条件以及生产和交换最优条件的结合推广应用于国际经济领域内,提出了两国之间生产和交换最优状态的概念。

新福利经济学家的论述如下:假定有 A、B 两个国家,有 X、Y 两种商品。对每一个国家来说,都要求在既定的价格水平之下取得最大的经济效率,达到最优福利状态。但在这里需要考虑国际贸易的特点,即相对价格或价格比率。

以 a_X 表示 A 国生产 X 商品所需要的劳动量;以 a_Y 表示 A 国生产 Y 商品所需要的劳动量;以 L_A 表示 A 国拥有的劳动资源。因此,A 国的生产可能性可用下述公式表示:

$$L_A = a_X X + a_Y Y$$

以 P_X 表示国际上的 X 的价格;P_Y 表示国际上的 Y 的价格;P_i 表示国际贸易条件,则:

$$P_i = P_X/P_Y$$

假定 $P_i > a_X/a_Y$,这意味着 A 国生产 X 商品相对说来是有利的,而 A 国又有可能实行生产专业化,那么 A 国将生产 X 商

---

① 迈因特:《福利经济学理论》,第 115—116 页。

品。如第二十一图所示，SQ 线为国际贸易条件线，RQ 线为 A 国的生产可能线，这时，A 国将在 Q 点生产 X 商品。Q 点是 A 国的生产最优位置。

对 B 国来说，b_X 和 b_Y 分别表示 B 国生产 X 和 Y 所需要的劳动量。在 $P_i < b_X/b_Y$ 的条件下，B 国生产 X 商品是相对不利的。假定 B 国也有可能实行专业化，那么 B 国将生产 Y 商品。

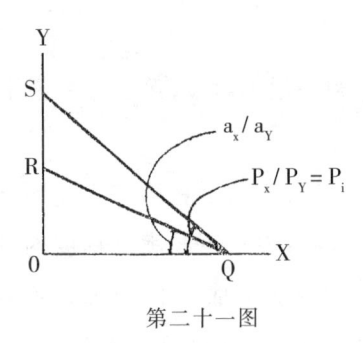

第二十一图

如第二十二图所示，$S'Q'$ 线为国际贸易条件线，$S'R'$ 线是 B 国的生产可能线，这时，B 国将在 S' 点生产 Y 商品。S' 点是 B 国的生产最优位置。

从第二十一图和第二十二图可以看出，RQ 线位于 SQ 线之内，$S'R'$ 线位于 $S'Q'$ 线之内。RQ 线和 $S'R'$ 线是两国的生产可能线。$\angle SQ\ 0 = \angle S'Q'\ 0$，SQ 线就是 $S'Q'$ 线，这条线实际上表明了 A 国和 B 国的消费的可能限界，即消费不可能超越这个边界之外。

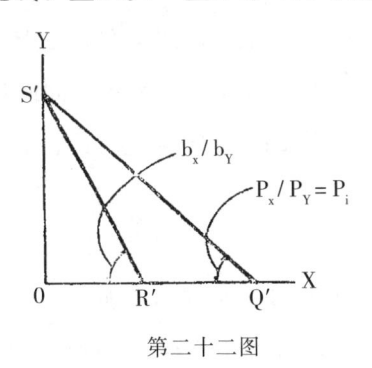

第二十二图

假定两国进行自由贸易，那么它们都可以使自己的消费达到 SQ 线或 $S'Q'$ 线。也就是说，自由贸易将使各国的消费大于生产可能性的限制，从而取得好处。这证实了自由贸易能使各国的福利增大。但这里有三个重要的前提:第一,自由贸易;第二,有可能实行生产专业化;第三,$P_i > a_X/a_Y$ 或 $P_i < b_X/b_Y$,或反过来,$P_i < a_X/a_Y$ 或 $P_i > b_X/b_Y$。假定 $P_i = a_X/a_Y$ 或 $P_i = b_X/b_Y$,那么或者是 SQ 线与 RQ 线重叠,或者是 S'Q' 线与 S'R' 线重叠,A、B 两国间的自由贸易就无法增加两国的福利。

如果用无差异曲线来表示福利的增加,可看第二十三图和第二十四图。

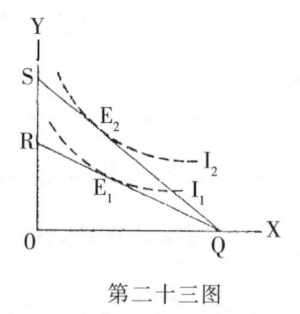

第二十三图是在第二十一图之上加上两条表示不同满足程度的 A 国的社会无差异曲线 I_1 和 I_2 而形成的。在 A 国与 B 国进行贸易之前,它的生产可能线 RQ 与较低的一条社会无差异曲线(I_1)相切于 E_1 点。

第二十三图

在 A 国根据国际贸易条件生产 X 商品并与 B 国交换后,它的消费可能线 SQ 与较高的一条社会无差异曲线(I_2)相切于 E_2 点。这就表明 A 国福利的增加。

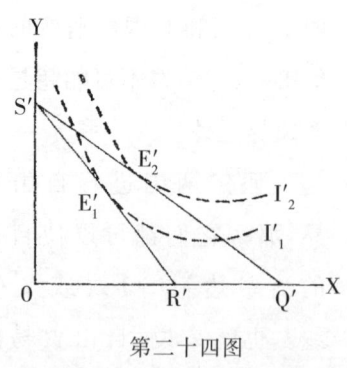

第二十四图是在第二十二图之上加上两条表示不同满足程度的 B 国的社会无差异曲线 I'_1 和 I'_2 而形成的。用同样的道理可以用 E'_1 到 E'_2 来说明 B 国福利的增加。

第二十四图

下面,将第二十四图旋转 180 度,把它和第二十三图合在一起,就得到一个表示两国贸易均衡的盒状图(见第二十五图)。

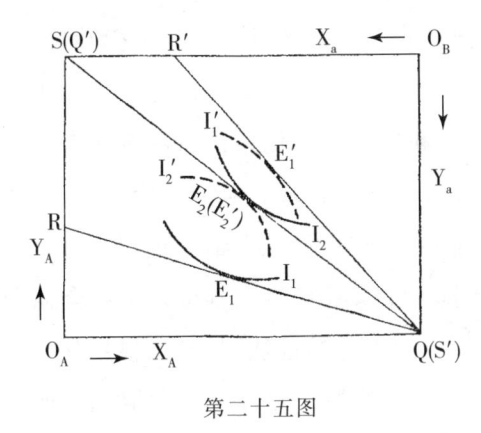

在第二十五图中，I_2 与 SQ 线的相切点同 I'_2 与 $S'Q'$ 线的相切点是重叠的。这种重叠表明两国贸易处于能够使双方都得到最大福利的均衡状态。图中，QRR' 区域

第二十五图

是国际贸易带来的总的利益。QRR' 区域越大，总福利增加越多。

以上是关于两国之间生产和交换的最优状态的简略说明。关于福利经济学家认为在国际贸易中如何根据福利理论来制定一国的对外贸易政策和关税政策，将在本书第五章中再论述。

六、最优条件论的评价

新福利经济学家以自由竞争和自由贸易的存在作为前提，由一个人、一种商品的交换和生产的最优状态，推论到两个人、两种商品的交换和生产的最优状态，再推论到全社会所有人的交换和生产的最优状态，最后推论到全社会交换同生产的完全一致，推论到国际间生产和交换的最优状态。他们认为，通过这样一些论述，就可以把资本主义社会说成是可以使社会达到最大福利状态的社会了。

然而，在充满对抗性矛盾的资本主义社会里，根本不存在所谓全社会的最大福利状态，当然也就不存在达到这种全社会最大福利状态的交换和生产的最优状态。生产社会性和资本主义

私人占有形式之间的矛盾是资本主义的基本矛盾,这种对抗性矛盾决定了资本主义不可能存在全社会生产和交换的最优条件。对资产阶级来说,交换和生产的最优条件只能意味着最大限度地满足资本的贪欲和对劳动的榨取。对无产阶级来说,他们除了接受资本的剥削而外,没有任何社会最大福利可言。因此,新福利经济学家关于资本主义社会存在着可以达到全社会最大福利状态的交换和生产的条件的说法,是毫无根据的。但我们也应当承认,在与最优生产条件有关的等产量曲线,生产可能性限界、消费可能性限界的分析方面,福利经济学家的论述也有可供参考之处,因为这些分析涉及了资源的潜力和限度问题,它们有助于人们去考虑如何较合理地利用现有资源和配置现有资源。

第三节 补偿原则

一、补偿问题的提出

新福利经济学家从效用序数论和帕累托式的交换和生产的最优条件论出发,提出了补偿原则问题。按照帕累托的论证方式,任何变动使一些人好起来而没有人坏下去,经济福利就有了增加。如果有两种境况:A 和 B,有些人在境况 B 比境况 A 为好,没有人比在境况 A 时为坏,这就说明境况 B 比境况 A 为好。换句话说,由于境况 A 未能满足最优条件的要求,而境况 B 则使得某些条件得到了满足,因此就可以使境况变好。但问题在于,如果在境况 B,某些人好起来,而另一些人坏下去,那么 B 和

A将是不能比较的两种境况。这就成为新福利经济学在考察福利问题时所遇到的一种困难。

新福利经济学中的补偿原则论就是企图绕过这种困难,使这种被认为不能相互比较的境况变为可以进行比较。

正式提出补偿原则论的,最早是美国资产阶级经济学家霍推林。1938年,霍推林在一篇论文①中提出:在偿付建造桥梁、隧道或铁路固定费用的办法方面,如果从直接税中去偿付,而不从通行费或运费中去偿付,是否比较适宜?在这个问题上,他举出了帕累托关于经济组织的效率原则,即如果有些人的境况变得好些,而没有人的境况变得坏些,那就意味着效率有所增进。因此,他认为增进效率的任何政策,如果同时采取补偿和课税的办法,就可以使得每个人的境况都比以前为好。

霍推林举例说,如果桥梁、隧道或铁道服务的收费率定得等于边际成本,而以征收所得税等直接税的办法来补偿桥梁等企业在固定费用上的损失,那么全社会因桥梁等企业收费率降低和使用率增加所得到的利益,会大于因补偿桥梁等企业的损失而征收的直接税额。这就是说,采取这种订价、补偿和课税的政策的结果,社会所净得的是效率的增进,最终每个人的境况都会好起来。②

关于霍推林的论点,本书第五章第二节中将有较详细的评述。在这里,我们只简单地提示一下,目的在于说明霍推林是正式提出补偿原则论的第一个资产阶级经济学家。

---

① 霍推林:"全民福利同赋税和铁路与公用事业费用问题的关系",载《经济计量学》杂志,1938年7月号,第242—269页。

② 同上。

稍晚一些，英国资产阶级经济学家哈罗德用英国19世纪上半期废除谷物条例来解释个人间效用的比较和福利标准的检验问题。他认为：废除谷物条例的结果，使谷物价格降低，以致同样的货币收入代表着较多的实际收入；同时，废除谷物条例的结果，导致收入分配的改变，以致除了地主而外，其他人的收入都比以前为多。他由此得出结论说：假定个人在满足的能力上是同等的话，那么，谷物条例的废除，使整个社会所受的利益超过地主的损失。①

对于这个问题，卡尔多认为它与福利经济学密切有关。卡尔多在1939年发表的一篇论文中，一方面否认个人之间效用比较的可能性，从而把收入分配问题撇开，另一方面则提出了社会福利增加的"客观检验方法"，即假想的补偿检验。他认为，福利经济学即使承认个人之间的效用不能比较，但它还是可以建立在"科学的基础"之上。②

补偿原则被提出后，希克斯立即大加发挥，并提出了自己的理论。稍后，美国的西托夫斯基又加以补充。到了1949年，英国的李特尔不同意原有的补偿原则论把收入分配问题完全撇开的做法，又把收入分配问题纳入，他以此作为对补偿原则论的补充。这样，从卡尔多、希克斯、西托夫斯基到李特尔，形成了新福利经济学中的补偿原则论。

下面，让我们对卡尔多、希克斯、西托夫斯基和李特尔的福利标准进行较详细的分析。

----

① 哈罗德："经济学的范围与方法"，载《经济学杂志》，1938年9月号，第396—397页。

② 卡尔多："经济学的福利命题和个人间的效用比较"，载《经济学杂志》，1939年9月号，第550页。

二、卡尔多的福利标准

由于卡尔多和希克斯提出的论点大致相同,所以一般合称为卡尔多—希克斯标准或卡尔多—希克斯理论。他们认为,经济政策的改变意味着价格体系的改变,而任何价格体系的改变,都会使一方得利,另一方受损。如果按照帕累托式最优条件的标准,要求一些社会成员经济地位的改善不能造成其他社会成员经济地位的恶化,那就会否定改变经济政策以增加社会福利的说法。因此,他们想从这个死胡同中寻找一个出路。

首先对卡尔多的福利标准进行考察。卡尔多说:尽管改变经济政策以后,可能使一方得利,另一方受损,但如果通过税收政策或价格政策,使那些得利者补偿受损者而有余,那就不失为正当的经济政策,也就是说,那就增加了社会福利。他在"经济学的福利命题和个人间的效用比较"一文中宣称:"在一切情形下,当一定的政策导致物质生产率的增长,从而增加实际收入总额时,经济学家拥护这种政策,就完全不受个人间满足比较问题的影响;因为在这些情况下,有可能使每一个人的情况都比以前好转,或者多多少少使某些人的情况好起来而不使任何人的情况坏下去。经济学家没有必要去证明——事实上他们永远也不能证明……由于采取一定措施的结果,社会上没有人将受到损失。为了使他们的论点能够成立,他们只要表明,那些受害的人所遭受的损失能得到充分补偿,而社会上其余的人仍较以前为好就很够了。在实行自由贸易政策的情形下,是否应当在事实上给予地主以补偿,那是政治上的问题,经济学家从作为经济学家的角度来看,很难表示什么意见"。①

卡尔多在注解中又引申道:"读者将会看到,这条原理只不过是说,在对任何旨在增加财富总量的政策作出判断时并不牵涉到满足的个人间比较,只因任何这一类的政策都能够在取得一致同意的条件下实现。"②举例来说,按照卡尔多的说法,如果经济情形的改变使得有些人得益 120 镑,而另外一些人受损 100 镑,则通过假想补偿的办法,得失相抵,结果全社会福利仍增加了 20 镑。

关于卡尔多的这一原理,据李特尔的分析,它包括了这样三个命题:第一,物质生产率的增长;第二,实际总收入的增长;第三,财富总量的增长。李特尔认为,这三个命题中,关键是第二个命题,因为第一个命题(物质生产率的增长)如果不同第二个命题(实际总收入的增长)联系起来考察,是没有意义的,而且"和实际收入标准不相同的一般生产率标准是没有的"。③ 至于第三个命题——财富总量的增长,据李特尔的看法,"在经济理论中,'财富'并不是一个具有任何确切意义的并和'实际收入'与'福利'两者都不相同的名词"④,所以第三个命题同第二个命题是同义语的反复。那么,能否根据仅存的第二个命题——实际收入的增长——而导致卡尔多的结论呢?李特尔认为这是不行的。他作了这样评述的:

以 P 代表商品的市场价格,Q 代表社会上所有各个人的合

---

① 卡尔多:"经济学的福利命题和个人间的效用比较",载《经济学杂志》,1939年9月号,第550页。
② 同上。
③ 李特尔:《福利经济学评述》,商务印书馆1980年版,第101页。
④ 同上。

计的购买数量。

如果$\sum P_2Q_2 \geqslant \sum P_2Q_1$,并且$\sum P_1Q_2 > \sum P_1Q_1$,那么只能说明这样两点：

第一,$\sum P_2Q_2 \geqslant \sum P_2Q_1$,说明第二个时期的实际国民收入的货币价值不小于按照第二个时期价格计算的第一个时期的实际国民收入。

第二,$\sum P_1Q_2 > \sum P_1Q_1$,说明第一个时期实际国民收入的货币价值小于按照第一个时期价格计算的第二个时期实际国民收入的货币价值。

但两个时期的实际国民收入的比较不能代表社会上各个人的福利的比较。所以李特尔说："即使指数总公式$\sum P_2Q_2 \geqslant \sum P_2Q_1$和$\sum P_1Q_2 > \sum P_1Q_1$……得到满足,那也不能证明受益人能够超额补偿从头一种局面转到第二种局面的受害人。"①这里所说的"受益人能够超额补偿受害人"与可以"使一些人的境况变好而不使任何人的情况变坏"一语意义相同。

李特尔还指出,包括卡尔多在内,"所有的人都倾向于假定更多的实际收入是好事情。换句话说,这句话是启发性的。事实上,它在两方面是启发性的:(一)它意味着,用它来描述的任何变革都是好的变革;(二)它意味着,有一种叫作实际收入的东西,可以在某种完全客观的意义上说是变大了或变小了。"②李特尔接着说:"实际收入不能在客观的意义上说是变大了或变小了,因为在经济学中'实际收入'是指一些不能进行比较的项目

---

① 李特尔:《福利经济学评述》,第 101 页。
② 同上书,第 86 页。

的集合体。"①至于说,根据卡尔多的福利标准而得出的所谓"任何变革都是好的变革"的推论,李特尔则断言它"简直是虚伪的"②。因为卡尔多撇开了收入分配问题:卡尔多"提议的不是一种检验,而是一个定义,它的确把收入分配划分开来,但只是把它撇开不谈罢了。事实上,卡尔多先生所做的是提出一个'财富增加'的定义,它撇开了分配。这正是争论的实质所在。我们不相信,任何不包括收入分配的关于财富的增加、福利、效率或实际社会收入的定义是可以接受的"。③

对李特尔本人的福利标准,我们在下面还会单独进行评论。但无论如何,李特尔对卡尔多的福利标准的批评,还是有一定道理的。特别是就卡尔多回避收入分配这一点而论,更是如此:要知道,卡尔多的这种说法,当然符合垄断资本家的要求,因为照他的说法,当垄断资本加强剥削工人阶级和吞并中小资本家而积累起巨额财富时,只要垄断资本掠夺的财富有可能补偿(不一定是事实上补偿)其他阶级的损失而有余时,就可以认为经济效率和社会福利的增进有了客观的依据。

三、希克斯的福利标准

希克斯是支持卡尔多的。他十分推崇卡尔多的论点。

希克斯首先肯定卡尔多的福利标准是可以成立的。他写道:"一次生产的改组,如果使得 A 的情况变得好一些,但却使 B 的情况变得糟一些,那么我们能不能说这意味着效率的增加呢?

---

① 李特尔:《福利经济学评述》,第 101 页。
② 同上书,第 86 页。
③ 同上书,第 104 页。

持有怀疑态度的人声称,不可能客观地作出回答。一个人的满足是不能加到另一个人的满足之上的。于是我们只好说:从 A 的观点来看,这是效率的增加,而从 B 的观点来看,却不是这种情况了。事实上,可以通过一种简单的办法来克服这种失望的想法,这就是通过一种完全客观的试验,使我们能够分辨出哪些生产的改组是增加生产效率的,而哪些生产的改组是不能增加生产效率的。如果说 A 的境况由于这种变革而变得好些,以至于他的境况的改善能在补偿 B 的损失之后还有剩余,那么这种改组就是效率的明确的增加。"①

但希克斯对于卡尔多提出的假想补偿检验的说法,仍认为不够完善,从而有加以补充的必要。这是因为,按照卡尔多的说法,实际补偿由受益者决定,如果受益者不对受损失者作出什么补偿,那么补偿就无从实现了。希克斯指出,补偿可以自然而然地进行,而不必由受益者来补偿。他写道:"如果一个社会的经济活动是按增进生产效率的原则来改变生产组织的话,那么,虽然不能说社会的所有居民一定比社会根据其他原则组织起来要好些,但是非常有可能的是,在经过一个相当长的时间以后,几乎所有的人都会好起来。"②这就是说,希克斯认为在长时期的一系列政策改变之中,政策改变对于收入分配的影响是或然性的,这次使这些人受益,使另一些人有受损,下次可能使这些人受损而使另一些人受益,结果相互抵消,而使全社会所有人都受益。

可见,这是一种为贯彻假想补偿论而作的辩解。关于这种

---

① 希克斯:"消费者剩余的复兴",载《经济研究评论》1941 年 2 月号,第 108 页。

② 同上书,第 111 页。

说法,甚至连接受补偿原则论的李特尔也认为难以成立。李特尔写道:"如果相当长的时间是一个长时间的话,那么大多数居民都会死掉(尽管境况变得好些)。显然,如果我们所考察的是一个不断变动着的现实的人群的在一个长时期内的福利,那我们就不能按照字义来对付各个个人了。"①他还认为,"我们不妨说,希克斯政策至多对所建议的某些变革来说才是正当的,在这种变革中,实际收入分配的影响多半是微小的。……因为分配影响要是巨大的话,说它们会相互抵消掉就讲不通了。"②

总之,卡尔多—希克斯的补偿原则论是站不住脚的。正如资产阶级经济学家鲍莫尔曾经指出的:这种理论是使富者愈富、贫者越贫的理论。③

四、西托夫斯基的福利标准

西托夫斯基认为,卡尔多—希克斯的福利标准只是片面地考虑原来的收入分配,而没有考虑到情况改变以后的收入分配。他指出:如果按照卡尔多—希克斯的福利标准来检验,那就有可能发生这样一种情况,即按照原来收入分配的标准,通过假想补偿的检验,情况改变以后似乎符合理想,但是按照情况改变后的收入分配的标准,通过假想补偿的检验,原来的情况又可能成为理想的了。

仍举前面提到的那个例子来说。如果在新情况下,有些人得益 120 镑,有些人受损 100 镑。如果采取实际补偿的办法,那

---

① 李特尔:《福利经济学评述》,第 107 页。
② 同上书,第 113 页。
③ 参看鲍莫尔:"社会无差异论",载《经济研究评论》,1946—1947 年,第 44 页。

么受损者就得了实际补偿，不再受损，结果全社会净得益20镑。这说明新情况比原来的情况好。在这种场合，由于实行的是实际补偿，并且是在同一个收入分配和价格基础上进行比较的，所以无论正面比较还是反过来比较都一样，不会产生矛盾。但卡尔多和希克斯提出的福利标准检验是一种假想的补偿，并且是按照原来的收入分配和价格同新情况进行比较，以判断福利是否增加。西托夫斯基认为，这样就出现了矛盾，因为新情况下的收入分配和价格并不会同原来的一样。例如，有些人实际上得益120镑，有些人实际上受损100镑，但补偿是假想的，那就应当反过来再检验一下，否则不能判断福利是否增加。正如西托夫斯基所指出："卡尔多—希克斯标准可能引起一种矛盾。如果推行一种符合卡尔多—希克斯标准的变革，而补偿没有切实支付的话，那么变革前后的实际收入分配将不相同，因此，卡尔多—希克斯标准可能还准许相反的变动。"[①]考虑到有可能产生上述矛盾，西托夫斯基在"略论经济学中的福利命题"一文中，主张对福利的检验必须是双重的，即必须有两个标准。他写道："首先，我们必须看看在新的情况下是否有可能重新分配收入，以至每一个人都比他原来的情况为好。其次，我们必须看看，从原来的情况来研究，仅仅采用收入再分配的办法，是否不可能达到一种对于每一个人来说又比新情况为好的情况。如果有可能出现第一个检验结果而不可能出现第二个检验结果，那么我们就可以得出新情况优于旧情况的结论。如果不可能出现第一个检验结果而有可能出现第二个检验结果，那么新情况就是较差

---

① 参看李特尔：《福利经济学评述》，第109—110页。

的。如果两个检验结果都有可能出现或都不可能出现,我们就不能得出一个关于福利的命题。"①

以上就是西托夫斯基的双重检验标准。如果换一种说法,那就是:既要满足卡尔多—希克斯的补偿检验的要求,也要满足反转过来的补偿检验的要求。

西托夫斯基所提出的双重检验,不仅是从理论上对于卡尔多—希克斯的补偿检验的一种补充,而且也更有利于为资本主义制度进行辩解。西托夫斯基说道,卡尔多和希克斯的检验有"维持原状的偏见",如果单纯以原先的分配状况为标准来衡量改变后的情况,那就意味着维持原先分配状况,从而也就意味着陷入了价值判断问题。他认为,为了避免这种偏见,没有理由不可以同时以改变后的收入分配状况为标准来衡量原先的状况。② 这就是说,为了维护资本主义社会中的既得利益者的利益,卡尔多和希克斯的检验要求在对受损失者进行假想补偿之后,能使既得利益者在维持原先收入分配的情况下仍然得到利益;而西托夫斯基的反转检验,则要求在维持改变后的收入分配的情况下,使得既得利益者也能够得到利益。至于双重检验所说的避开价值判断问题,不过是为了维护既得利益者的利益而采取的一种借口而已。

五、李特尔的福利标准

李特尔关于福利标准的学说是对卡尔多。希克斯、西托夫

---

① 西托夫斯基:"略论经济学的福利命题",载《经济研究评论》,1941 年 11 月号,第 86—87 页。

② 参看西托夫斯基:"略论经济学中的福利命题",载《经济研究评论》,1947 年 11 月号,第 88 页。

斯基学说的补充或修正。李特尔一方面接受了卡尔多—希克斯以及西托夫斯基的补偿检验论，另一方面又反对他们回避收入分配问题的做法。他认为，关于分配的道德标准，特别是关于收入分配的价值判断，在福利经济学中是不可回避的。如果说一种政策满足了卡尔多—希克斯标准，将会增加社会的"效率"，那么事实上就是在推荐这种政策，这本身已经表明是一种价值判断，何况卡尔多—希克斯所说的假想补偿也有可能导致收入分配状况更为恶化，这就更清楚地说明价值判断问题不可能回避。

李特尔由此出发，认为只有在假想补偿检验之上再加上实际补偿，才能使增加福利的标准成为充足的标准，在这里实际补偿就是指收入再分配而言。李特尔写道："收入分配是一个伦理方面的变量，它的数值，有利的或不利的，是给定的，我们必须求得一个包括有这个变量的标准"。[1] 所以李特尔关于福利标准的特点，就是把为卡尔多、希克斯、西托夫斯基等所排除的价值判断和收入分配问题，又以另一种方式重新捡回来并重新表述。

李特尔提出了这样的福利标准，即三重的福利标准：

第一，卡尔多—希克斯标准（既得利益者能够补偿受损者而有余）满足了吗？

第二，西托夫斯基（即双重检验标准）满足了吗？

第三，收入再分配是适当的吗？（即收入再分配好吗）[2]

李特尔把这三重标准的相互结合归纳为八种情形。它们是：

---

[1] 李特尔：《福利经济学评述》，第109页。
[2] 参看同上书，第114页。

组　数	1	2	3	4	5	6	7	8
标准								
卡尔多—希克斯标准满足了吗？	是	是	是	是	否	否	否	否
西托夫斯基标准满足了吗？	是	是	否	否	否	否	是	是
任何再分配都是适当的吗？	是	否	是	否	是	否	否	是

李特尔根据这三重标准的组合指出：单独使用卡尔多—希克斯标准或单独使用西托夫斯基标准，甚至把卡尔多—希克斯标准和西托夫斯基标准合并使用，都得不出收入再分配是好还是坏的结论，也得不出福利是增加还是减少的结论。

他举例说，在第4组中，虽然满足了卡尔多—希克斯标准，但收入再分配的结果，福利减少了。在第7组中，虽然满足了西托夫斯基标准，但收入再分配也减少了福利。又如在第2组，即使同时满足了卡尔多—希克斯标准和西托夫斯基标准，但收入再分配仍然使福利减少。①

由此可见，李特尔的这些论证的中心思想是：在前两个标准之一得到满足时，或者前两个标准同时得到满足时，还必须看收入再分配是不是适当的。如果收入再分配不好，那就必须用转移货币收入的办法来补偿。这样，李特尔认为就可以满足他所提出的道德标准了，也就可以解决前两个标准的缺陷和可能出现的矛盾了。所以李特尔的结论是："不论卡尔多—希克斯或者西托夫斯基标准单独地或共同地，都不能认为是福利标准。随便哪一种标准，连同认为所涉及的再分配是适当的那种判断，都可以认为是经济福利增加的充分（但非必要的）标准"。②

李特尔提出的三重标准，被不少资产阶级经济学家赞赏为

---

① 参看李特尔：《福利经济学评述》，第119页。
② 同上书，第122页。

具有"稳当的富于常识的素质",或者被推崇为"对于解决问题有真正的贡献"。20世纪60年代前期西方资产阶级经济学家关于福利标准的讨论,曾有好几次集中在对李特尔福利标准的讨论上。① 但从实质上来分析,我们不难看出李特尔的福利标准的虚伪性。例如,当有的资产阶级经济学家把李特尔所说的"好的收入分配"解释为"趋于较为均等的分配"时,李特尔却加以否认。他说,他所理解的新情况比原先的分配好,只是指在另一个状态下,至少有一个人的境况好些,而没有人的境况坏些;至于为什么说好些,这可能由于分配上的公正,也可能由于其他原因。② 正因为如此,所以有的资产阶级经济学家就说:"李特尔的标准的麻烦是,虽然它对于分配用了热情的言辞,但在解释上却使他的标准对分配任何程度的不利改变加以认可"。③ 还有人认为,李特尔的标准使人回想起庇古的两个福利标准(国民收入增加和国民收入分配),但是在分配问题上他并没有庇古走得那么远。④ 这一切表明,李特尔的福利标准不过是把资产阶级福利经济学中的旧货色改头换面而已。

总之,新福利经济学中补偿原则论,不论是单方检验、双重检验还是三重检验,也不论是排除收入分配问题的假想补偿还是标榜包含收入再分配在内的实际补偿,都不是想通过补偿来使资本主义社会中的收入分配失调状况有所改善,更不是想借比论证收入分配均等化的必要性。

---

① 参看《经济学杂志》,1962年3月号,1963年6月号,12月号,1964年9月号。
② 同上书,1963年12月号,第773、778页。
③ 同上书,1964年9月号,第556—557页附注。
④ 参看米商:《福利经济学概览,1939—1959年》,第225页。

第四节　社会福利函数

一、社会福利函数论的特点

社会福利函数论的倡导者,是美国的柏格森、萨缪尔森等人,它是为资本主义制度辩护的另一种经济福利理论。它不像新旧福利经济学中的其它学说那样把资产阶级的道德标准隐含在福利经济学之中,而是公开地并且突出地把资产阶级的道德标准作为确定社会福利标准不可缺少的基础。柏格森在他于1938年发表的一篇论文中一开始就宣称:"本文的目的,是为了把获致极大福利的条件所需要的价值判断,用确切的形式表达出来"。①

同时,社会福利函数论也不像补偿原则论者那样企图回避收入分配问题,更不像庇古那样主张均等分配或像李特尔那样把"较好的再分配作为福利标准",而是强调收入分配问题应和其他问题一样,要由一定的道德标准(实质上是资产阶级的道德标准)去决定。补偿原则论以及庇古的福利经济学只是提出要为达到"较好的经济变革"提供福利标准和满足条件,而社会福利函数论则进一步要为达到"最大福利"提出道德标准和满足条件。

社会福利函数论之所以被列入新福利经济学的体系,因为它的基本福利概念是帕累托式的。但它也企图把庇古的学说包

---

① 柏格森:"福利经济学某些方面的重新系统论证",载《经济学季刊》,1938年2月号,第310页。

括在自己的理论之中。社会福利函数论者声称,他们"融合各派的福利经济学于一炉",他们建立的是无所不包的、具有最一般形式的福利经济学①。可是,这种社会福利函数论甚至在资产阶级经济学家中也是有非议的。例如李特尔认为,如果说卡尔多—希克斯—西托夫斯基的福利学说是一种点滴改良的学说,那么社会福利函数论则是一种空想的设计。

二、社会福利函数的表述形式

什么是社会福利函数?米商对此作了简略的解释。他说:"本质上,社会福利是社会中各个人所购买的货物和所提供的生产要素以及任何其他有关变量的函数。"②用柏格森的话来说,"福利函数的数值,取决于所有影响福利的变量:所有每一家庭所消费的所有每一种货物数量和所从事的所有每一种劳动数量,所有每一种资本投入的数量,等等。"③也就是说,这种社会福利函数是社会所有个人的效用水平的函数。④

新福利经济学家通常用多元函数来表示社会福利函数。他们将社会福利函数表述为:

$$W = W(U_1, U_2, \cdots\cdots U_n)$$

式中的 W 表示社会福利,U_1 表示第一个人的效用水平指标,U_2 表示第二个人的效用水平指标,……U_n 表示第 n 个人的

---

① 参看前引萨缪尔森:《经济分析的基础》,第 219、249 页。格拉夫:《理论福利经济学》,商务印书馆 1980 年版,导论。
② 米商:《福利经济学概览,1939—1959 年》,第 204 页。
③ 柏格森:《社会主义经济学》,载埃利斯编:《当代经济学概览》,第 1 卷,1963 年版,第 417 页。
④ 参看同上。

效用水平指标。

社会有许许多多的个人,因而有许许多多个人的效用水平指标。为了简化起见,有的社会福利函数论者假定社会只由 A、B 两人组成,每人只消费两种商品,每人只提供一种生产要素 X,而且没有其他有关变量,在这些假设下,A、B 两人的效用函数分别为:

$$U_A = U_A(q_{11}, q_{12}, X_1)$$
$$U_B = U_B(q_{21}, q_{22}, X_2)$$

式中 U_A, U_B 分别为 A、B 两人的效用函数,q_{11} 表示第一个人消费的第一种商品的数量,q_{12} 表示第一个人消费的第二种商品的数量,q_{21} 表示第二个人消费的第一种商品的数量,q_{22} 表示第二个人消费的第二种商品的数量,X_1 表示第一个人提供的生产要素的数量,X_2 表示第二个人提供的生产要素的数量。在这个由 A、B 两人组成的社会中,社会福利函数是:

$$W = W(U_A, U_B)$$

这是社会福利函数的最简单的形式。

柏格森把这种函数关系稍加具体化,以下列形式来表述:

$$W = W(X_i, Y_i, A_i^x, B_i^x, A_i^y, B_i^y \cdots,$$
$$X_n, Y_n, A_n^x, B_n^x, A_n^y, B_n^y, C^x, D^x, C^y, D^y, r, s, t, \cdots)$$

其中,X_i, Y_i 代表第 i 个人(i=1,2,……n)所消费的假定是两种消费品的数量,A_i^x, B_i^x, A_i^y, B_i^y 代表第 i 个人生产 X 及 Y 时所提供的假定是两种劳务,C^x, D^x, C^y, D^y 代表生产 X 及 Y 时所用的两种生产要素(不包括劳动),r, s, t …… 代表影响福利的其他非经济因素,例如天气或人口的变化等。柏格森认为,在经济因素改变较小的限度内,可以假定这些非经济因素不变。①

---

① 柏格森:"福利经济学某些方面的重新系统论证",载《经济学季刊》,1938 年 2 月号,第 312 页。

三、社会福利最大化的条件

社会福利函数论者认为,根据效用序数论,从上述函数中可以得出达到最大社会福利所需要的满足条件;即本章第二节所谈到的交换中和生产中的最优条件。例如,第 i 个人所消费的两种商品的数量以及所提供的劳务,就表示他在一定偏好和一定收入—价格条件下所获得的最大满足;厂商生产商品所使用各种生产要素的数量,就表示在一定技术条件下所达到的最大生产效率。如果两种消费品的任何组合,都使第 i 个人的满足程度没有任何差异,或者两种生产要素的任何组合,都使厂商的生产效率没有任何改变,那么,社会福利就不能再有所增加,这时社会福利便达到最大化。

反过来说,如果函数中有任何一个厂商因组合生产要素而能使生产效率增加,或者有任何一个人因消费品的增加而使满足程度增加,而其他厂商的生产效率和其他人的满足程度仍然不变,那么社会福利就有所增加。当社会福利增加到不能再增加的地步时,社会福利就达到了最大化。这也就是帕累托式的最优状态的实现。

社会福利函数论者认为上述的有关社会福利最大化条件是一般条件,它对于任何福利函数都是适用的,但不能用来确定特定的福利函数①。这是因为,作为组成社会福利的个人福利,还要取决于社会上各个人的收入分配问题。收入分配不同,各个人所消费的各种商品数量就不同,各个人所提供的劳务以及社

---

① 柏格森:"福利经济学某些方面的重新系统论证",载《经济学季刊》,1938年2月号,第315—316页。

会资源配置于各种商品生产上的情况也就不同。那么,究竟社会上各个人会选择什么样的收入分配呢?究竟什么样的收入分配才是最好的呢?社会福利函数论者认为,必须先确定这一点,然后才能规定某一社会福利函数。

但是,对于各种社会收入分配的评价,以及对于各种社会收入分配给予消费和生产的影响的评价,社会成员各有各的看法,各有各的判断标准。因此,必须根据社会各个人对于全社会福利的各种情形的评价,以及根据各人的偏好次序,才能推导出全社会所有的人一致的偏好次序。这就是说,只有从各个人的偏好次序推导出社会偏好次序,然后才能确定社会的最大福利。

显然,这里存在着如何从各个人对于全社会福利的偏好次序推导出全社会所有的人一致的偏好次序的问题。美国资产阶级经济学家阿罗为这个问题进行了论证。

阿罗提出这样的问题:当社会所有成员的偏好为已知时,有没有可能通过一定程序从个人偏好次序推导出社会偏好次序?阿罗认为,试图在任何情况下从个人偏好次序推导出社会偏好次序的想法,都是不可能实现的。他指出了这种推导的矛盾所在。他写道:根据古典的功利主义原则,社会选择需要以个人偏好作为尺度,但由于个人偏好是复杂的、多种多样的,所以个人偏好显然不能作为社会选择的一种充分的依据。实际上还存在着第二个判断准则,这就是把个人的判断的总和作为福利判断的准则。但阿罗指出,如果说社会选择必须以个人偏好的次序作为基础,问题就在于必须给予福利判断的规则以下列这些条件:

第一个条件,全部可供选择的社会条件能够有一种排列的顺序。必须存在这样一种排列的顺序,才能对于可供选择的各种个人偏好进行社会选择。

第二个条件,社会选择过程不会导致这样的结果,即还有任何一个人根据自己的偏好次序而宁肯采取另外一种选择。

第三个条件,不会有任何人不顾社会上其他任何人的偏好,而使偏好成为社会的偏好。

第四个条件,假定已经存在着若干可供选择的对象,那么要在这些对象中进行社会选择,这种社会选择就只能依存于个人对若干可供选择的对象的偏好次序。假定这时又出现了另外的可供选择的对象,那么后者将不会被选中。

阿罗认为,这四个条件都是合理的和必要的,但它们却互相矛盾。社会选择的任何规则也总会与上述四个条件中的一个条件发生矛盾。

比如说,有甲、乙、丙三人,他们对于 A、B、C 三种不同的社会政策有不同的偏好次序。如果甲的个人偏好次序是 A、B、C(即最喜欢 A,次喜欢 B,再次喜欢 C),乙的个人偏好次序是 B、C、A,丙的个人偏好次序是 C、A、B。也就是说,甲和丙都喜欢 A 胜于 B,甲和乙都喜欢 B 胜于 C,乙和丙都喜欢 C 胜于 A。这样,社会选择就出现互相矛盾的情形。如果社会选择是合乎理性的,那么,既然 A 胜于 B,B 胜于 C,就应得出 A 胜于 C。可是,上面所得的结论却与选择一致性的条件恰好相反。在这种情况下,阿罗不得不承认:如果排除个人之间的效用比较,那么,在从个人偏好过渡到社会偏好时,能使社会偏好得到满足而又能代表广泛的个人偏好次序的方法,唯有强制方法或独裁方法[1]。但如果这样做,那又与社会选择理论本身发生了矛盾,因

---

[1] 阿罗:《社会选择和个人价值》,1951 年版,第 59 页;参看鲍莫尔:《经济理论和运筹分析》,1961 年版,第 271—272 页。

为社会选择的条件规定了只允许有非独裁的方法,而不能容许有独裁的方法。阿罗认为这是一个福利经济学中至今无法解答的难题。

社会福利函数论者察觉到了上述矛盾。他们感到,即使提出一般的道德标准作为分析的前提,那还是不够的。必须根据一定的道德标准才能确定社会偏好次序。于是社会福利函数论者转入了关于一定的道德标准的讨论,以便由此确定社会福利的最大化条件。

四、"理想的收入分配"的实质

补偿原则论者只提"好的经济政策",因而把交换和生产的最优条件作为"最大福利"的充分条件。而社会福利函数论者则认为,根据个人偏好和道德标准所得出的交换和生产的最优条件,只构成"最大福利"的必要条件,而不是达到"最大福利"的充分条件。这是因为,正如本章第二节已经提到的,在不同的收入分配状况下都可以满足交换的最优条件,因而在满足这种条件时可以有许多个最优位置,而不是只有唯一的一个最优位置(即"最大福利"位置)。要达到唯一的最优位置(即"最大福利"位置),他们认为除了应满足必要的条件而外,还必须满足充分条件。这个充分条件,就是关于"理想的收入分配"的确定,这本身就是一个价值判断问题。萨缪尔森说:"从一个人享有一切利益的一种情况,经过某些中间的情况,到另一个人享有一切利益的情况之间,存在着无数个最优位置。如果没有一个确定的福利函数,即如果没有关于个人间的效用比较的假定,就不可能决定这些位置中究竟哪一个是唯一的最优位置。"[1]柏格森也说:"目

---

[1] 萨缪尔森:《经济分析的基础》,第244页。

标是对选择的原则进行评价,不如此,各种选择就不能比较。这就是评价之所以必要的原因。一旦作出了评价,不同选择就真的可以比较了。当收入分配的道德原则为既定时,按照这个原则实现了分配,不同家庭每一块钱的边际福利,就必然相同。"①这也就是说,按照效用序数论,个人间的效用本来是不能比较的,但在收入分配的道德原则为既定时,个人间的效用就可以比较了,唯一的最优地位也就可以确定了。这就是社会福利函数论的逻辑。

再看看社会福利函数论者所说的"既定的收入分配的道德原则"是怎么一回事。

所谓"既定的收入分配的道德原则",指在经济学范围以外规定的一种收入分配的道德原则。李特尔说,这是由"超人"规定的理想收入分配②。萨缪尔森则说:"一个体系的所有经济变量的函数,是作为表征某种道德信念的。这种信念可以是一个仁慈的、暴君的、完全唯我主义者的、善心善意者的、厌世者的、国家的、种族的、或集团思想者的、上帝的,等等"③。十分明显,无论是萨缪尔森的那些道德信念,还是李特尔说的"超人"的道德信念,实质上都不过是资产阶级道德信念的另一说法而已。

因此,社会福利函数论者所说的达到"最大福利"的充分条件,在现代资本主义社会中,无非是指给予垄断资本决定收入分配的充分自由,给予垄断资本获取最大限度利润的充分自由,而不可能是别的什么东西。社会福利函数论者是明确反对收入均

---

① 柏格森:《社会主义经济学》,第418页。
② 参看李特尔:《福利经济学评述》,第134页。
③ 萨缪尔森:《经济分析的基础》,第221页。

等分配的。萨缪尔森曾经宣称:"将平均收入的规定(用货币,或一种商品,或抽象购买力来衡量)应用到有不同偏好的个人,并让它在一切情况下都能成立,实际上是和福利函数相矛盾的"。① 这就更表明了"理想的收入分配"的实质。

五、社会福利函数论与经济政策的制定

现在,有不少资产阶级经济学家企图用社会福利函数论来解释资本主义国家现行的经济政策,甚至用它作为制定经济政策的依据。他们力图掩盖社会福利函数论的阶级本质,说什么可以通过民主的方式来达成一致的社会偏好,或者应当以统治者的"明智"来代替人民的偏好。他们声称:"民主选择并不是少数人的选择,这和现代福利经济的社会选择是一致的";②"把政策决定者的福利函数作为经济政策理论的出发点,是比较好的办法"③。这些言论反映了社会福利函数论的实用性。

由于社会福利函数论能为垄断资本提供制定经济政策的依据,所以资产阶级政府对它是很欣赏的。例如,在1957年,荷兰中央计划局曾经采用社会福利函数建立一种经济模型,以便解决有关经济政策的问题。④ 这个模型首先确定了下面几个目标:(1)最大限度提高实际国民收入,(2)维持高度而稳定的就业水平,(3)实现国际收支的平衡,(4)达到高度的投资水平,(5)维

---

① 萨缪尔森:《经济分析的基础》,第225页。
② 莱本斯太因:"论福利经济学和民主政治理论",载《经济学杂志》1962年6月号,第316页。
③ 丁伯根:《经济政策原理与设计》,1956年版,第14—15页。
④ 范埃伊克与桑代尔:"一个最优经济政策的量的确定",载《经济计量学》杂志,1959年1月号,第1—13页。

持稳定的价格水平,(6)实行合理的收入分配。然后再确定许多变量,如国际收支差额、政府支出、投资、工资、价格、就业等。这个模型所确定的目标,就是社会福利函数论者所要确定的道德原则。这些目标是如何确定的呢?模型的建立者说道,他们在估算福利函数的参数时,曾征询政府成员、议会代表、有势力集团领袖的意见,此外,还必须考虑到议会和社会经济委员会的政治关系。这正是社会福利函数论者按照垄断资本的意图来制定经济政策的具体证明。

美国资产阶级经济学家也早就主张利用社会福利函数论来制定经济政策。例如,早在1951年,西托夫斯基在评论社会福利函数论时就说过:"它不是没有实际用处的","通过一个议案或者选举一个候选人,都表示一个集团的政治偏好,都代表这个集团成员的偏好","经济学家鼓吹维持充分就业或者价格稳定,他们的建议之所以有力,就是因为这种建议包含价值判断"。[①]

现代资产阶级经济学家还利用社会福利函数论来建立"社会主义"经济学。他们所建立的这种"社会主义"经济学,混淆了资本主义与社会主义的界限。美化资本主义经济,歪曲社会主义经济。社会福利函数论者柏格森就是以明确的体系表述这种"社会主义"经济学的现代资产阶级经济学家之一。[②] 在下一章,我们将对资产阶级经济学家关于"社会主义"经济的学说进行评论。

---

① 参看西托夫斯基:《福利经济学的情况》,第313—315页。
② 柏格森:《社会主义经济学》。

第四章 福利经济学与"社会主义"经济学

　　福利经济学同资产阶级的"社会主义"经济学之间有着十分密切的关系。关于这一点,波兰经济学家奥斯卡·兰格曾作了这样的论述。他指出:福利经济学要研究的是"最大福利"的问题,"社会主义"经济学要研究的也是"最大福利"的问题,而"最大福利"实际上是一个有关资源合理配置与配置方案的选择问题。如何进行选择,需要三种资料。第一,指导选择行动的先后顺序;第二,关于"提供其他选择的条件"的知识;第三,关于现有资源数量的知识。兰格认为,只要有了这三种资料,就有可能进行选择问题。而这三种资料中,第一种资料涉及的是规范问题,它在"社会主义"经济中是已知的。第二种资料取决于对于生产函数的知识,通过对价格理论和生产理论的研究,也可以设法取得它们。第三种资料在"社会主义"经济中也是已知的。这样,"社会主义"经济学所要研究的,正是福利经济学中所要研究的,或者是福利经济学中已经研究过的。不仅如此,兰格还认为,关于福利原理的实现问题,在"社会主义"经济中比在资本主义经济中有更大的实际意义。他写道:"在资本主义下最终生产资源的所有权分配很不平等,大部分人口只有他们的劳动力,在这种情况下,需求价格不反映不同个人需要的相对迫切性,消费需求价格决定的资源分配远不能达到最大社会福利。一方面有些人正在挨饿,其他人被允许沉溺于奢侈。在社会主义社会中,能确定消费者的收入,以便使全体人口的总福利为最大。"①

后来,荷兰经济学家丁伯根也分析了福利经济学和"社会主义"经济学之间的关系。按照丁伯根的说法,"福利经济学是最理想的科学","福利经济学中使用的理想的科学程序是:第一,给福利规定意义,也就是说,指出对它发生作用的各种变量,并详细说明这些变量是如何对它发生作用的;第二,说明各种制约因素,其中大多数是'各种生产规律'以及最初拥有的各种自然资源;第三,引申出在制约因素下最大福利所需要的各种条件;第四,从制度方面来解释这些条件"。②那么,资产阶级经济学家所设想的或理解的"社会主义"经济学又是什么呢?丁伯根说:"社会主义思想的主要领域经常是而且必须是经济政策和社会政策的领域。如果社会主义要成为科学社会主义,它必须首先注意对这些政策作科学的论述。这种论述是经济科学的特殊篇章的任务,是福利经济学这一篇章的任务。"③这样,"社会主义"经济学也就被看成是福利经济学中的重要组成部分。

本章准备就资产阶级福利经济学家关于"社会主义"经济学的论述进行评论。

第一节 资产阶级"社会主义"经济学的产生与发展

前两章所评述的福利经济学主要是静态福利经济理论。在

---

① 兰格:《社会主义经济理论》,中国社会科学出版社1981年版,第24—25页。
② 丁伯根:"福利经济学对社会主义的意义",载《政治经济学和经济计量学》论文集,1964年(中译文载《经济学译丛》,1982年第5期,第64页)。
③ 同上书,第63页。

静态福利经济理论的基础上，资产阶级经济学家提出了一套关于"社会主义"的经济学说。这套学说在 20 世纪 30 年代曾经盛极一时。以后它们仍同福利经济学的发展保持着密切的联系。现在也还有一些资产阶级经济学家从"社会福利"的角度或从资源"最优"配置的角度来谈论所谓社会主义经济计划化的模型。

下面，我们先考察一下从静态福利的角度提出的"社会主义"经济理论的产生的经过。

一、资产阶级的"社会主义"经济学的产生

早在 1874 年，德国的阿尔伯特·谢费尔就写了《社会主义的本质》一书，提出了在社会主义下资源是否合理配置的问题。他认为如果社会主义经济将价格建立在价值理论上，而不考虑使用价值，并且完全从劳动成本方面来估计，它就不能有效地配置资源。19 世纪末，瑞典经济学家卡塞尔认为，社会主义国家的一个根本的缺点就是不能正确估价生产要素，因而不能正确地指导生产。[1]

到 20 世纪初期，荷兰经济学家皮尔逊于 1902 年写了题为《社会主义社会中的价值问题》的论文。他认为社会主义是行不通的，因为在社会主义制度下，没有交换；由于没有交换，产品（除了向外国出口的商品外）就没有价值标准，不能像资本主义制度下那样用货币价值来计算。他反对以劳动价值论作为分析社会主义经济中资源配置问题的基础。皮尔逊指出，"社会主义者们"需要解决的问题是：在没有价格制度的情况下，如何决定

---

[1] 参看兰德雷思：《经济思想史、范围、方法与内容》，第 11 章中的"社会主义经济理论"。

商品价值。他自称写这篇文章的目的是希望在这个问题上开展进一步研究。

同一时期内,在西欧也出现了跟上述论点相反的意见。瓦尔拉是较早从资产阶级经济学的立场来考察"社会主义"经济学的代表人物,并且瓦尔拉还自称为"社会主义者"。但瓦尔拉所谈论的"社会主义"经济学是一种所谓符合"社会公正"原则的体系,而不是19世纪后半期流行于西欧的、与工人运动有联系的社会主义学说。瓦尔拉把自己的"社会主义"理论建立在他提出的一般均衡理论的基础之上。简单地说,瓦尔拉认为,在一个完全竞争的条件下,如果市场达到了一般均衡状态,各个市场将形成一整套使需求与供给彼此相等的均衡价格体系,但这种均衡价格不是孤立地决定的,而是在相互依存的情况下同时决定的。在这个基础上,瓦尔拉提出了由国家力量来促进完全竞争的作用,消灭对经济资源的独占。他把这样的社会称作"社会主义"。所以他说:"在一个如我所想象的新社会中,造成地产和垄断的真正原因将被消灭。"① 这表明,瓦尔拉不仅不把他的一般均衡理论同"社会主义"看成是彼此冲突的,而且认为在"社会主义"中更有条件使一般均衡价格体系得以实现。

稍后,奥地利经济学家弗里德里希·冯·维塞尔(1851—1926年)在讨论所谓"自然价值"的过程中也涉及"社会主义"经济学问题。维塞尔写道:"大多数理论家,尤其是古典学派的理论家们都缄默地做了类似的抽象。特别是那些把价格看成是一种社会价值的判断的见解,是旨在从购买力的个别差异中加以

---

① 瓦尔拉:《社会经济学研究——论社会财富再分配》,罗马,1969年版,第237页。

抽象，这些差异促使价格脱离自然价值。"①罗尔在所著《经济思想史》中，在引了维塞尔这一段话的同时，这样分析道：维塞尔"懂得经济学是研究社会过程的，因此，必须以社会经济的概念为基础。他看到这种概念牵涉到某些制度上的假定，如果忽略过去的话，就会给以后的理论一种辩解的性质。"②罗尔接着说：维塞尔看出了在现实世界上存在着财富不平等和欺诈、强迫等现象，这样，"自然价值"仅仅是价格形成中的一个要素，它是只有在"集体主义的"经济中才能成立的一种价值。因此，"在一定程度上，维塞尔成功地把自己从那种默认地把暗示了的制度格局和现实等同起来的普遍错误中解放出来"。③ 维塞尔从"自然价值"学说引申出对非现实世界的即"社会主义"经济中的若干关系的考察。

但无论是瓦尔拉还是维塞尔，都没有涉及"最优条件"或"最大福利"与"社会主义"的关系问题。在这方面对资产阶级的"社会主义"经济学作出重要发展的是帕累托，他主张把"最优福利状态"的学说运用于社会主义经济，寻求福利最大化。"帕累托相信，一个社会主义的生产部在理论上可以达到恰好和一种理想的放任自由的资本主义经济的均衡力量所导致的完全一样的经济'计划'，这一点会得到证明的。"④1908年，另一个意大利经济学家巴罗内进一步发展了帕累托的论点，阐述了在市场完全竞争情况下达到福利最大化的条件，并且提出要采用求解方程

---

① 维塞尔：《自然价值》，1889年版，第60页。
② 罗尔：《经济思想史》，商务印书馆1981年版，第398页。
③ 罗尔：《经济思想史》，第398页。
④ 同上书，第403页。

式的数学方法,把资源和收入有效地分配于社会主义国家所领导的经济中去。

总之,在20世纪初期,西方经济学界对于社会主义经济中是否可能有经济计算的问题,存在着以皮尔逊等人为一方,以帕累托和巴罗内等人为另一方的两种对立的看法。

第一次世界大战结束后,对于这个问题的讨论进入了新的阶段。1920年,奥地利经济学家米塞斯发表了一篇文章,题为"社会主义共和国中的经济计算",反对巴罗内的观点。米塞斯说:在社会主义制度下,不可能有合理的经济计算,因而不可能有合理的资源配置。这篇文章的发表在资产阶级经济学界中引起了20世纪30年代西方经济学界的一场大辩论,对问题的进一步研究产生很大的影响。1936年,兰格在《经济研究评论》上发表了"社会主义经济理论"一文,对这场辩论作了这样的评论:"因为正是米塞斯的有力的挑战,迫使社会主义者承认在社会主义经济中为了指导资源分配,需要有个充分的经济会计制度的重要性。不仅如此,主要由于米塞斯教授的挑战,许多社会主义者才察觉这个问题的存在。虽然米塞斯教授不是第一个提出这个问题的人,而且不是所有的社会主义者像通常被认为那样完全不知有此问题,然而特别是在欧洲大陆(意大利除外),使社会主义者系统地研究这个问题的功劳完全属于米塞斯教授。"[①]由于米塞斯挑起了这场论战,使福利经济学与资产阶级"社会主义"经济学之间的关系的讨论进入了一个新的阶段。

---

① 兰格:《社会主义经济理论》,中国社会科学出版社1981年版,第1页。

二、资产阶级经济学界关于"社会主义"经济学的两个派别

20世纪30年代内,资产阶级经济学家对待"社会主义"经济学有两种不同的态度。他们形成了观点对立的两派。

一派认为,在社会主义或集体主义的制度下,根本不可能有"合理的"经济计算,从而也就不可能有"科学的"社会主义经济学。这一派以米塞斯、哈耶克、罗宾斯等人为主要代表。前面提到的皮尔逊,也可以归入这一派。

米塞斯曾这样攻击社会主义经济,他说道:"代替'无政府的'生产方式的经济,将是一种不合理的无意义的生产。车轮还是会转动的,但是不会有什么效果。……只能在黑暗中摸索"。① 他认为,"凡是没有自由市场的地方,就没有确定价格的机构,而没有确定价格的机构,就没有经济计算。……生产资料的交换关系只有在其为私有制的基础上才能建立起来"。而且"离生产资料的私有制愈远一步,就使我们同合理经济学的距离愈大一些"。② 很明显,米塞斯等人对社会主义经济所进行的种种攻击建立在这样一种错误的观点上,即把一般经济利益等同于私有制;把社会主义公有制和计划化对于资本主义私有制的根本否定,说成是对一般经济利益的根本否定。根据这种观点,似乎在废除了资本主义私有制的社会里,根本不存在社会的、企业的、个人的经济利益,更谈不上这三者结合的可能性。他们正是从这一错误观点出发,断言社会主义经济不可能有内在的"经

---

① 哈耶克编:《集体主义经济计划化》,1935年版,第106、110页。
② 同上。

济动力",社会主义经济不可能利用价格制度和竞争制度,不可能运用市场机制并使之与计划制度相结合。因此,这些完全是敌视社会主义制度的死硬派的口吻。这一派人竭力维护资本主义生产资料私有制,竭力否定科学的社会主义政治经济学。

另一派人就是所谓"同情"社会主义的资产阶级经济学家。他们同意帕累托、巴罗内的论点,不同意皮尔逊、米塞斯、哈耶克、罗宾斯等人的见解。他们认为,至少在理论上或者甚至在实践上,社会主义制度下的合理计算是可能的,从而"社会主义"经济学也是可以建立起来的。这一派以勒纳、迪金森、柏格森等人为代表,他们大都是福利经济学的研究者。他们一般都是从资产阶级福利经济学的观点来讨论"社会主义"经济学的。前面提到的兰格,当时也属于这一派。

三、熊彼特对"社会主义"经济学渊源的分析

熊彼特在他的《经济分析史》一书中,认为后一派的"社会主义"的经济理论导源于三个人:维塞尔、帕累托和巴罗内。熊彼特写道:这些人本来都不是社会主义者,而是"完全出于对社会主义的同情,创造出实际上是社会主义经济的纯理论,从而对社会主义学说作出了社会主义者们自身尚未作出的贡献"。[①]

熊彼特还说:维塞尔最先认识到,"建立经济行为的一般逻辑的任何试图都必然会产生一种副产品,即社会主义理论",[②]而帕累托的阐述比维塞尔的更为清楚。他"被认为是现代社会主义经济纯理论的创始人。但其贡献却又为巴罗内所压倒,后

---

① 熊彼特:《经济分析史》,1955年版,第986页。
② 同上书,第987页。

者在这个问题上的著名作品(指《在集体主义国家中的生产部》①,1908年版——引者)直至现在还未被任何人超过;后来的人只不过是"在细节上有一些发展"。②

熊彼特对巴罗内的评价较高。按照熊彼特在《经济分析史》中所述,巴罗内作为对资产阶级的"社会主义经济学的产生最有影响的人物,主要表述了以下这些关于"社会主义"的观点:

巴罗内依据瓦尔拉的一般均衡论,为"社会主义"列出一套公式,其中既包括对消费品的需求函数,也包括劳动和储蓄的供给函数。各种变量都是同时决定的。

巴罗内认为,在"社会主义"中有一个单独的分配问题,那就是,在"社会主义"中,各人应分得的份额或收入应当另有决定,或者就把它规定在宪法条文中,大家遵照执行。在这种收入分配的基础上,就由一个中央机构或生产部来管理整个经济过程。因此,在"社会主义"中,将按照某种计算单位来确定社会各个成员的收入数量,然后听任各人在各消费品之间自由选择,并从收入中储蓄一部分,交回生产部,由后者给予一种利息形式的奖金。

巴罗内认为,在这个基础上,生产部就可以提出一套消费品的需求函数以及劳动和储蓄的供给函数,并在已知的技术条件下,确定出生产适量的消费品和投资品。

熊彼特就此评论道:社会主义是不是实际可行的?"在巴罗内以前,已有一打以上的经济学家暗示了答案。其间有这样的

---

① 重刊于哈耶克编:《集体主义经济计划化》,1935年版。
② 熊彼特:《经济分析史》,第987页。

权威,如维塞尔(在他的《自然价值》一书的1893年版中,德文原本是1899年版)、帕累托(《政治经济学概要》第二卷,1897年版)。他们两人都觉察到,经济行为的基本逻辑在商业社会和社会主义社会是一样的,答案是从此推出来的。但是帕累托的弟子巴罗内,是第一个完成答案的人。"①

从熊彼特对资产阶级的"社会主义"经济学渊源的分析可以看出,他对巴罗内是推崇的,他认为上述巴罗内关于"社会主义纯经济理论"的这些论点,确实都已经包含在现代资产阶级的"社会主义"经济学中。后来,勒纳、柏格森等人都是从巴罗内的体系出发来讨论"社会主义"经济学的。

下面,我们就巴罗内以后的资产阶级经济学家对"社会主义"经济学的论述分三个问题来谈:(1)社会主义的本质,(2)社会主义计划化的出发点,(3)社会主义经济中最优条件的实现。

第二节 福利经济学中对社会主义本质的曲解

俄国十月革命胜利以后,社会主义作为一种社会经济制度已成为现实,社会主义思想也日益传播开来。西方的资产阶级学者也越来越多地谈论"社会主义",甚至表示"拥护"或"同情"社会主义。特别是福利经济学家,常常在高唱"社会福利"的幌子下,模糊社会主义与资本主义的根本差别。他们说:社会主义和资本主义的总目标都在于"公众利益",都是为了增进"社会福

---

① 熊彼特:《资本主义、社会主义和民主》,商务印书馆1979年版,第215页。

利"。福利经济学家还说,甚至可以不管生产资料是私有还是公有,或者,只要有"国有化"的工业,而不问政权属于哪一个阶级,都可以把增加"社会福利"作为"公共目标"。

一、庇古对"社会主义"的解释

什么是社会主义,庇古同意韦伯夫妇在《资本主义文明的衰亡》一书中的观点,认为资本主义和社会主义是这样两种不同的制度。庇古说:"资本主义工业是生产的物质手段归私人所有或由私人租用,在私人指挥下经营,其目的在于出卖这些手段所生产的货物或劳务以获得利润的一种工业。资本主义经济或者说,资本主义制度是其大部分生产资源被用于资本主义工业的一种经济或制度。"①庇古认为社会主义与资本主义不同,因为"社会化的工业是生产的物质手段归一公共机构或自愿组成的团体所有,其经营不是为了向他人出售产品以谋取利润,而是为了直接为该机构或团体所代表的那些人服务的一种工业。社会主义制度是这个制度的大部分生产资源被用于社会化的工业的一种制度。"②

按照庇古的说法,"社会主义经济"和"计划经济"并不是一回事。他认为可以有各种各样的计划经济,比如在奴隶社会中,奴隶主集团也可能按照自己的利益来实行一国的计划,而不考虑奴隶的利益,这就不能说是社会主义。庇古指出,作为社会主义经济的必要条件的计划经济,应当是一种特定性质的计划,它不是为了小集团的利益,而是为了"全社会"的利益。

---

① 庇古:《社会主义和资本主义的比较》,1937年版,第1页。
② 同上书,第2页。

庇古也对"社会主义集中计划制度"下的资源配置问题提出了自己的看法。他区分了两种情况:一种情况是"强制分配各类消费品",另一种情况是"强制分配货币收入"。

在第一种情况下,资源配置是这样进行的:中央计划当局给生产各种不同消费品的部门分配一定数量的劳动力、生产手段和土地。这些部门按照计划当局规定的任务生产各种消费品。中央计划当局再把这些部门生产出来的消费品分配给全体公民。人们没有选择职业的自由,每个人的工种和劳动数量都同物质报酬没有关系,而是靠命令来推动。人们没有选择消费品的自由,每个人分得的消费品的品种和数量都由政府的法令来决定。在这种情况下,不需要货币。各种消费品的总产量由中央计划当局决定,中央计划当局在决定资源配置时虽然考虑到多数消费者的需要,但是不可能照顾到各个消费者的不同需要。庇古认为,从总的经济福利观点来看,这种形式的集中的"强制分配各类消费品"的计划具有严重的缺点,例如有的人面包不够吃而鞋子穿不完,有的人鞋子不够穿而面包吃不完。庇古写道:"这种初步分配中的错误,在某种程度上,能够在以后的交换中得到纠正。假定甲和乙都得到了一双鞋和一件背心。如果甲要两双鞋而乙要两件背心,他们就能够作一次双方都感满意的交换。"[①]但庇古接着指出:"这种实物交换的范围非常狭窄。彼此的要求刚好相反而能互相满足的人很少有机会碰头,而三方或多方的交换也很少有可能实行。因此,要靠这种纠正办法来补救集中计划的缺陷,那是起不了多大作用的。"[②]

---

① 庇古:《社会主义和资本主义的比较》,第106页。
② 同上。

第二种情况是用"强制分配货币收入"代替"强制分配各类消费品"。在这种情况下,计划当局不必每期给公民发一次实物,而是发一定数额的货币。这种货币不能积存,过期就作废。货币持有者在消费品市场上购买消费品,每种消费品都有价格。为了使生产出来的全部消费品都能按期分配掉,在每一期中必须确保各种消费品和单价的乘积的总和等于货币收入的总和。因此,在这种情况下,价格制度将发生作用。庇古认为,在各种可能的价格制度中,必须找到这样一种价格制度,它既能保证市场上全部消费品都被卖掉,又能保证消费者的需要都得到满足,于是计划当局可以对供不应求的消费品提高价格,对供过于求的消费品降低价格,通过调整价格做到既无缺货又无过剩。庇古写道:"达到这一点以后,各种消费品的分配——每种消费品的总产量是已经确定了的——就会符合各个消费者的愿望。因此前面谈到的那种计划上的缺陷,经过这样修正之后就可以顺利地消除了,"[①]同时,"经济福利也将大为增进"。[②]

二、庇古的"社会主义"概念的谬误

从庇古对"社会主义"的解释可以看出,他把"公共机构"和"自愿组成的团体"占有作为社会主义制度的特征,而这种"公共机构""自愿组成的团体"不仅包括了资产阶级国家的政府,而且也包括了资本主义性质的"合作社"。他的这种说法抹煞了社会主义和资本主义的本质区别。

庇古把社会主义制度说成是"强制分配各类消费品"的制

---

① 庇古:《社会主义和资本主义的比较》,第108页。
② 同上书,第108—109页。

度，实际上是把社会主义经济当成自然经济。他所谓社会主义经济也可以是一种"强制分配货币收入"的经济，在这种经济中，虽然允许存在消费品市场，但这种消费品市场是一种特殊的消费品市场，货币是一种特殊的货币，所以这种"社会主义"仍然明显地带有自然经济的色彩。庇古所说的"社会主义"经济是虚构的、不符合社会主义实际情况的。

根据庇古的论点，一个资本主义国家，如果采取渐进的道路，在工业部门实行国有化，通过和平方法实行社会主义计划制度，那就可以实现"社会主义"了。这正是庇古的资产阶级改良主义立场的充分暴露。

三、勒纳对"社会主义"的解释

在庇古以后的福利经济学家关于社会主义本质的解释中，勒纳在《统制经济学：福利经济学原理》一书中提出的论点是比较有代表性的。勒纳首先评论了右派和"左派"对私人经济和公共经济的看法。勒纳指出：右派完全代表私人势力，他们把企业看成是纯粹个人谋生或发财致富的方法，认为财富的获得者享有不可动摇的权利，政府决不应当干涉私人企业的活动；"左派"与右派恰好相反，他们主张实行百分之百的集体主义，把任何追求私人利润的企业都看成是不道德的，且不予以法律的保障。勒纳认为右派和"左派"实际上犯了相似的错误，即他们都不了解究竟什么是"社会主义"。

关于"社会主义"，勒纳提出了以下两个重要的命题：

第一，"社会主义的基本目的不在于废除私有财产而在于扩大民主"。①

第二,"资本主义经济的利益和集体主义经济的利益都可以在统制经济中实现"。②

那么,什么是统制经济(the controlled economy)呢? 勒纳解释道:统制经济是可以同时获得资本主义经济和集体主义经济的利益的一种经济;在这种经济中,不存在上述"右派"和"左派"的两种偏见,但可以同时利用资本主义经济和集体主义经济中的最好的措施。因此,"统制经济的基本点是,它拒绝把集体主义和私人企业作为社会组织的原则,却承认它们两者都是十分合法的手段。它的基本组织原则是,在任何一种特定的场合,最有利于社会的手段就是应当普遍采取的手段。"③根据这样的解释,勒纳认为"社会主义"应当与"统制经济"是一回事。勒纳写道:"社会主义者可以根据一定的历史理由断言,他们的社会主义社会的理想本来没有关于集体主义的教条,它只是在我们所说的意义上的一种统制经济,在这里,公共利益是断定任何工业是否应当集体化或归私人企业所有的标准。"④

勒纳根据上述解释,在福利经济学原理的基础上建立起"社会主义"经济理论体系。这种"社会主义"经济理论体系,实际上就是他的统制经济学体系。他说:"自由主义和社会主义可以在福利经济学中协调起来";又说:"由于社会主义和资本主义的接近,所以经济理论就接近于正统派的经济理论——即在市场均

---

① 勒纳:《统制经济学》,1946年版,第1页。
② 同上书,第2页。
③ 同上书,第5页。
④ 同上。

衡条件下所决定的价格和数量的理论,有时加上一些福利的考虑"。① 很明显,勒纳的福利经济学的"协调"作用,就是想把关于社会主义的经济理论变成传统庸俗经济学的一个组成部分。

勒纳认为,要有效地管理经济,应当比较不同要素在不同部门的边际产值,以便把一种要素从边际产值小的部门或生产单位转移到边际产值大的部门或生产单位。但在集体主义经济中,这是不可能的。"经济计划部"将陷入将生产资源拨来调去这个错综复杂的问题当中。勒纳写道:"这要涉及集中掌握整个经济中一切生产单位的一切细节这么复杂的知识,每当需要、偏好、技术知识或任何要素的供给发生任何变化时,就得在整个经济范围内对生产要素实行有意识的改组。苏联好像尝试过这种做法,其结果是灾难性的。"② 勒纳甚至还引了托洛茨基的一段话:"如果有一种万能脑投入拉普拉斯的科学幻想中,这种头脑会把自然和社会的一切过程同时记录下来,能够测度它们运动的动态,能够预测它们相互作用的结果,那么,这样一种头脑当然能够预先制订一套完善无缺的和无所不包的经济计划,从若干公顷的小麦起直到一件内衣和最后一粒钮扣止。老实说,官僚政治往往以为它具有这样一种头脑,这就是为什么它会这么随意地摆脱市场和苏维埃民主制度的控制。"③

勒纳问道:这该怎样补救呢? 在他看来,这样复杂的问题不能靠计划调拨来解决,而只有借助于价格机制。也就是说,在存在消费品自由市场、生产要素自由市场,包括生产资料市场和劳

---

① 勒纳:《统制经济学》,第 5 页。
② 同上书,第 62 页。
③ 同上。

动市场的前提下，只要一种消费品或生产要素供不应求，就提高价格，只要供过于求，就降低价格，直到形成使每种消费品或生产要素都保持供求平衡的一套价格体系为止。同时规定在生产要素边际产值大于生产要素的价格时，就增加产量；如果小于这种生产要素的价格，就减少产量；如果等于这种生产要素的价格，就按照同一比率继续生产。勒纳写道："这并不是说经济计划部没有事情可做，它只是说，这个部不要去抓细节，而由身临其境的经理人员照料这些细节要好得多，如果能为他们制定与价格机制相结合的适当的规则的话。经济计划部的工作是制定适当的规则并保证这些规则得到遵守和价格机制能起作用。"①

根据以上的论述，勒纳谈到了统制经济和非统制经济的区别。非统制经济就是现实的资本主义经济，统制经济就是勒纳所说的"可以同时获得资本主义经济与集体主义经济的利益"的经济。勒纳指出："统制经济不同于非统制经济的地方就在于颁布和保持一般规则来有意识地导向整个经济最优的运行，非统制经济是不这样制定一般规则的。"②

四、勒纳命题的谬误

勒纳关于社会主义经济学的上述两个命题，在资产阶级福利经济学中具有代表性，因此有必要对它们的谬误进行批判。

要知道，勒纳等资产阶级"社会主义"经济学研究者在谈到生产资料从私有向公有的转变问题时，都是只从形式上去看，而不去深究政权的性质。在他们看来，似乎国有化就等于社会主

---

① 勒纳：《统制经济学》，第64页。
② 同上书，第64—65页。

义经济,国有化部门的运行就会自然而然地合乎社会主义经济规律。这显然是一种歪曲。恩格斯早就指出:"……直截了当地把任何一种国有化,甚至俾斯麦的国有化,都说成社会主义",这种社会主义只能是"一种冒牌的社会主义"。[①] 在资本主义国家中,若干工业部门,甚至重工业部门,从私人经营转到政府的手中,这一事实决不意味着从资本主义制度转变为社会主义制度。重要的问题是这个政府掌握在哪一个阶级的手里,它是为谁服务。如果垄断资本集团掌握着政权,那么生产资料的所谓"公有"就只是把一些企业从个别资本家手中转移到作为"总资本家"的资产阶级国家手中,就只是国家垄断资本主义的一种形式,丝毫没有改变生产资料资本主义私有制的性质。只有在无产阶级掌握的政权下,生产资料的公有制才是社会主义的公有制,生产资料才属于劳动人民共同所有。只有在生产资料社会主义公有制基础上才能建立起社会主义经济制度。

五、熊彼特对"社会主义"的解释

熊彼特在所著《资本主义、社会主义和民主》一书的第三篇,以"社会主义能行得通吗?"为题,提出了关于社会主义的论点。对于社会主义,熊彼特下了这样一个定义:"社会主义社会,我们用来专指这样一种制度模式,即对生产手段和生产本身的控制权是授予一个中央当局的——或者我们也可以说,在这个社会中,经济事务原则上属于公众而不属于私人方面。"[②]他把这种社会主义叫作"中央集权的社会主义"。但是,熊彼特说:"中央

---

① 《马克思恩格斯选集》,第三卷,第317、318页。
② 熊彼特:《资本主义、社会主义和民主》,第208页。

集权的社会主义这个名词,只想用来排除许多控制单位的一种多元性的存在,以致每个单位在原则上都代表自己的不同利益,尤其是要排除一直会走到重新产生资本主义社会的对抗的多数地区的自治局面的存在。"①这就是说,在熊彼特的理论体系中,"社会主义"代表着一种集中的经济管理形式,即一种与分散的资本主义经济相对立的经济管理形式。

但熊彼特又说,这种中央集权的"社会主义"不是指"中央局"或"生产部"可以独断专行,也不是指只有"中央局"或"生产部"才是唯一的发号施令者。在这种"社会主义",生产部门和生产单位的负责人有某种行动的自由,并且是"合理的自由",从而经济效率不至于受到损害。

那么,这样的"社会主义"能否实现呢?熊彼特作了肯定的回答。

为了说明生产是怎样合理地进行的,熊彼特假定,生产手段的数量是既定不变的,并且暂时它的量是不可变更的,全部生产资源都由中央局控制,中央局按照某些规则来进行生产资源的配置,借此实行对生产资源的控制和协调的任务。熊彼特接着假定,中央局规定产业经理或产业经理局可以按照三个条件取得他们所要的任何数量的生产手段和劳动力。这三个条件是:第一,生产必须尽可能经济;第二,生产资料和劳动力的"价格"由中央局确定,产业经理或产业经理局在"购买"时按照规定的"价格"将"货币"付给中央局,这些"货币"是在向消费者"出售"消费品时取得的;第三,各部门在按最经济的方法进行生产时,

---

① 熊彼特:《资本主义、社会主义和民主》,第208页。

应该做到使产品"价格"等于(不仅仅是比例于)边际成本。熊彼特写道:"每一个产业经理局的任务,就这样出色地被决定了。恰如今天的完全竞争产业中的每个商行,只要技术可能性、消费者的反作用(他们的口味和收入)、生产资料的价格为已知的,就懂得生产什么、生产多少、怎样生产一样,我们的社会主义共同体的产业经理们,只要生产局公布了生产资料的'价格',只要消费者已经透露了他们的'需求'时,就会懂得生产什么,怎样生产,向中央局'购买'多大数量的各种生产要素。"①

熊彼特认为,从某种意义上说,生产资料和劳动力的价格与消费品价格不同,因为它们是中央局单方面规定的,但中央局定价时,必须遵循两项规则:第一,对相同品种和相同质量的生产资料规定单一价格,而不能规定差别价格(差别价格是指对不同的经理部门为同品种同质量的生产资料规定不同价格)。第二,价格应该做到正好使生产资料"出清市场",即手中既不会剩下多余的生产资料,又不会引起追加的需求。熊彼特把这种计划称作"静态经济生活过程中的社会主义计划"。熊彼特对这一过程的解释是:"其间一切事情都是正确预见了的,一切事情是不断重复进行的,不会发生任何推翻计划的事情的。"②

但熊彼特进一步指出,如果考虑到技术进步,情况就会发生变化。现在假定,按照生产必须尽可能经济的要求,某一产业部门采用了新技术,能以低于现行标准的生产资料消耗量生产出同样数量的产品。在这种情况下,这个产业部门付给中央局的货币量就会小于从消费者那里取得的货币量。这样,就出现了

---

① 熊彼特:《资本主义、社会主义和民主》,第220页。
② 同上书,第221页。

"利润",从而就出现了资源重新配置的问题。熊彼特写道:"在这种情形下,我们前面为了按照最简单的可能的办法来解决根本问题而作的假定,就预先排除了'自动'解决的可能性,即排除了作出中央局和产业经理只能通过在三条规则范围内被动地追随客观指示器的指导而达到的那种决定的可能性。但是,这当然是我们图式的无能,而不是社会主义经济的无能。"① 那么,在这种情形下该怎么办呢?熊彼特提出,可以实行奖金制度来解决问题。他说:"社会主义不必一定是平均主义的",② 如果"放弃收入绝对平均的原则","授权中央局对超时工作和……储蓄实行奖励",那就可以有助于社会主义制度下资源配置问题的解决。这样,熊彼特就把"社会主义"、社会主义经济和商业经济等同起来。熊彼特甚至提出了这样的论断:"我们的社会主义没有从资本主义借用什么东西,而是资本主义向完全一般的选择的逻辑借用了很多东西。任何合理的行为,必定理所当然地显出和其他合理行为的某些形式上的相似性,这在经济行为的领域内也碰到了……如果我们对经济现象的历史的熟悉是在社会主义环境中形成的,我们现在来分析资本主义过程的时候,看起来竟是在借用社会主义的诸概念。"③

六、熊彼特对社会主义性质的曲解

尽管熊彼特一再声称"社会主义"作为一种制度模式要比资本主义优越,并认为"社会主义"经济中可以达到高效率而又不

---

① 熊彼特:《资本主义、社会主义和民主》,第223页。
② 同上书,第224页。
③ 同上书,第227页。

会造成收入的很大的不平等，但他对"社会主义"性质的解释是非常错误的。

熊彼特混淆了社会主义与国家垄断资本主义的本质区别。他所说资本主义国家中的中央局或中央计划局，无非是国家垄断资本主义的机构。在生产资料资本主义国有制的条件下，这种经济"计划"与社会主义计划没有共同之处。

熊彼特反对社会主义革命，主张和平地、安全地、文明地完成向社会主义过渡的任务。这样的"社会主义"学说实际上与伯恩斯坦的"和平长入社会主义"理论是相同的。熊彼特曾这样毫不掩饰地谈到了这一点，他写道："我们所说的长驱直入社会主义，其意思，不外乎是把人民的经济事务从私人领域转入公共领域。"①"我们可以把长驱直入社会主义和由国家来征服私人工商业等同起来。"②按照熊彼特的解释，似乎资本主义国有化或资本主义国家对经济的调节都是"社会主义"了。这种论调显然是为资本主义制度辩护的。

还需要指出的是，熊彼特虽然谈到所谓由资本主义向"社会主义"的过渡，但他对马克思主义的攻击是不遗余力的。他居然声称："要成为一个社会主义者，当然并不一定需要成为一个马克思主义者，但是要成为一个社会主义者，仅仅做一个马克思主义者是不够的。社会主义的或革命的结论可印铸于任何科学的理论之上，没有一种科学的理论必然包含它们，而且，没有一种理论会使我们处在萧伯纳在某个地方所称的社会热狂之中，除非它

---

① 熊彼特："长驱直入社会主义"，载《资本主义、社会主义和民主》，第515页。
② 同上书，第516页。

的作者逸出他自己的轨道,为的要刺激我们使我们昂奋起来。"①这就可以更清楚地看出熊彼特的"社会主义"理论的本质。

在资产阶级经济学界,还有一些人在讨论社会主义经济理论时尽管与庇古、勒纳、熊彼特等人的论述方式不同,但他们对社会主义本质的理解与庇古、勒纳、熊彼特等人的说法没有什么区别。例如,他们认为社会主义一词内容含混,从而不可能把它与资本主义明确分开,不可能对"社会主义"下一个严谨的定义。② 他们主张把资本主义和社会主义的区分,交给所谓道德判断去确定。这种论调是十分错误的,因为社会主义制度是一个极为明确的概念。只有经过无产阶级革命,建立无产阶级专政,才能消灭生产资料私有制,消灭剥削,建立起社会主义的生产关系。生产资料公有制是社会主义生产关系的基础。对于这样的社会制度,绝不需要凭什么道德判断来确定,何况道德也只能是在一定经济基础上的上层建筑,不可能有一般的道德。资产阶级"社会主义"经济学研究者所说的道德判断只能是根据剥削阶级的道德标准去作判断,其结果必然歪曲社会主义的本质。

第三节 福利经济学中关于"计划化"的论述

一、福利经济学中社会主义"计划化"的出发点

资产阶级"社会主义"经济学研究者在谈论社会主义经济运

---

① 熊彼特:《资本主义、社会主义和民主》,第78页。
② 参见柯尔:《社会主义思想史》第1卷,1953年,第一章。

行的目标时，以及在论述社会主义"计划化"的出发点时，一般总是在传统庸俗经济学的支配下，从所谓"消费者主权"的角度来强调社会各个成员或家庭的偏好尺度，并以这种个人偏好尺度作为分配人力和物力的全部准则。

所谓"消费者主权"，指的是消费者和生产者之间的这样一种关系：消费者的偏好直接影响生产者，决定生产者生产什么、生产多少和怎样生产。"社会主义"经济学家认为，消费者按照自己的意愿和偏好，在市场上对商品进行自由选择，市场根据消费者在市场上对商品和劳务所投的"货币选票"，把消费者的无数偏好的信息收集起来，传递给生产者，以便生产者按照消费者的意志安排生产，满足消费者的各种各样的需要。据称这种"消费者主权"是消费者给生产者发出的"指示"，生产者只有按照这种"指示"办事，才可能解决社会主义经济的最优资源配置问题，才可能达到最大社会福利。因此，消费者主权在"社会主义"经济学中占有重要的地位。"社会主义"经济学把消费者主权看作是计划经济的目标或出发点，看作是社会主义经济的一个福利标准。

资产阶级福利经济学家还认为，社会福利取决于组成社会的个人或家庭福利的大小，实际上也就是取决于收入的大小及其分配状况。因此，资源分配于各种消费品的生产是否得当，那就完全依社会的收入分配为转移。在收入分配悬殊或分配均等的不同情况下，为了使"社会福利"最大化，资源配置的方式是大不相同的。这样，他们就以"消费者主权"为前提，来确定收入与分配为既定条件下的资源的"最优"配置，以达到最大的"社会福利"。

二、社会主义"计划化"中的计算问题

在社会主义"计划化"中究竟如何进行经济的计算,反对社会主义经济学的资产阶级经济学家曾认为,由于社会主义下不存在价格,所以在社会主义经济中实际上不可能有经济计算。针对这一点,泰勒提出了用"反复试验法"决定生产要素的均衡价格的办法来解决经济计算的看法。"反复试验法",用通俗的话来说,就是"碰碰试试,错了重来"。关于这种方法,巴罗内早在二十世纪初期就曾提出过,但是他并没有说明具体办法。泰勒则拟定了"反复试验法"的五个具体步骤:(1)建立超生产要素估价表,为每个生产要素作出估价;(2)国家经济当局执行管理全部生产的职能;(3)密切注意出现临时性估价不正确的地方;(4)一旦出现这种情况,那么在估价太高时,就降低估价,在估价太低时,就提高估价;(5)重复这个程序,直到没有任何离开正确估价的现象发生为止。

泰勒认为社会主义国家经济当局可以用货币来估价每个生产要素,而那些生产要素的价格多半是在社会主义前夕的最后定价。企业负责人应在这些价格基础上安排生产,同时要注意这些生产价格是否离开正确的估价。泰勒认为,价格离开正确估价的标志是:有关生产要素的数量出现剩余或短缺。如果定价太高,企业就会不断节约使用生产要素,而使那种生产要素在生产阶段终了时出现剩余;如果定价太低,企业就会放手使用生产要素,而使那种生产要素在生产阶段终了时,出现短缺。因此,如果定价太高,就降低定价;如果定价太低,就提高定价;最后直到生产要素没有剩余或短缺时,就达到"正确"的估价。泰

勒认为：如果社会主义经济当局一方面规定了生产要素的均衡价格，而另一方面又掌握消费者的需求价格，那就可以有充分的理由相信社会能够正确利用资源，实行社会主义的"计划化"。

当然，在社会主义经济中采用"反复试验法"解决生产问题是否能取得像在资本主义经济中同样的效果，是遭到那些反对社会主义经济学的人的怀疑的。例如，哈耶克认为采用"反复试验法"有两个缺点：(1)它以资本主义制度下的价格作为起点，但在从资本主义到社会主义的过渡中，相对价格将显著变化；(2)中央计划当局不仅要规定消费品的价格，而且要为一切商品（包括未完成的商品）规定价格，而这在任何情况下，都是不会实现的。哈耶克还认为，如果采用这种方法，中央计划当局还需要了解这些产品的转移成本、修理和改装等成本，还要掌握消费品的种类和数量等，而收集这些烦琐的数据超出了凡人的能力。并且，这种方法所要达到的供求的"均衡状态"，只有在所有的外部变化的影响都停止时才能获得，而这也是不可能的。

三、福利经济学中"社会主义计划化目标"的剖析

资产阶级福利经济学家所提出的上述"社会主义计划化目标"，从理论上说，至少有以下三个错误：

第一，他们的"社会主义"理论体系不仅以分配为出发点，而且还提出了分配单独决定论，好像分配另有一套独立于生产关系以外的准则，而不是生产关系的一个不可分割的组成部分。实际上，分配本身是生产的一种产物，这不仅因为能分配的只是生产的成果，没有产品的生产就没有产品的分配，而且因为生产的一定形式决定着分配的特定形式，分配的性质和形式是由占

统治地位的生产关系决定的。资产阶级"社会主义"经济学研究者离开生产关系孤立地来谈分配关系,不可能得出正确的结论。

第二,他们还错误地认为,作为社会主义经济计划化的出发点的分配方式,只能由中央计划局的意愿来决定,只能是一种主观的价值判断,只能作道德上、政治上的考虑,而不可能作为理论分析的对象。一句话,分配原则作为他们的所谓"规范经济学"的范畴,只能是一种主观任意的估价。这种看法是对分配方式的曲解。

第三,他们所谓收入要"均等"分配才能实现最大社会福利,所谓"均等报酬制"是为了"满足深入人心的正义感"等说法,也是错误的。大家知道,社会主义制度下的分配原则是按劳分配,而不是什么均等分配。按劳分配不是为了满足什么"正义感",而是具有客观必然性的经济规律。资产阶级"社会主义"经济学关于收入均等分配的说法因袭了边际效用论,是从所谓收入边际效用递减律推论来的。边际效用论这种主观价值论根本站不住脚,因此所谓通过收入均等分配以达最大福利的说法自然也站不住脚。

至于作为"社会主义计划化"前提的"消费者主权",这个概念本身并不明确,可以对它作各种不同的解释。有的资产阶级经济学家也承认这一点。例如罗森贝就说:"把消费者主权作为一个福利准则,它是既不完全,又很含混的,而且缺乏独立性。"[1]有些资产阶级学家感到福利经济学中的"消费者主权"原

---

[1] 罗森贝:"再论消费者主权和自由选择的接受性",载《美国经济学会论文集》,1962年5月号,第281页。

则已经在动摇。例如西托夫斯基写道:"近年来,消费者主权的原则从许多方面受到不少的攻击";攻击者的主要论点是说,所谓消费者的偏好是模糊的,它使人"回忆起一百年前心理学上流行的本能论",消费者的购买决定并不一定是明智的,在日益扩大的集体消费中,满足与成本是无法分摊的,而且更重要的是,支配消费者的主要是企业家,特别是他们的广告活动和生产新产品的活动,而不是消费者自己。西托夫斯基总结说:"需要作决策的,不在于究竟是消费者作主还是中央计划当局作主,而在于是否要限制和如何去限制生产者对一些消费者的忽视而对另一些消费者的偏好施加影响。"①

资产阶级福利经济学家把所谓消费者主权用于资本主义经济时,是为了把以追求剩余价值为目的资本主义生产说成是以满足消费者需要为目的生产,从而抹杀资本主义社会中生产和消费的对抗性矛盾。他们把所谓消费者主权用于社会主义经济时,则是为了反对社会主义制度,因为他们借此攻击社会主义国家,说什么在社会主义国家中"从来就没有自由和民主"②。正如他们强调个人偏好的目的一样,他们强调消费者主权的用心也在于宣扬资产阶级的自由民主。事实上,在社会主义制度下,并且也只有在社会主义制度下,直接满足劳动人民群众需要才成为生产的直接目的。这是由社会主义生产过程的本质决定的,它具有客观的必然性。

---

① 西托夫斯基:"论消费者主权的原则",载《美国经济学会年会论文集》,1962年5月号,第262,268页。

② 史密斯:《再论社会主义经济学》,1962年版,第203页。

第四节 福利经济学家论社会主义经济中"最优"条件的实现

"最优条件"的实现问题之所以在资产阶级的"社会主义"经济学中占有重要的位置,这是与资产阶级经济学家把"社会主义"经济学看作福利经济学的一个组成部分有关的。丁伯根在"福利经济学对社会主义的意义"一文中曾这样写道:社会主义"要使人类获得最大的幸福。这正是我们现在讨论的社会福利函数所表示的东西"。① 丁伯根还指出:"真正的讨论必须集中在(从制度方面)对最大福利所需条件的解释上。"②这意味着,尽管持不同观点的福利经济学家对"最优条件"的解释是不一致的,甚至很可能是针锋相对的,但对"社会主义"经济学中必须讨论"最优条件"这一问题,则是大家都承认的。下面,我们先对"竞争解决法"和"中央集中解决法"这两种模式进行评论,然后再评论所谓"双重评价体系"问题。

一、所谓"竞争解决法"

资产阶级社会主义经济学研究者在把消费者主权作为计划的出发点之后,便进而讨论达到这一目标的手段。他们认为,这个问题就是福利经济学的"最优"条件及其实现的问题。在这个问题上,他们一般都主张通过竞争来解决,即采用所谓"竞争解

---

① 丁伯根:"福利经济学对社会主义的意义",载《政治经济学和经济计量学论文集》,1964年版(中译文载《经济学译丛》,1982年第5期,第64页)。

② 同上书,第65页。

决法"或"竞争解决"模式。这就是说,他们主要想依据供给和需求的作用来调整各种产品的价格和产量,以便使资源配置达到最优的位置。

从方法论上看,福利经济学家在考察社会主义计划化的实现问题时,采用的是资产阶级微观经济学的均衡分析方法。他们认为,以消费者主权为出发点所提出的最优条件,是与完全竞争的均衡条件相似的。因此,在社会主义制度下,只有假设一些必要的前提条件,就可以通过类似于完全竞争的方式来实现资源的最优配置。这些前提是:消费者选购商品时要谋求最大满足(最大效用),生产单位在配置各种生产要素时要实现最低成本,或者要在既定价格条件下获得最大利润。

根据柏格森的综述,这种竞争解决法的要点如下:[1]

第一,假设一切货物和劳务的交易都按某种记账单位来进行。货物按既定价格,劳务按既定工资,进行交换。而这种价格和工资最初都是任意确定的。在居民户和生产单位之间进行这种交易时,也可以有某种现金转移。

第二,假设居民户可以选购货物,人们可以自由选择工作。

第三,假设任何生产单位都按以下两个原则来经营业务。一个原则是:在任何一种生产规模上,它都必须按这种方式来实现各种生产要素的配合;以便在按既定价格计算时,使它的单位产品的平均成本达到最低点。另一个原则是:它必须及时调整自己的生产规模,以便使产品的边际成本等于产品的既定价格。

第四,假设有这样一种利息率,各个生产单位可以按照这种

---

[1] 参看柏格森:"社会主义经济学",载埃利斯编:《当代经济学概览》,1948年版。

利息率来确定自己所需要的资本量，所支付的利息则必须计算在该生产单位的生产成本中。

第五，根据以上所给定的条件，经济中的各种价格、工资、利息率、各种货物和劳务的总供给和总需求，以及在既定利息率上的资本需求，都是可以确定的。中央计划当局的一个任务就在于不断调整价格和工资，以便使供给与需求相一致。在需求超过供给的情况下（这反映于存货率的下降），有必要提高价格；在需求小于供给的情况下（这反映于存货率的上升），有必要降低价格。同时，中央计划当局也有必要确定一种投资率，使利息率按照投资规模来确定，以便使对新资本的需求等于中央计划当局所预定的投资量。此外，中央计划当局还需要分配赢利，并确定用于集体消费的数量。

按照柏格森的说法，如果按照这种计划化的方式进行，社会主义经济中的各个居民户和各个生产单位所作的决策就都类似于资本主义完全竞争条件下各个居民户和厂商所作的决策。二者的区别只是在于：在社会主义经济中，调整的过程要通过中央计划当局；在资本主义经济中，一切通过市场调节。此外，在社会主义经济中，中央计划当局还可以采用某种赋税和津贴制度，借以表达出计划当局的偏好尺度和消费者的偏好尺度的差异。

二、"竞争解决"模式的庸俗性

从上述各点可以看出，资产阶级社会主义经济学研究者把社会主义经济同资本主义的竞争机制完全等同看待。他们把庸俗经济学的那一套分析方法搬到社会主义经济学中来，强调竞争是解决社会主义经济问题的主要方式。他们甚至认为，在社会主义经济中更有条件利用所谓竞争解决法,因为在资本主义经济中实际上并没有完全竞争,各个市场里多多少少存在着垄断因素,而在社会主义经济中,只要计划当局和各级机构都能够严格遵守上述原则和条件办事,那就更容易造成完全竞争的条件,更便于采用竞争解决的方式,以实现资源的最优配置。

在这里,我们姑且不讨论边际成本是不是一个可以确定的指标,以及在消费者主权原则不能成立时,生产是否还需要达到边际成本等于价格那一点。① 这里应着重指出的是,资产阶级经济学家提出的所谓社会主义经济中的竞争解决模式,完全歪曲了社会主义社会和经济的性质。

大家知道,资产阶级经济学中的所谓均衡,主要是指供给价格与需求价格的相适应时所达到的产量和价格水平。资产阶级经济学家认为,资本主义的经济活动固然有赖于此,即使是社会主义经济的运行,也不例外,因此均衡分析作为一种分析方法,是适用于一切社会经济形态的。他们提出,由于在任何条件下可以用"碰碰试试"、"错了再试"的方式,不断地对供给和需求进行调整,所以这是一个"一般经济逻辑",甚至鲁滨逊在孤岛上的个人经济行为,也不能离开这种逻辑。关于这一点,熊彼特这样写道:"现在奥地利学派人士总喜欢运用鲁滨逊的经济模型来说明某些经济行为的特征。因而他们就特别容易认识到,他们的价值概念以及由它而来的成本和推算计酬等概念中,并不具有什么资本主义的东西。那些概念都含有一般经济逻辑的成

---

① 李特尔在他的《福利经济学评述》一书的"福利理论与政治"一章中,谈到社会主义问题时,对这两个问题都给予否定的回答,他最后总结说:"边际派的社会主义'蓝图'是一套形式推论,这套推论即使在一个专制国家里是否能应用也极可怀疑,而在一个民主国家里它肯定是行不通的。"(见该书,第 300 页)

分,也就是说,它们构成一种经济行为的理论,这种理论如用之于由中央计划的社会主义经济中,要比在资本主义社会中……更为突出。"① 由此可见,资产阶级社会主义经济学研究者通过所谓一般经济逻辑的应用,完全抹杀了资本主义和社会主义的本质差别。

必须指出,社会主义计划经济并不忽视供给和需求因素的作用,相反,它自觉地运用价值规律,不断加强社会主义的核算。但这里应该注意两点:第一,在社会主义制度中考虑供给和需求因素,运用价值规律时,是以商品的社会必要劳动消耗量为依据的,因此这决不意味着撇开了劳动价值论。资产阶级经济学家则否定劳动价值理论②,而在边际效用价值论和生产费用论二者折中的基础上谈论供给和需求因素的作用。这样,他们或者把供给和需求视为始终一致的同义反复,或者就从主观心理上去解释供给和需求的决定,把供给和需求的变动说成是某种心理规律的作用。第二,在社会主义社会中,由于社会主义公有制的确立,使计划经济成为客观要求,并且具有现实的可能性。计划经济反映了社会主义生产关系的本质,它是社会主义经济的一个基本特征。在社会主义经济中,尽管存在着商品生产和商品交换,并且还要大力发展商品生产和商品交换,但不能把价值

---

① 熊彼特:《经济分析史》,第 986—987 页。
② 柏格森在"社会主义经济学"一文中就这样写道:"……不必要谈论劳动价值学说作为社会主义核算的依据究竟有多大现实性的问题。维塞尔已经指出它的缺陷。目前即使在马克思主义者中间,对于应用劳动价值论到社会主义中去的意见也是分歧的:实际上没有人主张无条件地来应用它。"(载埃利斯编:《当代经济学概览》,第 444 页。)
史密斯在《再论社会主义经济学》一书(第 38、41 页)也企图否定社会必要劳动的概念。他认为马克思在价值和价格的决定中犯了循环推论的毛病。他断言劳动价值学说在马克思经济理论体系中是多余的、不必要的(第 44、60 页)。

规律看成是支配社会主义经济运行和经济发展的基本规律。社会主义计划化过程中，虽然需要经常研究市场供给和需求的变动，需要自觉地利用价值规律，并社会主义计划化绝不是建立在市场经济的基础之上的。资产阶级"社会主义"经济学研究者把价值规律说成是社会主义计划化的唯一依据或主要依据的论点，同样抹煞了社会主义制度与资本主义制度的区别。

三、所谓"中央集中解决法"

在谈到实现计划化目标的手段时，这些资产阶级社会主义经济学研究者虽然一般都主张采取竞争解决法，但他们有时也提到另一种方法，即所谓"中央集中解决法"。根据他们的说法，在采取中央集中解决的方式下，各个生产单位和消费单位的决策过程一般都集中在中央计划当局里。这时，对消费品实行配给制，而生产单位也只需要把有关资料呈送中央，不必各自去作出生产决定。关于价格、收入和产量的调整，也不必通过市场去碰碰试试，而只是在中央计划当局制定方案的过程中去进行。[①]

当这些资产阶级经济学家提到"中央集中解决"模式时，他们是把它作为与竞争解决相对立的一种模式而提出的。正如前面已说明的，竞争解决法的理论根据是资产阶级经济学中传统的思想——完全竞争市场中的均衡模式。国家根据市场竞争中商品供求的均衡关系来调整商品价格，而用于生产的劳动力、资本设备、原料等价格也可以根据它们的供求情况来规定。但商品的产量则取决于价格水平。如果定价太高，企业就减少生产

---

① 柏格森："社会主义经济学"，载埃利斯编：《当代经济学概览》，1948年版。

资源的使用量，而使生产资源在生产阶段终了时，出现剩余；如果定价太低，企业就放手使用生产资源，而使它在生产阶段终了时，出现短缺；如果生产资源没有剩余或短缺，那么所定的价格被认为是正确的。中央集中解决模式与此不同。它与竞争解决法的主要分歧是：

第一，在理论上，它不同意以完全竞争市场的均衡模式作为理论根据。认为计划条件下难以达到这种均衡状态。

第二，完全竞争的均衡分析被认为是静态的，没有注意到长期的动态问题。竞争解决法根据动荡不定的市场经济来决定生产，听任千百万个消费者和生产者的盲目供求来影响投资量，从而经济是很不稳定的。中央集中解决模式则主张国家集中控制和调整长期的生产投资。

第三，在生产资源价格问题上，竞争解决法认为生产要素价格可以通过供求的均衡来确定，而中央集中解决法则认为，不必通过竞争，而可以用另一些方法来确定生产要素价格，例如，使各种生产资源的投入量同最终产品的产量保持固定的关系，从而计算出增长率和投资率，然后可得出投入生产的各种生产要素的价格和成本。

四、中央集中解决模式的谬误

由此可以看出，中央集中解决模式的倡导者实际上是把所谓计划当局的偏好尺度同消费者主权对立起来，好像社会主义国家的中央领导（包括计划领导）不是从民主集中的原则出发，不是从群众中来又到群众中去，而是主观地自搞一套。他们甚至提出，只应由中央计划当局制定方针和指标，投资和生产结构的调整全由计划当局控制,计划当局通过对长期投资的控制,集中分配投资来安排资本设备的生产和消费品的生产。这无疑是对社会主义计划化的曲解。

事实上,在社会主义制度下,如果说中央计划当局有一套偏好尺度的话,那么它应该是积极地反映人民群众的偏好尺度,而不是代替后者。在社会主义经济的运行中,中央计划当局必须按照客观经济规律办事,必须把满足人民的物质和文化生活需要作为应当遵循的原则,必须考虑兼顾国家、集体和个人的利益。在这里需要了解这样一点,即社会主义经济发展过程中,由于种种原因,使社会主义计划工作未能符合上述这些要求。但我们不能把计划工作中的某些缺点、错误和不完善之处同计划经济混为一谈,要知道,不把满足人民的物质和文化生活需要作为应当遵循的原则,是社会主义计划工作中的缺陷,是必须纠正的,不能把这种情形看成是社会主义计划经济的本质的反映。

五、所谓"国家偏好函数"和"双重评价体系"

20世纪60年代以来,资产阶级社会主义经济学在计划化问题上又有新的发展。德列诺夫斯基的"社会主义经济理论:供思考的建议"一文[①]是这方面的代表之一。德列诺夫斯基认为,过去那些社会主义经济学研究者(指勒纳等人)都不是从客观现实出发,只是以自己的信念来立论;而他自己则对社会主义经济理论提出了新的论点,这就是提出"国家偏好函数"概念,使之与个人偏好函数并列,作为社会主义制订计划的依据。

---

① 德列诺夫斯基:《社会主义经济理论:供思考的建议》,载《政治经济学杂志》,1961年第4期,第341—354页。

德列诺夫斯基批评了以波兰经济学家奥斯卡·兰格为代表的"竞争性社会主义"的模式。这种模式的要点是：在社会拥有基本的生产资料和分权决策的基础上，由计划当局取代市场对价格的决定作用；社会主义经济的均衡过程将通过反复试验和调整的方式来达到。按照兰格的模式，社会上如果出现供求不平衡，计划部门就调整价格；比如说，当商品供不应求时，计划部门就提高价格；当商品供过于求时，计划部门就降低价格。通过这种连续的尝试过程，最后就会确定供求均衡时的价格水平。在尝试过程中，需要参考历史上形成的价格水平，对某些价格作必要的调整，但没有必要重新建立一套价格体系。在这种情况下，一方面和竞争市场一样，可以满足消费者的偏好；另一方面，生产单位可以用平均成本最小的生产要素组合达到边际成本等于产品价格的生产规模；在兰格看来，在生产资料私有制的社会中，生产资源的分配是不平等的，因此，靠需求价格决定的资源配置不能达到最大社会福利；只有社会主义的收入分配，才能使全体人口的总福利趋于最大值。同时，兰格还认为，社会主义经济可以把一切不同的选择都计算在成本之内，以避免社会的浪费，还可以计算"外部经济"和"外部不经济"的问题，从而使社会福利为最大这一点具有计算的可能性。然而德列诺夫斯基则认为：兰格的这种模式的最大缺陷是忽略了对社会主义经济中的偏好体系的细致研究，所以它是不符合任何一个现代社会，特别是社会主义社会的现实状况的。

德列诺夫斯基提出的中心论点是所谓"双重评价体系"。他认为，社会主义经济理论必须建立在双重评价体系——国家偏好函数和个人偏好函数——的概念之上，因而在社会主义经济中必须分析两套决策,即国家的决策和个人的决策。

从实质上看,德列诺夫斯基所说的国家偏好函数,无非是柏格森的社会福利函数的变种。德列诺夫斯基对这一点也是承认的。他说道,他的国家偏好函数和广义的福利函数极为相似,国家偏好函数可以被看成是一般福利函数的一个特例。在方法论上,德列诺夫斯基仍然采取资产阶级的福利经济学的分析方法,例如运用国家无差异曲线的分析,寻求生产可能性曲线和国家偏好函数所决定的均衡点等等。这些庸俗经济学中的概念和分析方法,对于社会主义计划化的实践毫无帮助,更谈不上可以由此建立真正的社会主义经济理论。

所谓双重评价体系无非是把社会主义国家利益同个人利益对立起来的一种说法。它是勒纳的统制经济的变种。德列诺夫斯基指出:国家决策和个人决策所影响的领域的区分,涉及社会制度问题,这两个领域的界限在位置上的差别,可以看成是不同社会制度的差别。按照德列诺夫斯基的这种看法,好像社会主义区别于资本主义之处仅仅在于前者的国家作用大些,后者的国家作用小一些而已。

丁伯根对德列诺夫斯基的双重评价体系的评价是很高的。丁伯根认为,德列诺夫斯基的理论在福利经济学与社会主义经济学方面作出了一个重要的贡献,即个人福利与社会福利之间究竟是什么关系。丁伯根写道:"社会福利对每个人来说是不是各种福利函数中的一个函数,例如各个效用总和的一个函数呢?或者除了自己的判断外还包含着其他人的判断呢?德列诺夫斯基对这一论题已经作出了重要的贡献。他否认只有效用函数才是社会福利函数的组织结构。他对出现于个人效用函数中的变量与出现于国家偏好函数中的变量作了区分。他进行此种区分的原因是:有些变量可以由个人来选择(例如,在商店里购买物品),而另外一些变量则只能由国家来选择。"①这就是说,德列诺夫斯基把个人偏好函数与国家偏好函数二者并列作为社会主义制定计划的依据的论点,被认为是研究工作中的一项"突破"。

至于个人偏好之间的矛盾如何得以协调的问题,丁伯根不仅认为德列诺夫斯基的看法是有益的,而且提出了他自己的看法。这就是:由于不同的人在某些方面的偏好不一致,经常会发生矛盾,这一方面要通过发展教育来解决,另一方面则要依靠国家发展集体需要来解决。丁伯根写道:"在这里,我认为必须把需要与满足这些需要的生产过程区别开来。生产必须尽量扩大,我们有时称之为行政活动的国家活动也应该扩大。请让我引用组织治安或为财政投资创造预算盈余这两件事作为例子。这些需要是独特的需要——一种是对安全的需要,一种是对经济发展的需要。但生产过程可以或者由国家来进行,或者由一些较小的单位来进行,这要视可达到的技术情况而定……生产应该以集体方式或是以小的单位进行,这不是某种可以预先提出的事,它是最优程序问题的一个部分。"②

实际上,德列诺夫斯基的论点绝不是像丁伯根所评价的那样。德列诺夫斯基提出双重偏好体系的目的,是企图提出一种普遍的理论,即被认为既能适用于资本主义经济,又能适用于社会主义经济的理论。他断言,"任何一种制度的经济理论都应包

---

① 丁伯根:"福利经济学对社会主义的意义",载《政治经济学和经济计量学论文集》,1964 年版(中译本载《经济学译丛》,1982 年第 5 期,第 64 页。)
② 同上。

括双重偏好体系……这可以导致一种更具有普遍意义的理论。无论是资本主义理论还是社会主义理论,都可以为具有特殊意义的理论而包括在其中"①。很明显,德列诺夫斯基想在否定经济范畴的相对性和历史性的同时,凭借一般经济逻辑或所谓普遍原则来取消马克思主义政治经济学。德列诺夫斯基和丁伯根的设想无非是资产阶级经济学中的混合经济理论的一个变种而已。

六、多布关于实现"最优条件"的论点

英国经济学家莫里斯·多布在一些著作中,尤其是在《福利经济学和社会主义经济学》(1970年)一书中,从福利经济学的角度对社会主义经济中的"最优条件"问题进行了论述。多布的论点是中央集中解决模式理论的较新的发展。

首先需要指出,多布虽然声称拥护社会主义,自称是马克思主义者,不过他在很大程度上仍把社会主义经济看作与商品生产对立的一种经济。他认为市场、竞争是资本主义经济范畴,提出"不能把资本主义经济范畴运用到社会主义经济中来"的口号。他反对社会主义运用市场制度;认为这是"把社会主义建立在资本主义的腐烂基础上"。

多布认为,在社会主义经济中,部门内部或部门之间的比例失调的调整不必利用边际成本、边际收益等原理,只要依靠中央计划当局的决策就可以解决这个问题,因为它了解全面情况。

多布认为,社会主义经济不可能完全根据最优福利状态来

---

① 德列诺夫斯基:"社会主义经济理论",载《政治经济学杂志》,1961年第4期。

安排生产和消费,社会主义条件下也不可能有一个理想的最优条件;传统的所谓最大满足论只是假设的理想分配,它是不现实的,而且消费者的满足不能作为衡量收入分配的依据,因为在不断变化的世界中,消费者需求也在变化,不能作为理论分析的固定数据,况且,单凭个人欲望来作决定,也不合理。

但多布认为,可以承认这样三个福利条件:第一,消费者可以自由使用自己的收入,充分满足个人需要。第二,可以在每个企业中选择一种生产方法,以便从投入的人力、物力中得到最大产量。第三,通过货币收入的媒介,而不是通过价格来决定社会集团和个人之间的收入分配。多布认为:社会上所享用的效用之和比消费者个人的最大满足更为重要,而社会主义的经济福利是寻求实际收入与社会消费标准的增加,这些应该是计划工作者制定政策和决定投资的重要前提。

多布认为在社会主义经济中,计划与市场的关系是不确定的。在他所想象的社会主义市场中,他认为应当有消费品市场和劳工市场。在消费品市场中,消费者应当能够自由安排自己的支出,购买自己所需要的东西。在劳工市场中,工人可以自由选择工作,工资收入按工作的性质而有所差异,并且要受到供求关系的影响。多布认为,在社会主义经济中,可以利用工资差别来刺激生产,所以需要有消费者的零售市场,使消费者能用自己的收入满足需要。消费者的货币收入就是他的劳动报酬减去必要的非生产性服务支出(如保健、行政、救济金、保险储备金等);企业所分配的红利也成为个人货币收入的一部分。此外,社会主义市场还有生产者商品市场和计划与市场相结合的"社会主义企业的市场"等。

在国家计划管理方面，多布认为中央的计划不必规定短期内的产品指标，而应规定长期内对新的耐久性机器设备的投资，限制产品种类和产量。原因是：如果长期投资由企业来决定，就会遇到很大的市场波动，从而引起需求波动，使经济发生动摇，所以长期投资一定要由国家控制，而其他一些中央难以控制的问题如消费者需求、技术创新等，应当由企业自行掌握。国家应当给企业一定的自主权，如允许企业自行安排生产，选择投入和资源的供给，解决雇用职工问题，维持全部生产能力，并且根据需求决定产品样式等。

按照多布的看法，在资本主义经济中，耐久性的资产是在一种专门市场中估价的，但是在社会主义经济中，没有一个统一的计算单位来计算资本设备的收益率。因此多布利用在各个生产阶段中所投入的劳工来代替投资概念，并利用这种办法来考虑在长期计划中的投资分配。多布之所以利用资本设备所用的劳工来表示投资，是由于资本设备增产时，所用的劳工也将随着增加。由于资本设备的价格取决于有计划的增长率，所以有必要了解资本设备增产（即投资）的日期，以便得出为资本设备的增产所投入的劳工数量和增长率。多布就是用这个办法来计算投资资金，并从对投资的计算中得出生产方法的最优选择的。在这里，多布没有把商品效用作为生产价格的决定因素。他把生产过程看作是周而复始的过程，因为在生产过程中，需要将生产出来的资本品重新投放到生产中去，因此，对于生产中所投入的资本品的估价和生产成本的决定要取决于增长过程本身，要利用增长率来求得所有生产出来的投入（即资本品）的价格。这就是多布的计算方法。必须指出。多布用生产资本设备的劳工数量来代替所投入的资本，是不科学的，因为资本和劳工是完全不同的两个范畴。

关于社会主义社会中的消费，多布也发表了自己的看法。他认为，就某些消费而言，需要用价格的手段来调整个人实际收入的分配，原因是：第一，工资（货币收入）的差别是用来刺激生产的，但持有同一货币收入的各个成员的实际收入不同，影响实际收入分配的唯一有效的方法是通过按照实际消费给予补助或征收赋税的手段来影响商品价格。例如，可以根据人们需要的差异和能力的差异给以各种不同的补助（如家庭补助，按年龄的补助或残废者补助等）。但最好是给予适合具体需要的补助，例如通过价格控制制度来补助儿童所需要的牛奶、衣服、课本、教育费用等，或者对年老体弱者补助医药费或家庭女仆雇用支出等。第二，工资（货币收入）的差别，是政府用来吸引工人进入某种企业的手段，但政府在达到所要求达到的目标后，可以采取措施缩小实际收入的差距，办法是提高某些商品的价格，并补助低收入者。

具体地说，多布认为在社会主义经济中，政府对消费品的调节应当考虑到以下五种情况：

（一）消费的外部影响。所谓消费的外部影响，是指广告、社会习惯等外部因素对消费的影响。多布认为这些外部因素会影响需求和收入分配，因为消费者的需求不完全取决于本人的欲望，而是有时取决于环境的作用，取决于他人消费支出的影响（也就是受到杜生贝的"相对收入假定"的影响）[①]。对于这些外

[①] 参看本书第六章第三节。

部影响，多布主张用调整价格的办法来进行调节，比如说，假定交通太拥挤，就征收私人汽车牌照税；或者降低该种商品和劳务的替代物的价格来促使人们转变需求，例如交通太拥挤时，可以对公共运输设施进行补贴。

（二）生产上的不可分割性。所谓生产上的不可分割性是指某些商品在生产上具有不可分割的特点，其产量的变动是不灵活的，即不可能经常增加或减少产量，而只能大幅度增产或减产。对这样的商品就要由计划当局来控制。

（三）有联合需求的消费品。这是指消费者不仅需要某种商品，而且需要同该种商品有关的一系列商品和服务。例如使用汽车时，就需要有路灯、停车场、旅馆等。这些投资需要政府来控制，即计划当局不仅要注意汽车的产量，而且要大大增加跟它有关的一套东西。

（四）耐用消费品。耐用消费品的投资不是企业所能决定的，这需要由政府决定。消费者对于这类商品的未来价格的估计和对现期价格的估计往往有差距，而且这类商品的需求在高于或低于一定价格时会高度无弹性，而在一定的价格幅度内却有较大弹性，因此政府在规定这类商品价格时，不能把价格同成本紧密地联系在一起。

（五）公共产品和服务。多布认为，诸如公园、博物馆、保健站、教育机构的规模以及它们对社会福利的贡献的大小，是处在市场控制范围以外的；加之，在社会主义经济中，这些公共产品和服务大于资本主义，它们会在较大程度上影响收入分配，影响家庭、社会集团的收入水平，因此不适宜于采用市场规则来调节，而应当由政府控制其价格。

以上就是多布关于社会主义条件下中央集中解决模式的若干基本论点。多布的社会主义经济理论的特点是：他并不提倡最优条件，他也不认为自己的模式符合于传统的最优条件论。他倾向于寻找出一条被认为比较符合实际的解决社会主义经济中计划与市场之间不确定关系的途径。但从理论上可以看出，多布一方面保留了那种把社会主义经济与商品生产对立的传统的资产阶级的社会主义经济学观点，另一方面仍然受资产阶级福利经济学的较大影响，把福利的增加或消费者的满足看成是评价社会的标准。他对社会主义计划工作的看法就是从福利经济学的角度出发的。因此，多布同样不可能在社会主义经济学的研究中真正作出贡献。

在这一章，我们对资产阶级经济学中有关"社会主义经济学"的主要代表人物的论点，以及福利经济学同"社会主义经济学"之间的关系问题作了简要的评述。我们总的看法是：从基本理论体系和方法论的角度来看，无论是巴罗内、庇古、勒纳、柏格森、熊彼特的学说，还是多布的"社会主义"经济模式，都是不科学的，它们并没有真正阐明社会主义经济的本质特征。它们或者把社会主义同国家垄断资本主义混为一谈，或者把社会主义同商品生产对立起来。它们的谬误反映了这些学说或模式的研究者的资产阶级立场，反映了他们对社会主义性质的缺乏认识。但另一方面，从他们对某些问题的分析或他们所提出的某些问题本身来看，他们的某些研究成果或见解还是可供我们参考的。在社会主义经济中，如何把指令性计划、指导性计划和市场调节这三种形式更好地结合起来，以及如何在社会主义经济工作中把各方面的积极性同全国经济活动的统一性、计划性更好地结合起来,仍是我们需要深入探讨的课题。开展对西方有关"社会主义计划化"问题的论点的分析、研究,批判其中的错误,同时也注意到某些可供参考的观点,对我们说来是有用处的,也是必要的。

第五章 福利经济学与经济政策

前面几章已经指出,福利经济学根据资产阶级的道德学说和主观价值学说来为巩固资产阶级统治和为垄断资本实现最大利润效劳。福利经济学的特点在于:它把垄断资本主义制度说成是为全民谋福利的经济制度,并且在此基础上提出所谓"达到最大福利"的政策原则。在这一章中,我们将分析资产阶级福利经济学家所主张的经济政策,揭示福利经济学家的这些政策主张的实质。

福利经济学家提出的社会经济政策主要包括以下三个方面:(一)"福利国家"政策,(二)"资源最优配置"或"增加社会生产"的政策,(三)对外贸易政策。下面分别予以评述。

第一节 "福利国家"政策

一、"福利国家论"与福利经济学的关系

"福利国家论"是资产阶级庸俗经济学家、右翼社会党人和修正主义者用来掩盖资产阶级国家的阶级实质和欺骗人民群众的一种理论。它的出现较早于福利经济学。19世纪后期,德国新历史学派就宣扬过这种理论。它把容克资产阶级专政的德国说成是"福利国家",把俾斯麦的政策说成是旨在实现"福利国

家"的社会主义政策。19世纪和20世纪之交,英国费边派也鼓吹福利国家论。它主张用温和的、改良的办法,通过选举取得政权,然后利用国家政权来举办社会福利和公共服务事业,实行"社会主义"。20世纪初年,英国工党接受了费边派的思想,把实现福利国家作为自己的纲领。

英国经济学家庇古关于福利经济学的系统论述于20世纪20年代产生后,它们为"福利国家"提供了新的理论依据。20世纪30年代内,美国制度学派经济学家和凯恩斯都宣扬过"福利国家论"。他们把政府对经济的调节,公共工程设施,维持就业的措施以及政府用于社会保障的支出,看成是福利国家的特征。美国罗斯福政府实行的所谓新政,被某些资产阶级经济学家当做福利国家的样板。

第二次世界大战结束以后,由于贝佛里奇、汉森、萨缪尔森等人的鼓吹,以及由于英、法、意、西德等国资产阶级政府实行一系列加强国家垄断资本主义的措施,福利国家论更为流行。福利国家论的宣传者认为经过战后20多年的结构变化,主要资本主义国家已经普遍变成了福利国家型的国家。

福利国家论与福利经济学之间有一定的关系,但不能简单地在它们二者之间画等号。它们的关系可以概述如下:

"福利国家论"内容广泛,论点庞杂。它的中心思想是:资本主义国家应当成为福利国家,或者已经成为福利国家。不仅资产阶级庸俗经济学家鼓吹它,右翼社会党人、修正主义者也同样鼓吹它,并且鼓吹它的资产阶级庸俗经济学家还分属于不同的学派(如新历史学派、凯恩斯学派、瑞典学派等)。福利经济学则是资产阶级庸俗经济学的一个分支,它研究福利概念以及福利变动的原因和后果。它的某些论点成为福利国家论的重要依据，福利国家政策是它的政策主张中的重要部分。

二、庇古的收入均等化学说对福利国家政策的影响

庇古从效用基数论出发，根据所谓收入的边际效用递减的学说（即收入愈多，收入的边际效用愈小；收入愈少，收入的边际效用愈大），提出改变收入的分配状况，把富人的收入向穷人转移，以增大社会福利的主张。关于这一点，本书第二章中已经作了较详细的评述。庇古还提出要征收累进所得税和遗产税，用来举办社会福利事业的主张。因此，哈耶克曾指出："在英国，庇古和他的学派所提供的理论基础福利经济学，对于福利国家这个概念的采用，起了促进作用。"[①]新福利经济学虽然不谈收入分配问题，专门讨论经济效率，其实它在理论上同福利国家的主张也是不谋而合的。由于新福利经济学为经济政策规定了好与坏，应该与不应该的道德规范，这就为资产阶级政府的福利措施提供了伦理的依据。

后来，主要资本主义国家的政府，为了缓和阶级斗争，根据福利经济学的理论和政策，实行了一些社会福利措施。特别是在第二次世界大战以后，英国政府制定了范围较大的社会保险、家庭补助和工业伤亡补助等社会保障方案，并付诸实施。据此，一些资产阶级经济学家断言，英国从1948年起已经建成了福利国家。[②] 当时的英国首相和工党领袖艾德礼也曾公开宣称："1945年以后制定的法案，铲除了贫困的真正根源，在我们历史

---

① 哈耶克：《自由宪章》，1962年版，第502页。
② 参看蒂特穆斯：《福利国家论文集》，1958年版，第53页。

上提供了一种最低生活标准,没有一个人会在这种标准以下生活。"①在美国和西欧大陆其他资本主义国家(如瑞典、荷兰、挪威、法国、意大利、西德等),第二次世界大战以后,社会福利设施也有程度不同的发展。到 20 世纪 70 年代,社会福利设施已普遍化。其中较突出的是日本,自称在 70 年代已成为"福利超级大国"。形形色色的福利国家宣传者们不仅认为主要资本主义国家已普遍成为福利国家类型的国家;甚至断言福利国家是不同的社会制度迟早必然走向的同一目标。

那么,资产阶级用什么标准来判断一个国家是否成为福利国家呢,这主要是指资产阶级政府实行的社会福利设施和累进税政策而言。按照资产阶级经济学家的说法,累进税有收入再分配的作用,而社会福利设施则要靠累进税的收入来支付。例如,英国工党理论家克罗斯兰说道:"现在的社会福利设施水平是如此之高,使我们的社会常被称为福利国家。"②美国资产阶级经济学家彼特森则说:"福利国家一般有更平等的货币收入分配和为所有的公民保证某些最低标准福利的双重目的。"③这种福利国家概念,显然是和庇古的收入分配均等化理论有关的。对于这一点,琼·罗宾逊曾明白地点出了二者之间的关系。她在论述庇古等人把边际效用递减学说应用于收入分配时,这样写道:"这种学说指向均等原则,为工会、累进税和福利国家辩

---

① 艾德礼:为霍坦所著《家庭界:英国社会保障新世纪故事》一书写的《前言》,1948 年版。
② 《新费边论文集》,1952 年版,第 39 页。参看韦斯特斯屈雷特对于"福利国家"的同样定义,见所著《一个现代混合经济的绘象》,1959 年,第 80 页。
③ 彼特森:《法国的福利国家》,1960 年版,第 1 页。

解。"①

　　有时,资产阶级也把充分就业作为判断一个国家是否成为福利国家的标准,所以他们把充分就业政策和福利国家连在一起。福利国家概念中也就包括凯恩斯主义的就业政策。例如,克罗斯兰在《社会主义的前途》一书中称福利国家为"有计划的充分就业的福利国家。"② 英国费边社经济学家柯尔说,福利国家包括"有效地保证充分就业。"③ 美国凯恩斯主义代表人物汉森说:"福利国家中的累进所得税、社会保障支出、农场补助计划等因素,确实成了建立充分就业计划的坚实基础。"④庇古自己在鼓吹福利国家政策时,也往往把充分就业政策包括在内,并说:"就经济方面而论,我所说的福利国家里,鼓励生产,改进实际收入分配,克服在时间上大幅度的波动,以增进国民在经济上的满足。"⑤这种包括充分就业的福利国家概念,可以说是广义的福利国家概念,以区别于只包括所谓收入均等化的社会福利设施和累进税政策的狭义福利国家概念,正如我们在前面已经提到的,本书在评述福利经济学时不把凯恩斯主义作为评述的对象,因此在分析福利国家概念时,也以狭义的福利国家概念为限。只是在本书第六章第六节谈到"宏观福利学说"时,我们才涉及与凯恩斯主义就业理论有关的问题。

　　此外,正如前面已经指出的,由于新福利经济学回避了收入

---

① 琼·罗宾逊:《经济学哲学》,1962年版,第52页。
② 克罗斯兰:《社会主义的前途》,1957年版,第115页。
③ 柯尔:《社会主义思想史》,第5卷,1960年版,第320页。
④ 汉森:《美国的经济》,商务印书馆1962年版,第35页。
⑤ 庇古:《关于全民福利国家的某些方面》,哲学杂志《代奥杰内斯》,1954年第7期。参看庇古:《社会主义和资本主义的比较》,1938年版,第20—30、137页。

再分配问题，所以从表面上看，似乎很难说它和福利国家政策有什么关系，其实不然。新福利经济学家是把收入分配问题当作价值判断问题来看待的，他们自己不提出任何有关收入再分配的政策，而把这种政策交给制定政策者亦即资产阶级政府去决定。按照新福利经济学家的理论，资产阶级政府本身不提出和不实行任何有关收入再分配的政策，这是完全正当的；如果它提出了和实行了有关收入再分配的政策，这也符合新福利经济学的理论原则，因为在新福利经济学家的理论中，收入再分配不是经济学家需要探讨的问题，而是由制定政策者去判断的伦理学问题。

三、资本主义国家累进税政策的实质

现在我们具体地看看福利国家政策中的累进税政策究竟是什么货色，以及这种政策是不是使"全民"增加了福利。

所谓累进税，是指累进制的所得税、遗产税、公司利润税等直接税。这些税都是以收入或财产为课征对象，并且表面上是按照收入或财产的多少以累进税率征收的。由于资产阶级特别是垄断资产阶级占有巨额财产和收入，似乎他们是这种税的主要负担者。有些资产阶级经济学家由此宣称，累进税起了减少收入分配不均等或消除贫富悬殊的作用，并且认为一部分社会福利设施资金也是由这些课税支付的。例如，美国资产阶级经济学家费尔纳说："个人的高度累进税和利润双重税（即公司利润税和公司未分配利润税），是当代收入再分配趋势的最重要的表现"。"美国的这种收入分配，表明了不均等变小的显著趋势"。它"具有伟人的社会和经济意义，……部分地是由于有些社会福利是由这些税收支付。在英国,社会福利提供的范围很大,为此目的而征收的高度累进税的程度更高"。①

资本主义国家中的累进税政策是否使"不均等变小了"或使贫富悬殊消失了"呢,事实上,个人所得税和公司利润税的加重,并不会使资产阶级的利益受到较大的损害,这种税制正是为了资产阶级的利益而征收的。我们可以从以下三个方面来分析这种税收政策。

第一,资产阶级可以运用各种方法逃税。对于这一点,我们只需引用琼·罗宾逊的话为证就够了。她说:"对收入再分配的压力是不稳定的,并且常常是没有效果的。(我们纸上的高度累进税制同我们实际上逃税的高度累退制之间的关系,是众所周知的。)②

第二,累进税并不是全部向有产阶级征收,劳动者也要负担累进税。这具体反映于个人所得税在资产阶级国家的税收总额所占的巨大比重。而在个人所得税中,向工资课征的部分多于向财产收入课征的部分。据统计,美国1961年在个人所得税中,有330亿元是从工资中征来的,而有产阶级缴纳的不过130亿元。而且在每个单身产业工人的工资中,这种税所占的份额,已经由1947年的12%上升到1961年的19%;而在一个要养活四口之家的工人工资中,这种税所占的份额更是从2%上升为11%;但是同期内向财产收入征收的税在联邦政府全部税收中所占的份额,却从17%下降13%。③

---

① 费尔纳:《现代经济分析》,1960年版,第422、423、424页。
② 琼·罗宾逊:《经济学哲学》,第137页。
③ 佩洛:"财政上的掠夺",美国《工人日报》,1962年1月28日。

第三，资产阶级政府在把课征直接税所得到的资金中的相当大的部分，以军事订货、公债利息、对公司企业的资助等方式，把包括劳动群众所缴纳的这些税收付给了资产阶级。事实说明，这种税收政策对垄断资产阶级而言，即使是在高度累进制的税收条件下，他们也能一方面付出税收，另一方面又把付出的税金收回来。

因此，现代资本主义国家的累进税制度不可能使收入分配制度在本质上不利于资产阶级。

四、资本主义国家"社会福利"设施的实质

现代资本主义国家实行的"社会福利"设施，也是资产阶级认为这些国家已经变为"福利国家"的主要论据。他们所说的"铲除了贫困的根源"，"提供了最低生活标准"，增加了人民福利等，都以"社会福利"设施的实行作为根据。

其实，这些"社会福利"设施（例如在英国，包括疾病、失业、孕妇、寡妇、死亡等救济金，以及养老金的社会保险；对未充分得到社会保险保障的人的家庭补助；免费医疗；职业伤亡补助等），并不能维持贫民的起码的生活水平，特别是近年来，在高通货膨胀率的情况下，救济金数额更低于起码的生活水平。

问题不止于此。我们必须弄清楚，这些福利支出究竟是由谁负担的呢？从表面上看，资本主义国家中的社会保险基金除了工人缴纳之外，雇主出缴纳一部分。但是深究一下，雇主的缴纳和工人的缴纳具有根本不同的性质，因为雇主的缴纳是用转嫁的方式（即用提高产品价格的方式）来支付的，这种负担最后还是落在占人口中绝大多数的劳动人民身上。正如美国资产阶

级经济学家彼特森所说:"从雇主来看,社会保障缴纳金不过是劳动费用的一部分,同其他生产费用一样,它们是由消费者负担的"。"生产者将把这些缴纳看作是营业成本的一部分,而企图通过提高价格的办法将这些缴纳转嫁出去"。①

总之,在资本主义国家中,无论是累进税还是社会福利设施,都不可能有实现收入均等化和消除贫困的作用。福利国家政策的真正目的,在于为资产阶级谋利益。在资本主义社会经济危机日益深刻化的条件下,资产阶级政府一方面利用这些措施来迷惑工人阶级,松懈工人阶级的革命斗志,另一方面则通过税收和支出政策(其中包括福利支出)来扩大社会购买力,解决需求不足、生产过剩和投资出路问题。② 美国资产阶级经济学家汉森曾把充分就业政策和福利国家政策二者结合起来,他说:"福利国家确实要运用大量的政府支出,足以使财政政策在根据私营企业经济所能提供的生产潜力对总额需求所作的调整中起控制作用"。③ 这说明了资产阶级政府运用福利国家政策的真实意图。

应该指出,资本主义国家中的工人阶级为了改善自己的生活状况而进行的斗争,同资产阶级鼓吹的福利国家政策毫无共同之处。马克思主义从来认为,在资本主义国家中,工人阶级为改善生活而进行的斗争是完全必要的,但这种斗争的更重要的方面是为了教育和组织群众,提高群众觉悟和积累革命力量,以便在成熟时夺取政权。列宁教导说:"工人们了解到在资本主义存在的条件下,既不会有牢固的改良也不会有重大的改良,所以

---

① 皮科克编:《收入再分配和社会政策》,1958年版,第157,160页。
② 汉森,《美国的经济》,第35页。
③ 同上。

他们争取改善自己的状况,并且利用这种改善是为了更加顽强地对雇佣奴役制进行斗争。……工人们认识到改良主义是个骗局以后,就利用改良来发展和扩大他们的阶级斗争。"①所以在目前条件下,资本主义国家的工人阶级在进行改善生活状况斗争的同时,不但要反对改良主义,而且要坚决揭露福利国家政策为资产阶级服务的实质。

第二节　价格和产量政策

一、新旧福利经济学家重视经济效率的原因

新福利经济学家回避了收入再分配问题,他们把增加生产和资源的最优配置作为主要政策目标。因此,有关产量和价格的政策成为他们主张的基本的福利政策。旧福利经济学家尽管谈到了收入再分配问题,但他们对于资源最优配置也是十分重视的。突出经济效率问题便成为新旧福利经济学的共同点。

为什么他们全都重视经济效率呢?其原因在于:高经济效率与资本的高利润率直接联系在一起,经济效率无论对于单个资本家而言,还是对于资本家整体而言,不仅是获得高额利润的条件,而是在竞争中赖以立足的保证。低经济效率、低利润、低积累,结果必定导致资本主义企业在竞争中失败。

在福利经济学家看来,经济效率高低来自资源配置的适当与否。有效的资源配置意味着高效率,经济效率问题实际上就

---

① 列宁:《马克思主义和改良主义》,《列宁全集》,第19卷,第372页。

是资源配置问题。

资本主义生产是不可能离开价格因素的。只有在设备消耗,原料价格和劳动力价格所构成的生产成本低于产品出售价格的条件之下,资本主义生产才有可能进行。垄断资本家为了得到垄断利润,总是尽可能压低原料、劳动力等的价格,并尽可能提高产品的出售价格。因此,资产阶级经济学家在谈论生产时,首先考虑产品价格和生产成本能否使资本家得到最大利润,而由于利润额也取决于生产量,所以他们所谈论的生产问题,就是成本、价格和产量问题。福利经济学家的生产政策建议,正是从这里着手的。

二、福利经济学中关于制定生产政策的一般原则

福利经济学家提出了一个关于制定生产政策的一般原则,即产量必须定在价格等于边际成本的那一点上。合于这个一般原则,就达到了理想的资源配置和理想的产量,否则,就应该按此进行调整。①

福利经济学家之所以得出这样的论断,是与他们对资产阶级微观经济学中的价格分析工具的依赖有关的。按照资产阶级微观经济学中的价格分析方法,在成本方面有总成本、边际成本、可变成本、固定成本长期成本、短期成本等概念。在短期内,由于工厂不能改变它的机器设备和生产规模,所以固定成本不能随着产量变动而变动。能够跟生产一起变动的,是可变成本(工资、原料等)。而在长期内,由于工厂能够改变生产规模,因此长期生产成本都是可变成本,没有固定成本。

---

① 这个一般原则在勒纳的书中,得到系统的阐述。见勒纳:《统制经济:福利经济学原理》,商务印书馆1965年版,第9章,第15—18章。

平均成本与边际成本之间的关系如下(见第二十六图):平均成本(AC)是每个单位产量的成本。边际成本(MC)是在多生产一个单位产量时,使总成本增加之数。如第二十六图所示,在以成本(C)为纵轴,以产量(Q)为横轴的平面坐标图上,有边际成本曲线和平均成本曲线。边际成本曲线与平均成本曲线相交于 E 点。

第二十六图

如果边际成本高于平均成本,则平均成本递增;如果边际成本低于平均成本,则平均成本递减。而在边际成本等于平均成本时,则平均成本既不递增也不递减,而是处在它的最低点。所以 E 点是平均成本曲线的最低点。

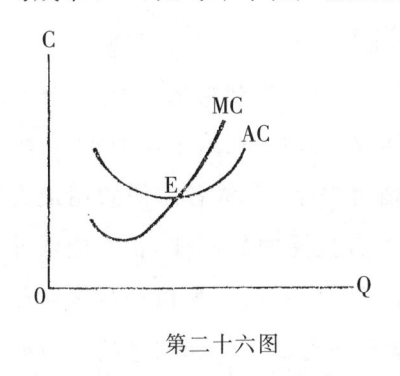

厂商的利润取决于边际成本、边际收益与产量的关系。在产量较低时,边际收益小于边际成本;随着产量的提高,边际成本小于边际收益,而在产量增加到一定限度后,继续增加产量,又将使边际收益小于边际成本。如第二十七图所示。图上横轴 Q 表示产量,纵轴表示边际成本(MC)或边际收益(MR)。边际成本曲线(MC)与边际收益曲线(MR)在 A、B 两处相交。这表明,当产量小于 Q_A 时,MC>MR,这时有亏损;当产量大于 Q_B 时,MC>MR,这时也有亏损。

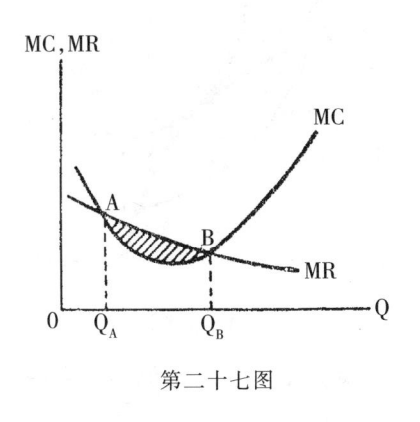

第二十七图

只有当边际收益大于边际成本时,厂商才能获利。图中的阴影部分表示边际收益大于边际成本的部分,即企业获得的利润。因此,对厂商来说,它的产量应当保持在 Q_A 与 Q_B 之间。①

以市场竞争中的价格机制和厂商的盈利动机为前提,福利经济学家提出了完全竞争下的均衡模型。在这个模型中,每个商品都有一个均衡价格;在均衡价格上,消费者能使效用最大化,厂商也能使利润最大化;消费者接受的价格(P)正好能弥补厂商在生产中的边际成本(MC),即:P=MC。所以产量定在价格等于边际成本的一点上,就达到理想的产量和理想的资源配置。这就是福利经济学家的生产准则。但他们认为在现实经济生活中不会符合这个准则,因为垄断、外部经济和不经济、公共服务设施等因素使产品价格不等于边际成本,这样就需要调整价格和产量,以便达到资源的最优配置。

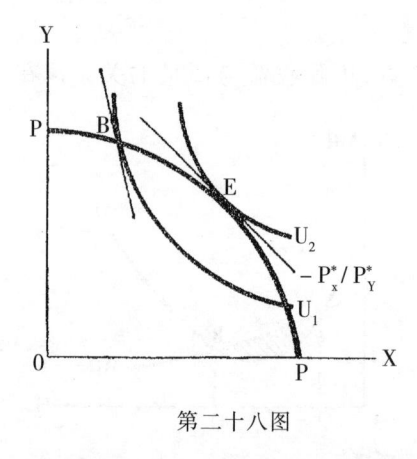

价格等于边际成本的准则还受成本递增、成本递减和成本不变的规律的支配。成本递减(收益递增)的企业是垄断企业,它的规模大,固定设备最大,拥有很大的销售市场和原料市场。垄断企业为了获得最大利润,就要限制产量,使产品的价格高于边际成本。如第二十八图所示,②图中,设有商品 X 和 Y,

第二十八图

---

① 参看西蒂尔和埃克坦:《基本经济概念》,1977 年版,第 139 页。
② 尼科尔森:《中级微观经济学》,1979 年版,第 506 页。

PP 是生产可能线曲线，U_1 和 U_2 分别表示两条满足程度不同的效用曲线。U_2 与 PP 相切于 E 点。E 点表示完全竞争条件下 X 和 Y 的价格比率：P_x^*/P_y^*。现在，假设 X 是在垄断情况下生产的，而 Y 是在完全竞争情况下生产的。于是在 B 点，X 产量小于最优产量，Y 产量大于最优产量，价格不等于边际成本。因此：

$$X,Y 的前边际转换率 = \frac{MC_x}{MC_y} = \frac{MR_x}{P_y} < \frac{P_x}{P_y} = X,Y 的边际转化率$$

福利经济学家认为：价格和产量政策主要是在 $P \neq MC$ 时，由国家采取征税或补贴措施来调整。

福利经济学家认为价格和产量政策，主要在于解决成本递减企业的价格和产量的制定问题。那么如何解决这个问题呢？究竟根据什么来征税和补贴？政府应当如何制定价格政策？由于这个问题不但涉及有关垄断企业的利益，而且还涉及不同垄断集团利益之间的矛盾，因此这个问题的解决仍是复杂的。首先涉及的一个问题是：按什么定价？资产阶级福利经济学家在价格政策问题上各执一端，争论不休。总的来说，可以分按边际成本定价和不按边际成本定价两种意见。

赞成按边际成本定价的理由是：在公共服务部门按边际成本定价，并且由政府补贴公共服务部门的资金，符合经济效率的准则，可以使效率最大化。

反对这个准则的人认为，在现实经济中，价格离开了边际成本的标准，如果强使它符合这个准则，反而会减少社会福利。因此，如果按照边际成本定价（即按照最后的单位产品成本定价），会使企业有很大的亏损或盈余，不如按平均成本定价，也就是根据供求规律定价。

但那些反对按平均成本定价的人则认为,如果按平均成本定价,会使消费者从购买成本递增的产品转移到购买成本递减的产品,结果有利于成本递减的企业,即垄断企业。

在价格政策方面的另一个争论问题是:按长期成本定价还是短期成本定价?有些人认为:如果按边际成本定价,这就与长期成本有关,因为边际成本中包括机器设备的费用;并且在长期内,厂商能够自由进入市场,价格等于边际成本,所以应当以边际成本作为调节价格的主要标准。

其实,新福利经济学家的这些观点并不是新的,因为庇古早就主张按边际成本定价了。庇古认为,在实行按边际成本定价时应当向成本递增的企业征税,并补贴成本递减的企业。勒纳在1934年所著"经济理论与社会主义经济"一文中也曾认为:只有当价格等于边际成本时,生产才能最大限度地满足消费者的需要;如果超过这个限度,那么增加一个企业的产量就会减少另一些企业的产量。[①] 但在这方面最有代表性的,是霍推林的论述。所以让我们对霍推林的政策主张进行较详细的分析。

三、霍推林提出的产量和价格方案

本书第三章在评述"补偿原则"时,曾提到美国新福利经济学家霍推林在1938年发表的"全民福利同赋税和铁路与公共事

[①] 勒纳:"经济理论与社会主义经济",载《经济研究评论》,第5卷,1934—1935年,第51—67页。

业费用问题的关系"①一文。这是他的重要代表作。

霍推林的主要论点是对1844年法国工程师杜普依在"论公用事业中效用的衡量"②一文中提出的论点的发展。杜普依在研究桥梁和公路时,对公用事业的价格准则发生兴趣。他提出要按边际成本定价,并且用类似于"消费者剩余"的概念来衡量经济活动的利益。他认为:任何降低价格的行动会提高商品效用;而任何提高价格的行动,会降低商品效用。因此,如果对商品征税,就会降低它的效用,降低消费者对商品的需求强度,引起对该种商品的需求量的下降。而如果增加公共服务项目,例如建设运河,会降低商品的运输成本,降低商品的价格,而增大商品的效用,引起对该种商品的需求量的上升。

霍推林根据杜普依的论点,用铁路、隧道、大桥等为例,论证这些受成本递减规律支配的垄断企业应该按边际成本收费,而不应该按平均成本收费,这样才能使收费率降低,服务量增大。至于这些企业的固定成本,则由政府从税收中拨款予以补贴。至于课税的办法,霍推林主张征收销售税等间接税,因为它提高了价格。这种方案的理论根据是补偿原则论,因为如前所述,补偿原则论就是认为在产品价格等于边际成本时,生产达到最优点,在这时,"没有人能好起来,而不使另一些人坏下去",即使有人坏下去,也可以从其他地方得到补偿。因此,虽然价格定在边际成本上,但是可以用社会上另一部分人的赋税来补偿生产支出。

---

① 载《经济计量学》杂志,1938年7月号,第242—269页。
② 译文载于《国际经济论文集》,2(1952年),第83—110页。转载于美国经济学协会编:《福利经济学文集》,第255—283页。

霍推林的具体分析,是以生产者剩余和消费者剩余分析为基础的。如第二十九图所示,①图中,纵轴 P 表示价格,横轴 Q 表示产量,需求曲线 DD′ 与供给曲线 SS′ 相交于 A 点。在征税以后,由于边际成本上升,供给曲线 SS′ 被移到新的位置 S″S‴。S″S‴ 与 DD′ 相交于 B 点。以 t 表示所征收的税款,t＝SS″＝NB。

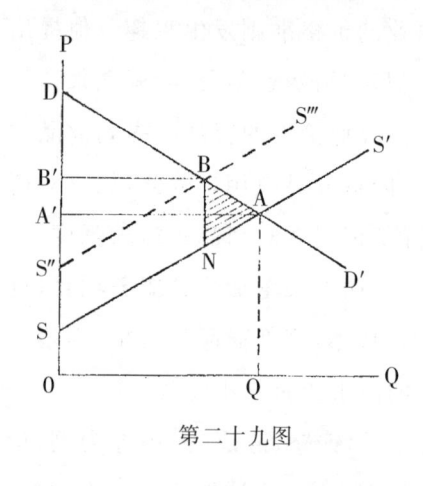

从第二十九图可以看出,总利益是在需求曲线 DD′ 下面的领域。DA 减去消费者所付的,就得到消费者剩余 AA′D。同样,从供给曲线 SS′ 出发,得到生产者剩余 SAA′。该商品的社会总净收益是消费者剩余与生产者剩余之和：SAD。征税以后,价格上升到 BB′,消费者剩余减少到 BB′D,生产者剩余减少到 S″BB′。该商品的社会总净收益是消费者与生产者剩余之和：S″BD。而图中的阴影部分就是由于纳税而受到的损失。结论是：征收直接税比征收商品税要好一些。因此,霍推林主张按边际成本定价,而由国家从直接税收入中对那些因按边际成本定价而遭受损失的企业实行补贴。例如,桥梁的建造费用应从直接税中抵补,而不应向过往车辆征收通行费。霍推林认为这就是增加产量和降低价格的"最优资源配置"的具体方案,也是"全民"所得利益在补偿垄断企业所受"损失"以后

第二十九图

---

① 参看美国经济学协会编：《福利经济学论文集》,1969 年版,第 285 页。

仍然有余的补偿原则论的具体方案。

差不多在霍推林论文发表的同时,美国资产阶级经济学家蒙哥马利也发表了关于铁路和电力企业经营与国有的论文[①],同样主张这两种企业应按边际成本收费。

四、霍推林方案的实质

霍推林方案的实质,在于企图解决垄断企业充分利用生产设备同谋取最大利润之间的矛盾,解决垄断企业保持高价同其他企业要求低价之间的矛盾。由于垄断企业是以限制产量、控制价格来谋取最大利润的,因此,如果要充分利用设备,增加产量,那么价格就要降低,利润就要减少;如果要控制价格,保持最大利润,那么产量就要受到限制,设备就不能充分利用。而在后一种情形下,就不能满足使用其产品作为生产资料的其他企业降低成本、增加竞争能力、谋取更大利润的要求。霍推林的方案,正在于一方面能够充分利用生产设备能力,增加生产,降低产品价格,使其他企业得到低价产品的利益;另一方面则用征税补贴办法,使增力产量的企业,不但不因产品价格降低而受损失,并且仍可以得到最大利润。这是因为:如果单位产量的利润不变,产量增加,那么所获得的利润自然也就会增加。以电力企业或铁路为例,如果产量不定在平均成本等于价格这一点,而定在边际成本等于价格这一点,那么产量将比以前增加,价格将比以前下降,用电或用运输业务的其它企业将会得到产品价格下降的利益;至于增加产量的垄断企业,则因为得到了政府的补

[①] 蒙哥马利:"铁路经营与国有""电力企业经营与国有",载《美国科学院政治与社会科学年报》,1939年1月号。

贴，仍可以弥补成本支出方面的"损失"保持单位产量的利润，并且能够因产量增加而增大利润。

因此，霍推林提出的这种方案，既符合垄断企业的要求，又符合要求得到低价产品的其他企业的要求。所以这个方案从发表到现在的几十年内，一直受到福利经济学家和其他资产阶级经济学家的重视。

但是，由于霍推林方案涉及有关垄断企业定价、补贴以及课税等一系列政策，从而直接涉及不同垄断资本集团的切身利益，暴露了垄断资本主义条件下的一系列的矛盾。这些矛盾是：政府干预与自由经营的矛盾；补贴和课税的矛盾，以及由此引起的直接税与间接税的争论。

五、霍推林方案实行过程中的政府干预与自由经营的矛盾

在实行霍推林方案的过程中所产生的政府干预与自由经营的矛盾，就是低价与高价之间的矛盾，因为如果让垄断企业不受干预地经营，它将制定高价政策，而在采取政府干预的做法后，垄断企业的价格将会降低。

对垄断企业来说，它们固然愿意增加产量，充分利用设备能力；获得更大的利润；但是按照霍推林方案，它只得压低产品价格，使之等于边际成本，并接受政府的补贴。这样，它在价格和产量政策上不得不受政府的干预。当然，从被补贴的企业的角度来看，低价加补贴同高价本来是一同事，甚至还有可能得到更多的利润。然而从企业之间的关系的角度来看，价格方面的政府干预意味着不同垄断集团的受益程度是有差别的，有些企业得到低价产品的利益，另一些企业的经营受到某种限制。未受

益的或受益较少的企业将反对实行这种方案。

我们知道,垄断企业的特点在于它们能够利用自身控制市场的能力,制定最有利的价格和产量政策,以获取最大利润。由于垄断企业产品种类繁多,所要制定的产品价格也极多(例如,美国国际农业机械公司需要制定二十五万种零件的价格),那么它们怎样规定某一产品的价格和产量呢?事实上,并不是如资产阶级经济学教科书中所说的把产量定在平均成本等于价格的那一点上,或定在边际成本曲线同边际收益曲线相交的那一点上,而是针对控制市场的程度,尽可能提高价格,以便在总的结算中能获得最大利润。这里面有许多营业上、会计上的秘密,垄断企业绝对不愿意把这些秘密公开,更反对其他人插足其间。因此它们是不同意在价格和产量方面遵循一定的规则的。这表明:在垄断资本主义条件下,上述矛盾是无法解决的。

正因为如此,所以有一些资产阶级经济学家反对霍推林方案。他们提出了种种理由:或者认为现行会计制度很难精确算出某一产品的边际成本;或者认为,在市场需求增加(即价格提高)时,设备能力就可以得到充分利用,边际成本同平均成本的背离也就不会存在;或者认为,这种使边际成本等于价格的政府干预,会影响资本家投资的积极性等。① 实际上,所有这些意见,既不是反对扩大产量,更不是反对补贴,而只是反对政府压低价格的干预行为。

在实际生活中,我们所看到的是:资产阶级政府并未全面实

---

① 参看鲁格尔斯:《边际成本价格理论的最近发展》,第 17 卷,1949—1950,第 110—118 页。

行霍推林方案，而是择其所需，实行霍推林方案中有关企业补贴的部分。例如，美国政府的军事订货以及各种物资采购，扩大了垄断企业的产量，满足了垄断资本获取超额利润的要求，但这里并没有什么使价格等于边际成本的定价规定。又如，美国政府为了适应垄断资本的要求，实行了不同名目的直接的和间接的补贴，其形式之多，方法之隐蔽，连美国经济学家都认为难以一一列举。[1] 诸如加速摊提、加速折旧（即设备成本可以在短期间较早地从纯收入中提完）等类的规定，就是对垄断企业逃避税收的隐蔽补贴。美国政府实行的大部分补贴都和所谓低价或使价格等于边际成本的规定无关。有的美国经济学家曾说道："常见的一种（补贴）形式，是以超过实际成本或超过竞争市场价值的价款，支付各种货物或劳务。"[2] 由此可见，资产阶级政府只把霍推林方案中适合垄断企业要求的那部分内容付诸实施了（如政府向垄断企业订货、补贴等），而回避了定价、成本等方面的干预。

那么，霍推林方案是不是成为垄断资本主义条件下国营经济制定价格和产量政策的方案呢？要知道，垄断资本主义条件下的国营企业，是集体垄断资本的企业，是为资产阶级整体利益服务的企业。在国营企业的牌号下，可以用低价政策来满足私营垄断企业对低价产品的要求，而又不使私营垄断企业的经营受到干预，这当然最符合垄断资本的口味。西欧一些资本主义国家在第二次世界大战以后实行的电力、煤矿和铁路国有化，一

---

[1] 参看格雷瑟："关于私人未受限制企业在国家经济政策上的一致性问题"，载《美国经济评论》，1963年5月号。

[2] 亚当斯、格雷合著：《美国政府是垄断势力的扶植者》，三联书店1958年版，第103页。

方面是由于这些企业设备陈旧,成本高昂,难以获得巨利,资本家愿意把这些企业推给政府,使自己坐收厚息;另一方面则由于其他企业要求这些企业供应低价产品,因此使电力、煤矿、铁路等企业国有化,符合资产阶级的整体利益。从这个意义上说,霍推林方案中关于实行低价的主张,在资本主义国有化政策中得到了应用。

六、霍推林方案实行过程中的课税问题

霍推林的方案所涉及的另一个重要问题,就是补贴同课税的矛盾。后来,在资产阶级经济学中形成的关于直接税和间接税的争端,也与此有关。这是因为:既有补贴,就必然有课税;既然有课税,那就必然会出现这样的问题:课什么税?是直接税还是间接税?

直接税通常被认为是不能转嫁的。因此尽管资本家可以利用各种方法逃避缴纳直接税,但仍免不了要负担直接税。在这种情况下,一些福利经济学家提出各种理由来反对征课直接税。他们说,像所得税这样的直接税是对于人们的"努力"和"等待"所征收的税,是对于资本供给所征收的税。这种税会使人们不愿意努力工作,而且不利于资本积累。例如,福利经济学家雷德尔就认为,征收累进所得税将使个人收入减少,使个人对工作努力的刺激减低,因而使社会福利受到损失。[1] 瓦尔德指出:所得税是对于储蓄和对于工作的一种间接税,因为征收所得税,人们宁肯把钱花掉,也不愿存款取息,人们宁肯闲着,也不愿多工作

---

[1] 参看雷德尔:《福利经济学理论研究》,1948年版,第188页。

多得报酬。①

以上所说的这些充分表明,为了补贴某些垄断企业,资产阶级政府不免要课征直接税,而一些福利经济学家为了不至于资产阶级在直接税的征课中受到损失,便千方百计地企图证明像消费税这样的间接税要比直接税更为优越。他们说:"如果一种商品的消费税并不影响购买量,那种消费税就会优于所得税。只要那种商品的需求对于价格和收入都没有弹性,商品消费税就会满足这种条件,因此,它比所得税的压力要小一些。"② 照此说来,衣、食等必需品对于劳动人民是最没有弹性的,征收这些必需品的消费税就最能满足福利经济学家所说的条件(即征收消费税不影响购买量)了。

针对霍推林的方案所涉及的课税问题,1951年李特尔发表了"直接税与间接税的比较"一文。李特尔认为:一方面要看到,如果征收间接税,就会改变商品价格,而采用直接税,则可以让受益者来补偿损失者;但另一方面也应当注意到,像所得税这样的直接税,等于对储蓄征收的间接税,从而也是对工作征收的间接税,这样,所得税会使人们减少工作时间,增加闲暇,而间接税却不会发生这个问题。至于直接税和间接税

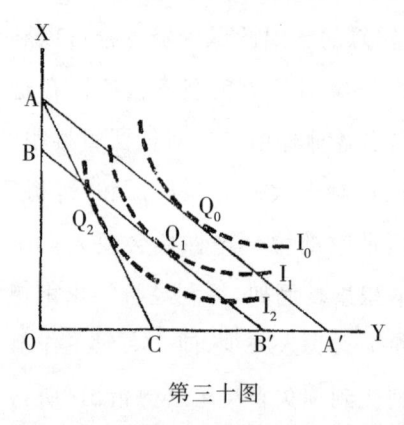

第三十图

---

① 参看瓦尔德:"对间接税的古典的责难",载《经济学季刊》,1945年。
② 鲁格尔斯:"边际成本价格理论的最近发展",载《经济研究评论》第17卷,1949—1950年,第116页。

对福利的影响程度的比较,李特尔认为需要根据具体情况进行考察。他对于直接税和间接税的比较分析如下(见第三十图)。

如第三十图所示,①图中,假设消费者对两种商品 X 和 Y 的购买进行选择。I_0,I_1,I_2 表示满足程度不同的无差异曲线。AA′表示没有税的情况下的消费可能线。因此,AA′与 I_0 的相切点 Q_0,就是在没有税的情况下的消费者均衡位置。

现在,假设"经济人"要担负所得税。征收所得税的结果,对商品的购买量就减少了。BB′表示征收所得税的情况下的消费可能线。BB′与无差异曲线 I_1 相切。I_1 所表示的满足程度小于 I_0。消费者均衡点的位置从 Q_0 移到 Q_1。

如果对 Y 商品征收间接税。AC 表示对 Y 商品征收间接税的情况下的消费可能线。假定所征收的间接税的量达到了这样的程度,以至于使消费可能线移到了 AC 线,而 AC 线与满足程度更低的无差异曲线 I_2 相切于 Q_2 点。那么正如图中所表明的,这时消费者所处的位置(Q_2)不如在上述征收所得税时所处的位置(Q_1)。

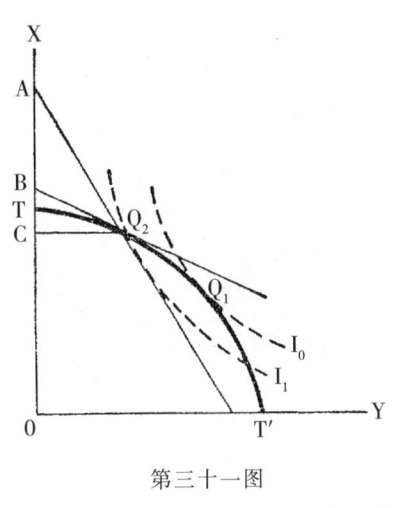

第三十一图

再看第三十一图。② 该图表明在间接税条件下,价格不等于边际成本。设 TT′是 X 和 Y 的转换曲线。征税前,TT′与社

---

① 参看美国经济学协会编:《福利经济学论文集》,1969 年版,第 609 页。
② 同上。

会无差异曲线 I_0 相切于 Q_1。在 Q_1，价格等于边际成本。

假设 P_x，P_y 是 X 和 Y 的价格。

假设 MC_y：MC_x 是把 Y 转换为 X 的边际转换率。

$$\frac{MC_y}{MC_x}=\frac{BC}{CQ_2}, \qquad \frac{P_y}{P_x}=\frac{AC}{CQ_2}$$

现在，以 S 表示补贴率，以 t 表示间接税率。如果对 X 补贴，$S=\frac{AB}{AC}$，则：

$$\frac{MC_y}{MC_x(1-S)}=\frac{BC}{CQ_2(1-S)}=\frac{P_y}{P_x}=\frac{AC}{CQ_2}$$

如果对 Y 课间接税，$t=\frac{AB}{BC}$，则：

$$\frac{MC_y(1+X)}{MC_x}=\frac{BC(1+X)}{CQ_2}=\frac{P_y}{P_x}=\frac{AC}{CQ_2}$$

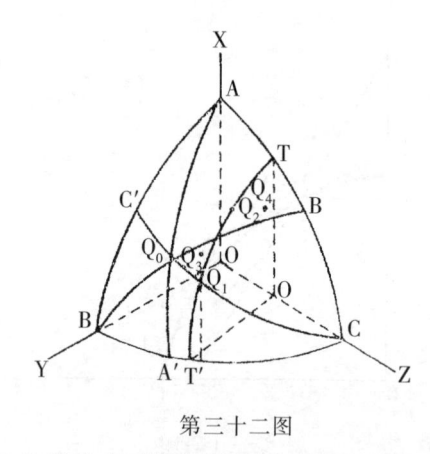

由于经过 Q_2 的社会无差异曲线 I_1 是在经过 Q_1 的社会无差异曲线 I_0 的下面，因此间接税使价格不能等于边际成本。这种情况再一次说明间接税对于福利是不利的。

但李特尔的主要论点是：以上的分析都没有考虑储蓄，如果为虑到储蓄的话，间接税则要比直接税优越。他用下面的第三十二图说明间接税不会影响闲暇，因此间接税优于直接税。

第三十二图

如第三十二图所示[①]，李特尔假设有三种可供选择的对象：

---

① 参看美国经济学协会编：《福利经济学论文集》，1969 年版，第 613 页。

X，Y，Z。X 和 Y 是商品，Z 是闲暇。假设在减去政府的固定需求后，对商品的社会选择面和生产面都在 ABC 平面上，Q_0，Q_1，Q_2，Q_3，Q_4 都在这一平面上。契约线 AA'，BB' 和 CC' 都是在这平面上的线，都符合三个最优条件之一。在 CC' 线上，闲暇不变，X 和 Y 的替代率等于转换率。

在征收直接税时，X 和 Y 的替代率等于转换率，但 X 和 Z 的替代率不等于转换率。在图中，对 X 征税是在 AA' 线上和在 A' 和 Q_0 之间，或是在 BB' 线上，在 B' 和 Q_0 之间。如果对 X 和 Y 征收不等的税，则替代率都不等于转换率，在图中就没有契约线。

李特尔认为：Q_0 符合所有的最优条件，闲暇不变。在 Q_1 的无差异曲线上，闲暇不变，但从 Q_1 移到 Q_3，就会减少闲暇量，但如果 Q_1 的无差异曲线移到 Q_4，闲暇就会增加。因此结果是：只有在闲暇不变时，直接税才有优越性。

李特尔还假设 X 是奢侈品，Y 是必需品，如果 Y 的需求弹性是零，那么从所得税转为间接税，会使 Q_1 移到 Q_2，使 Y 的价格上升。所以应对需求弹性差的商品征税。李特尔认为，如果征收直接税，那么直接税中的人头税要比所得税优越，而所得税只有在劳工供给完全没有弹性时才等于人头税。

从李特尔对霍推林方案中关于课税的论点的修正可以看出，李特尔的论点的辩护性更为明显。李特尔甚至这样写道："如果我们对刺激的注意多于对福利的注意，那么在仅仅向必需品课税，以致不得不减少闲暇的情形下，我们可以增加对必需品的课税以支付对奢侈品的补贴。"[①] 这就是说，以间接税来代替

---

① 李特尔："直接税与间接税的比较"，载《经济学杂志》，1951 年 9 月号。

直接税，可以使垄断资本集团免受损失，即在间接税中，如果对必需品课税，则可以既不影响商品的销售量，又不减少劳动者的工作积极性，不缩小劳动的供给量，保证资本家得到更多的利润。

福利经济学家还提出了另一个方案，即价格比例于边际成本，而不是等于边际成本的方案。

米德和弗莱明是这一论点的代表。他们在1944年写了"价格与产量：国家企业的政策"一文①。他们认为：要使资源达到最优配置，就要使生产要素的边际产值同它的价格比例保持不变；在这个准则下，只要产品的价格能超过边际成本，只要每个生产要素的边际产值超过它的市价，就可以继续生产，增加产量。而要达到这个标准，就要使大规模生产的公用企业（如煤气发电站、铁路等企业）社会化，由国家来经营。社会化了的企业的收费，不能超过边际成本，企业的开支要依靠税收来维持。

事实上，这种方案同上述使价格比例于边际成本与课征间接税的方案在性质上没有差别。所谓公用企业的收费不能超过边际成本，明显地对资本主义企业最有利；至于公用企业的开支由国家的税收贴补，则意味着负担加在纳税人的身上。

七、多种收费方案和区别定价方案

福利经济学家提出的根据价格等于边际成本来制定价格和产量政策的方案，虽然总的说来适合垄断企业的需要，但由于各个垄断资本集团的利益之间存在着矛盾，所以有些资产阶级经

---

① 载《经济学杂志》1944年。

济学家仍然反对这一方案。他们提出了另一些被认为更有利于垄断资本的政策主张。多种收费方案和区别定价方案，就是这种被认为更有利于垄断资本的政策主张之一。

罗纳德·考斯是多种收费方案的提出者。他于1946年写了"关于边际成本的争论"[①]一文，对霍推林用国家资金举办铁路等公用事业的方案提出异议。考斯列举了三项理由：

第一，他认为：得到公用事业好处的人不一定就是对于公用事业经济负担最大的人，因此让消费者按边际成本付钱，而让纳税人提供大部分费用，是不合理的。

第二，他认为：公用事业部门按边际成本定价，会产生很大亏损，并且使企业经理失去经营的信心，从而导致生产无效率和成本的增加，结果使政府承担这笔损失。

第三，他以为：征收所得税会影响资源配置，因为所得税的征收意味着在一个企业中按边际成本定价，而使其他地方的价格背离边际成本；而如果对公用事业征收间接税，也会发生弊病，所以征税的办法是不合理的。

考斯把按边际成本定价的方案和按平均成本定价的方案折中起来，提出了多种收费方案。多种收费方案是指，在成本递减的情况下，对达到边际产量以前的单位产品按平均成本收费，以弥补平均成本和边际成本的差距；而对达到边际产量以后的单位产品，则按边际成本定价。考斯认为，只有实行这样的价格政策，才能使生产者和消费者之间的关系趋于合理。

区别定价方案是另一种受到一些资产阶级经济学家称赞的

[①] 载于《经济计量学》杂志，1946年。

政策主张。区别定价方案被认为是霍推林方案的一种补充,而不是用以推翻霍推林方案的。亨德森对区别定价方案作了分析。1947年,他在"公用企业的定价"①一文中指出:霍推林方案的问题在于公用事业的受惠者并非付税者;如果举办公用事业的利益超过成本,就可以按照霍推林的方案去做,但纳税人所付的税不能超过其消费者剩余,消费者剩余的总和应等于或超过公用事业的成本;如果课税的结果使消费者剩余损失较大,那就不能用这个方案举办公用事业。为此,亨德森对霍推林方案进行了补充。他提出:第一,可以由国家和地方进行补贴,同时增加所得税和间接税。第二,公用事业按平均成本定价,按边际成本收费。第三,实行区别价格政策。可见,亨德森把区别定价看作一项补充措施,区别定价被认为可以缓和不同利益之间的矛盾。

那么,什么是区别定价呢?据福利经济学家的表述,区别定价是指:同样的产品,根据消费者的不同情况,制定不同的价格。例如电力企业对民用、商用、工业用以至不同地区,按不同收费率收费,一般是民用电的收费率最高,工商业用电的收费率较低。

实际上,美国公用事业早就实行区别定价政策了。据美国1937年出售电力的统计表明,居民和商业消费电力同占17%,而电力企业从居民用电所得到的收入占34%,从商业用电所得到的收入占28%工业用电占54%,而从那里得到的收入则仅占28%。② 资产阶级经济学家承认:"在工业用电需求降低的时期,电力企业设法提高民用和商业用电率,以补贴其损失。"③他们举

---

① 载《曼彻斯特经济与社会研究所集刊》,第15期,1947年。
② 参看巴纳斯:《管理公用事业经济学》,1942年版,第324页。
③ 法因索德:《政府和美国经济》,1959年版,第320页。

例说：安大略水力发电局不恰当地分配电力边际成本，因而收费率对居民用电有利；而尼亚加拉—赫德森电力公司的收费率，则使居民受损而使工业用户有利。在垄断企业看来，安大略水力发电局的收费率是不恰当的，尼亚加拉—赫德森电力公司的收费率却是可行的，因此这些垄断企业要求提高对居民用电的收费率，以降低对工业用户的用电收费率。

从这些材料可以看出，垄断企业希望实行的价格政策，是尽可能提高出售给劳动人民的产品的价格，尽可能降低出售给垄断企业的产品的价格的一种价格政策。如果这样定价，那就不必再采取霍推林等人所设计的转弯抹角的补贴和课税方案了。于是所谓导致资源最优配置的价格和产量政策也就被这种有利于垄断企业的区别定价政策所代替。

以上从多方面评述了福利经济学中关于价格和产量政策的各种有代表性的论点。在价格和产量政策中，价格政策尤其重要。这是因为，对垄断资本来说，价格政策对于垄断利润的影响是主要的，福利经济学中关于价格政策的建议不仅对垄断资本集团有实际应用的意义，而且还具有理论上的辩护作用。福利经济学通常利用价格问题来为日益严重的资本主义经济危机辩解。他们宣称：资本主义经济危机并非由于资本主义经济制度所造成的危机，而只是由于商品供求消息不灵通，企业对价格变动的适应性较差而引起的一种失衡现象。他们从价格分析出发，进而论述道：在现代资本主义条件下，由于不能依靠价格机制自动调节经济，致使产品和生产资料不能灵活替代和转移，资源不能适度调配，所以必须制定适当的价格政策，以便稳定资本主义经济。他们正是采取这样辩解手法来掩盖资本主义经济危机的真正根源的。

资产阶级福利经济学中的这种辩护性的论调,从第二次世界大战结束以来始终未变。例如,直到1979年,西托夫斯基仍在"资本主义能否生存"[①]一文中,认为资本主义的经济问题只不过是缺少灵活性、机动性而已。他指出,资本主义市场本来是灵活的、有机动性的市场,价格的变动最能反映出生产和消费的灵活性、机动性;但由于种种原因,资本主义制度下的结构变得愈来愈僵化,买者和卖者对于市场的反应日益不灵活,消费者和厂商都不能适应价格的变化,而价格本身也不能反映生产和需求情况的变化。例如,美国消费者对于某些进口货价格的反应就很差,在某些进口货(如啤酒,汽车等)价格上涨的情况下,消费者仍不断购买。西托夫斯基把这种不灵活性所引起的危机,既归咎于政府的价格政策的不合理和对价格政策的运用的不完善,又归咎于因垄断企业规模日益扩大,其行政管理日益官僚化,从而不能灵活地适应价格变动调整生产。正因为如此,所以西托夫斯基把价格政策的分析看成是福利经济学的重要课题。其实,持类似观点的并非少数,西托夫斯基只不过其中的代表者之一而已。

第三节 对外贸易政策

一、当代西方国际贸易理论的特点:国际贸易理论与福利理论的结合

20世纪30年代以前,英国资产阶级经济学家以十九世纪

---

① 载于《美国经济评论》,1979年12月号。

英国在世界工业中的先进地位为背景,宣扬比较成本和国际分工的自由贸易学说和政策。这时,虽然在德国和美国已经出现以保护国内市场为宗旨的保护贸易学说和政策,但在资产阶级国际贸易理论中,仍然是以宣扬自由贸易政策为主,并且直到那时为止,资产阶级经济学家也还没有给自由贸易政策披上"福利"的外衣,没有把福利经济学同国际贸易理论结合起来。

第二次世界大战以后,由于资本主义世界市场竞争的日益激烈,包括英国在内的各个主要资本主义国家都相继采用高关税以保护国内市场的政策。与之相应的是,福利经济学家为适应垄断资本的需要,提出了把自由贸易和保护关税理论同福利经济学结合起来的福利理论。福利经济理论中所采用的最优条件、补偿原则、社会无差异曲线、最大社会福利等概念和有关的分析方法,都被用来论证对外贸易的方向和对外贸易的利益。这一点成为当代西方国际贸易学说的一个重要特点。

资产阶级经济学家利用福利经济学理论,着重论证不同对外贸易政策下的福利的变动。例如他们曾提出下列命题:"自由贸易使全世界真实收入达到最大";"从民族利益来看,征收关税优于自由贸易";"出口补贴优于征收进口税";"征收15％的进口税优于征收20％的进口税";等等。可以说,这都是利用福利经济学理论来为垄断资本对外贸易的一般政策辩护。计算不同对外贸易政策条件下对外贸易利益的大小,已成为当代资产阶级经济学家在新的历史条件下为资本主义国家对外贸易政策服务的主要内容。这些资产阶级经济学家毫不讳言地说,他们的理论的这种发展是由于"指导政策"的需要,并说这种发展是"与传统相背离"的一种"新趋向"。① 有的人则把它说成是对外贸易理论中提出的"新概念"。②

当代资产阶级国际贸易理论的这种新趋向或新概念,最早出现于新福利经济学家萨缪尔森、卡尔多、西托夫斯基等人的著作中。他们一方面在"世界福利"的幌子下,鼓吹自由贸易政策,即鼓吹撤除其他国家的关税壁垒,甚至主张用强制办法来实行这种撤除,以便扩大国际市场;另一方面,他们又在"民族福利"的幌子下,鼓吹"最优关税"政策,即鼓吹用关税政策来保护国内市场,扩大同国外的不等价交换,特别在主要资本主义国家发生经济危机和国际收支危机时,企图用这种政策把危机转嫁于其他国家。下面,我们分别从这两个方面来评述新福利经济学中的对外贸易政策。

二、自由贸易政策与所谓"世界福利"

萨缪尔森在1938年和1939年先后发表两篇文章:《福利经济学和国际贸易》、《国际贸易的利益》。③ 这两篇文章被认为是国际贸易理论中应用福利经济理论的新趋向和新概念的开端。

我们知道,资产阶级古典经济学家为了工业发达国家资产阶级的利益,曾提出了比较成本和国际分工学说。以后,庸俗经济学家为了适应资产阶级的需要,摒弃了比较成本学说中的劳

---

① 参阅巴格瓦蒂:"国际贸易纯理论中的新趋向",载哈罗德编:《发展世界中的国际贸易理论》,1963年版,第22—23页。

② 斯蒂文斯:"国际贸易理论中的新概念",载《美国经济评论》,1951年6月号。

③ 萨缪尔森:"福利经济学和国际贸易",载《美国经济评论》,1938年6月号;萨缪尔森:"国际贸易的利益",载《加拿大经济学与政治学杂志》,1939年5月号。

动价值学说,而代之以相互需求、多种生产要素以及各生产要素不同丰裕程度等理论,用主观价值论、供求均衡论以及地区生产分工论来进一步为资本帝国主义国家实行抬高出口工业品价格,压低原料品进口价格,变其他国家为经济附庸和殖民地,加强不等价交换的自由贸易政策辩护。萨缪尔森在上述辩护理论的基础上,运用新福利经济学的论点,鼓吹自由贸易政策的福利作用。他的这种辩护学说,在他所写的广为流行的《经济学》教科书中最集中地反映出来。他这样写道:"自由贸易促进相互有利的区域分工,大大提高所有国家潜在的实际国民产品数量,并使全世界生活水平的提高成为可能。"①

自由贸易政策如何导致所谓"世界福利"的增加呢?萨缪尔森是这样"论证"的:首先,萨缪尔森把两国之间的贸易,比作两个个人的交换,把个人间的自由竞争,应用到两国之间的自由贸易中去。为此,他把福利经济学中旨在掩盖剥削关系的关于生产、交换最优条件的一套说法,完全搬到国家之间的贸易上来。萨缪尔森的论述得到不少资产阶级经济学家的附和。有的资产阶级经济学家认为:"在自由贸易下,达到一国最优点的所有必要的边际条件都满足了。特别是,在生产中商品之间的边际转换率,等于国际贸易中商品之间的边际转换率(即国际贸易边际交换率②),等于在消费小商品之间的边际替代率"③。这一段话的意思是说,在自由贸易条件下,两种商品的价格比率在两国完全相等,发达国家的工业品与发展中国家的初级产品之间的不

---

① 萨缪尔森:《经济学》第 11 版,第 651 页。
② 例如,出口 10 个单位食品同进口 6 个单位衣服的交换比率,叫作国际贸易交换率。边际交换率就是两种商品交换数量微小改变时的比率。
③ 肯普:"国际贸易的利益",载《经济学杂志》1962 年 12 月号。

等价交换是不存在的。资产阶级经济学家把这说成是一国对外贸易中的"最优点"。

下面,可以用第三十三图来说明福利经济学中关于自由贸易增加福利和保护贸易减少福利的论证。

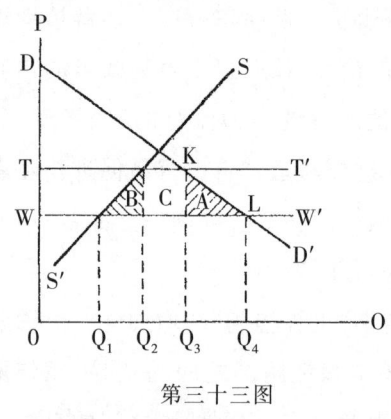

图中,纵轴 P 表示一国某部门的价格,横轴 Q 表示该国某部门的供求数量。DD' 表示需求曲线,SS' 表示供给曲线。

第三十三图

假定这时的世界价格在 OW,世界市场供给曲线为 WW'。在自由贸易条件下,该国生产者将供给 OQ_1 的产品。该国消费者将有 OQ_4 数量的需求。于是该国将进口 Q_1Q_4 数量的商品。

现在假定该国征收 WT 的关税,该国的商品价格则为 OW+WT,即 OT。世界市场供给曲线相应地上升为 TT' 线。这样一来,该国消费者的需求将变为 OQ_3。国内的生产者的供给量将变为 OQ_2。该国将进口 Q_2Q_3 的商品。

实行关税后,价格、供给量、需求量、进口量的变动,使得该国出现了福利的损失。如图上所示,其损失和等于 A、B 两个三角形。

三角形 A 是消费者剩余的减少。这是 OT 价格条件下与 OW 价格条件下相比的消费者剩余的减少量,因为在 OW 价格条件下,消费者剩余为 △TDK。

介于 A、B 两个三角形之间的长方形 C,等于政府的关税收入。但要知道,如果不征收关税,那么在 0W 条件下,长方形 C 的位置原来也是消费者剩余的一部分(即长方形 C 包括在 △WDL 之中)。现在它归政府所有了。如果按照补偿原则论,这可以不作为社会的福利损失。

再看,三角形 B 原来也是消费者剩余的一部分(它也包括在△WDL 之中)。现在,它归生产者所有了。能不能也按照补偿原则论,不把三角形 B 看成社会的福利损失呢?福利经济学认为不能这样看待它,因为在世界市场价格处于 0W 条件下,该国利用现有经济资源生产 $0Q_1$ 的产品是有效率的,而现在,当该国生产 $0Q_2$ 产品时,对经济资源利用的效率就不如以前了,所以三角形 B 意味着边际生产率的降低,它应当被看成是福利的损失。

这就说明,对一个限制了自由贸易的国家说来,对自由贸易的限制将引起福利的损失。

问题还不止于此。假定该国征收 WT 的关税,该国的商品价格由 0W 变为 0T。但如果所征收的关税不是向进口的最终消费品征收的关税,而是向进口的中间产品征收的关税,那么国内的供给曲线将向上移动,比如说,供给曲线移到 S_1S_1' 位置。这样,国内的生产量将会降低(见第三十四图)。

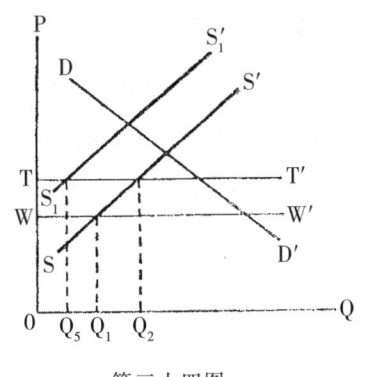

第三十四图

如第三十四图所示。在 0T 价格水平上,如果对进口的中间产品征收关税,国内供给曲线移到 S_1S_1' 位置,这时的国内的

生产量将下降到 $0Q_5$。这就表明,限制自由贸易的结果将使国内生产资源得不到充分利用,于是使福利受到损失。

以上所分析是限制自由贸易使本国遭受的福利损失。问题仍不止于此。同该国有贸易关系的出口国也将因此遭受到不利的影响,因为无论是对进口的最终消费品征收关税还是对进口的中间产品征收关税,其结果都会减少出口国的出口额,使出口部门经济效率下降。由此得出的结论是:只有自由贸易才能使一切参加贸易的国家(进口国和出口国)的福利达到最大化。所以,福利经济学家在论述一国的对外贸易政策时,常常提出这样的告诫,这就是:如果一国放弃自由贸易政策原则而走向极端化,即只图本国的最大收益而不关心其他国家的福利,结果将会损害自己。关于这一点,勒纳写道:"一个自私自利的国家不一定会受到这项考虑的影响,但是它却要考虑到报复的可能性……要是所有国家都坚持这样彼此进行削弱的做法,国际贸易就会全部遭到破坏,可以从国际贸易得到的一切利益也随之归于消失。"①

因此,萨缪尔森在"国际贸易的利益"一文中得出这样的结论:自由的国际贸易对参加贸易的两国都有利。他把两个国家没有贸易时同有了自由贸易后的情形相比后写道:"在贸易后,能够用较少的一切生产劳务得到较多的一切商品。这就保证通过理想的合作,使大家在贸易之后都比从前富裕了。"②但是,萨缪尔森所说的"大家都比从前富裕"究竟意味着什么呢?正如萨

---

① 勒纳:《统制经济学:福利经济学原理》,第 373 页。
② 萨缪尔森:"国际贸易的利益",载《加拿大经济学与政治学杂志》,1939 年 5 月号。

缪尔森所举例说明的,一个贸易国家原来不进口商品,现在进口了大量商品,原来生产某种商品,现在一点也不生产该种商品了,因为国外工业品的进口完全挤垮了国内生产。这就是萨缪尔森所说的"人家都比从前富裕"了。

尽管萨缪尔森大谈自由贸易政策的好处,但他也为自由贸易政策之外的任何其他有利于垄断资本的对外贸易政策辩解。他说:自由贸易"不一定是唯一的最优点,无论如何,绝对没有这样的假定:在契约曲线上,这一贸易均衡点在任何意义上优于任何其他一点"。① 这就是说,就像说收入分配的适宜与否是由"政治家"决定的一样,在对外贸易中,一个资本主义国家完全可以在不同情况下采取对它最为有利的任何贸易政策。

继萨缪尔森之后,西托夫斯基还提出用强制办法来推行自由贸易政策的主张。他说:"宣布自由贸易政策有利和相信通过开导会使其实现,这还不够;创造对于自由贸易有利的最初条件,也还不够;自由贸易必须采取强制办法。"②

西托夫斯基指出:就国际范围而言,需要有一种强有力的国际制裁力量来促使自由贸易政策的实现。这是因为:一个国家设立关税或提高关税之后,就会有别的国家步其后尘,那些仍然奉行自由贸易政策的国家会感到自己吃了亏,便到处筑起关税壁垒,这种情形将会引起每一个国家的福利都受到损害的结果。因此,西托夫斯基写道:"在各地都已筑起关税壁垒以后,那些最先筑起关税壁垒的国家将发觉它们原来可以得到的一些利益再也得不到了;不过它们可以认为,虽然过去已经充分利用了自己

---

① 萨缪尔森:"福利经济学和国际贸易",载《美国经济评论》,1938年6月号。
② 西托夫斯基:"关税理论重探",载《经济研究评论》,1942年夏季号。

的垄断地位,但仍然有可能进一步提高关税来加强这种地位。当关税壁垒都加强时,可以召开一次国际贸易会议,制止这种对有关各国都显然有害的过程。但是,只要每一个国家提高关税仍各有利益可得时,如果没有国际制裁作为后盾,这种集体的努力是注定无效的;正像卡特尔协定如果没有一个大生产者具有足够的威信来强制执行,就会失败一样。"①

主张实行自由贸易的福利经济学家在鼓吹自由贸易对福利的好处,要求各国放弃保护关税政策时,往往提出用国家津贴政策作为关税政策的替代物。例如,西托夫斯基就明确地说过:落后国家发展工业的方法,不是保护关税,"由一般税收支付的直接津贴,将是更有效的方式"。② 另一些人还主张用津贴出口商品的办法来鼓励出口,以取代关税政策。③ 正如前面曾经提到的,在垄断资本主义阶段,国家津贴的办法就是用国库的经费来资助垄断企业,其中既包括经营出口商品的企业(国家采取出口津贴办法),也包括生产与进口品同类商品的企业(国家采取生产方面的津贴或减免税收的优惠)。而国库的钱则来自全国纳税人。可见,这些主张同样暴露了福利经济学家为垄断资产阶级服务的立场。

三、保护贸易政策与所谓"民族福利"

有些福利经济学家反对自由贸易政策。他们同样运用福利经济学的分析方法和论点来为保护贸易政策辩护。他们认为保

---

① 西托夫斯基:"关税理论重探",载《经济研究评论》,1942年夏季号。
② 同上。
③ 参看哈罗德编:《发展世界中的国际贸易理论》,1963年版,第407页。

护关税可以增进本国的福利。

为保护贸易辩解的福利经济学家通常是这样论证的。请看第三十五图。

图中,纵轴 P_X 表示一国 X 部门的商品价格,横轴 Q_X 表示一国 X 部门的产量。

在该国政府采取保护贸易政策之前,X 部门的供给曲线为 SS,国内对 X 部门商品的需求曲线为 DD。

假定这时 X 部门商品的世界市场价格是 OP_W。在 OP_W 价格条件下,国内 X 部门的生产量为 OQ_1,国内对 X 部门商品的需求量为 OQ_4,那么 X 部门商品的进口数量将是 Q_1Q_4。

假定现在该国对 X 部门采取保护政策,对 X 部门的商品进口采取以关税限制进口的政策。征收关税后,X 部门的商品价格提高到 P_t。

由于价格的上升,国内的 X 部门的生产量由 OQ_1 扩大到 OQ_2,而国内对 X 部门商品的需求量则由 OQ_4 减少到 OQ_3。于是 X 部门商品的进口数量也将由 Q_1Q_4 减少到 Q_2Q_3。

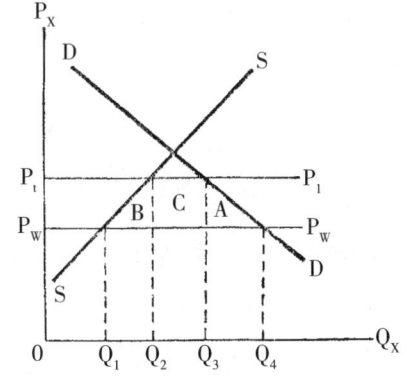

第三十五图

正如前面在谈到自由贸易政策时所说的,由于征收了关税,图上出现了两个三角形 A 和 B 以及长方形 C。C 表示政府得到的关税收入。如果政府把关税收入用于公共支出,那么这可以补偿消费者剩余的部分收入。但 A 和 B 则分别是福利的减少。这一点,前面已经加以说明。

但主张实行保护贸易政策的福利经济学家认为，全部论证不应该到此为止。这是因为，在保护贸易政策之下，X 部门的生产将增加，规模经济这时将发生作用，使供给曲线由原来的 SS 移到 S_1S_1。假定 S_1S_1 移到这样的位置，即 S_1S_1 与 DD 的相交点 E 恰好位于 P_WP_W 线上。这时，保护关税就完全没有必要了（见第三十六图）。

如第三十六图所示，在取消保护关税后，在世界市场价格为 P_W 的条件下，国内的均衡产量和均衡需求量都是 $0Q_E$，进口也没有必要了。把这时的国内福利同过去的国内福利相比，可以明显地看到福利的增加，因为从供给者的角度看，规模经济所导致的生产成本的降低，可以增加福利；从消费者的角度看，则可以享受到与按世界市场进口商品时所享受的相等的消费者剩余。

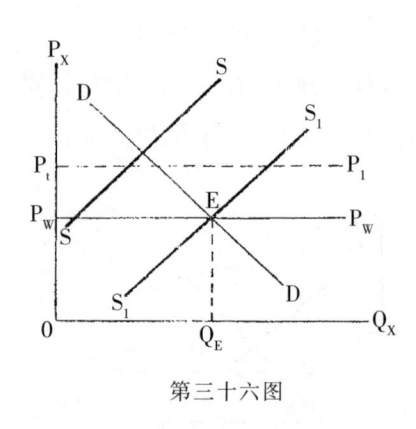

第三十六图

假定规模经济导致 S_1S_1 下降到这样的程度，以致于 S_1S_1 与 DD 的相交点位于 P_WP_W 线以下，那么消费者剩余将超过过去自由贸易阶段进口国外商品时所得到的消费者剩余。

这些就被认为是在一段时间内实行保护贸易政策的利益。

在反对自由贸易论的福利经济学家中，李特尔是一个重要的代表者。他主要批评萨缪尔森的论据。他所持的反对理由建立在他所提出的福利增加的充分条件之上。李特尔写道："萨缪尔森教授争辩说，贸易能够使每一个人的境况变好，而不是通过贸易实际得到的货物的再分配能够使每一个人的境况变好。我们的说法有点不同。我们说,如果实际收入的分配并没有变糟的话,贸易后的局面实际上比贸易前的局面好。"[1]李特尔在这里引入了贸易后的收入分配概念,实际上是用收入分配方面可能产生的不利后果来否定萨缪尔森的论点。所以李特尔的结论是:"依据通常的'福利'前提,除非人们认为在自由贸易条件下进行各国间实际收入的分配是最适当的,否则没有理由说自由贸易是可取的。"[2]

其实,在福利经济学中,无论是主张自由贸易政策的萨缪尔森还是西托夫斯基,都不是把自由贸易政策当成是资本主义国家唯一可行的对外贸易政策。他们一方面主张自由贸易,宣扬"世界福利",要求别的国家开放门户;另一方面又主张保护贸易政策,宣扬"民族福利",限制别的国家的商品输入。为了使这两种主张协调,他们采取的一种新手法就是宣扬所谓"最优关税"学说和政策。萨缪尔森在鼓吹自由贸易政策时所说的"自由贸易不一定是唯一的最优点",就是为同时采取保护贸易政策留有余地。所谓"从贸易中得益的现代概念不能提供自由贸易和保护贸易孰优孰劣问题的答案"[3]的说法,就是认为资本主义国家可以兼用自由贸易和保护贸易两种政策。

四、"最优关税率"

福利经济学家在讨论保护贸易政策和维护"民族福利"时,

---

[1] 李特尔:《福利经济学评述》,商务印书馆1980年版,第263页。
[2] 同上,第281页。
[3] 梅茨勒:"国际贸易理论",载艾利斯编:《当代经济学概览》,1948年版,第236页。

采用了"最优关税率"概念。什么叫作"最优关税率"呢？这是指这样一种关税政策，按照勒纳的解释，它"基于垄断原则，侵略性地进行贸易，有可能牺牲别个国家来增加本国财富，以便使本国利益达到最大"①。西托夫斯基也说：这种关税政策是"利用本国战略上的优势剥削外国，以使本国占有世界资源的份额达到最大"②。他们在这里所使用的"本国"、"外国"等说法，模糊了发达的资本主义国家同发展中国家的界限，似乎任何国家都能采取这种最优关税政策。

关于最优关税率，福利经济学家是这样论证的：他们提出的公式是③：

最优关税率＝外国商品供给弹性的倒数或外国对本国商品需求弹性的倒数。

以 e 表示外国商品的供给弹性或外国对本国商品的需求弹性；最优关税率＝$\frac{1}{e}$

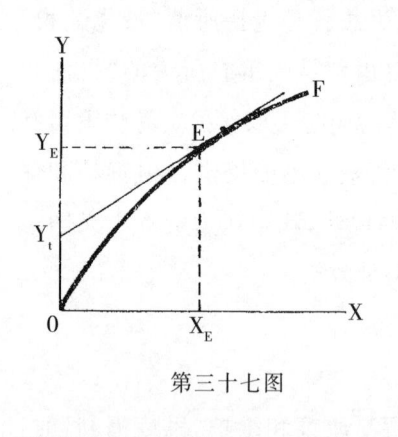

最优关税率的这一公式是这样得出的。请看第三十七图：

假定 AB 两国进行贸易。图中，纵轴 Y 表示 A 国从国外进口的商品数量，横轴

第三十七图

---

① 勒纳：《统制经济学：福利经济学原理》，1947 年版，第 356 页。
② 西托夫斯基："关税理论重探"，载《经济研究评论》，1942 年夏季号。参看卡尔多："略论关税和国际贸易条件"，载《经济学报》1940 年 11 月号。
③ 参看勒纳《统制经济学：福利经济学原理》，1946 年版，第 357—362 页，382—383 页；米德：《贸易和福利》，1955 年版，第 278—281 页。

X 表示 A 国出口商品的数量。以 e 表示外国商品的供给弹性，t 表示"最优关税率"。

以 F 表示 B 国的提供曲线，即 B 国在一定贸易条件下为了换取某一数量的进口品而愿意提供的不同数量的出口品。

在 E 点时，进口品的世界市场价格为 $0X_E/0Y_E$，A 国的国内价格为 $0X_E/0Y_t$。

这样，"最优关税率" t 的公式是：

$$t = \frac{(0X_E/Y_E Y_t) - (0X_E/0Y_E)}{0X_E/0Y_E}$$

$$= \left(\frac{0X_E}{Y_E Y_t} - \frac{0X_E}{0Y_E}\right) \cdot \left(\frac{0Y_E}{0X_E}\right)$$

$$= \frac{0X_E(0Y_E - Y_E Y_t)}{Y_E Y_t \cdot 0Y_E} \cdot \frac{0Y_E}{0X_E}$$

$$= \frac{(0Y_E - Y_E Y_t)}{Y_E Y_t}$$

由于 $0Y_E = 0Y_t + Y_E y_t$，所以

$$t = \frac{0Y_t}{Y_E Y_t}$$

根据供给弹性的定义，供给弹性是用来衡量商品供给量对价格变动的反应程度的一种比率关系，即商品价格的一定百分比的增长或下降所引起的供给量的增长或下降的百分比。供给弹性的公式是：

$$e = \frac{dQ}{Q} \bigg/ \frac{dP}{P} = \frac{dQ}{dP} \cdot \frac{P}{Q}$$

其中，Q 表示供给量，P 表示价格，dQ 表示供给量的增量，dP 表示价格的增量。

再根据平均收益与边际收益的意义,平均收益(AR)等于每个商品的卖价,边际收益(MR)等于增加一单位商品的销售可以增加的总收益额,即等于总收益增量与产量增量之比。

所以,AR=P

$$MR = \frac{d(PQ)}{dQ} = \frac{dP \cdot Q}{dQ} + \frac{P \cdot dQ}{dQ} = P + Q\frac{dP}{dQ}$$

以 AR 与 MR 代入供给弹性公式:

$$e = \frac{dQ}{dP} \cdot \frac{P}{Q} = P \cdot \frac{dQ}{dP \cdot Q} = \frac{P}{Q \cdot dP/dQ}$$

$$= \frac{P}{\left(P + Q\frac{dP}{dQ}\right) - P} = \frac{AR}{MR - AR}$$

从第三十七图得知,

$$e = \frac{AR}{MR - AP} = \frac{Y_E Y_t}{0Y_E - Y_E Y_t} = \frac{Y_E Y_t}{0Y_t}$$

如前所述,$t = \frac{0Y_t}{Y_E Y_t}$

因此,$e = \frac{1}{t}$,或 $t\frac{1}{e}$。

米德曾用通俗的语言来表述最优关税率公式。他说:"这种从价税最优税率的高度,完全取决于外国对进口品的需求情况和外国出口品的供给情况。"[①]

例如,一个国家进口其他国家的某一商品从 100 单位增加到 101 单位,而其他国家某一商品的价格则从 1 货币单位增加到 102 货币单位,即价格增加 2%,供给量才增加 1%,供给弹性

---

① 米德:《贸易和福利》,第 275 页。

为 0.5，小于 1，因此这种商品的供给弹性不足。在这种情形下，由于进口商品价格上升，为了多进口一个单位商品，事实上不是多付出 1.02 货币单位，而是一共多付出 3.02 货币单位。

这个数值是这样得出的：

$(101 \times 1.02) - (100 \times 1.0) = 103.02 - 100 = 3.02$。

福利经济学家由此认为，这样的贸易条件对进口国变得不利了，因为它在这种情况下不得不输出更多的出口品以换取进口品，而国内资本家则得不到这种价格上涨的利益。福利经济学家由此提出：在这种情形下，应当征收进口税 200%，即 $\frac{1}{0.5} \times 100 = 200\%$，使商品价格从约为 1 货币单位提高到约为 3 货币单位。这样，国内生产进口商品的资本家可以真正得到价格上涨的利益，而其他国家则一点也得不到价格上涨的利益。再者，由于进口量将因价格提高而减少，国外价格将不得不压低，因此其他国家对该国的贸易条件将转为不利。福利经济学家认为只有这样的税率才是最优关税率。如果实际关税率低于这一最优关税率，那将使该国处于不利地位；如果实际关税率高于这一最优关税率，其结果将使贸易量减少得太多，该国反而不能得到最大的利益。

此外，福利经济学家还采用"社会无差异曲线"概念来论证最优关税率。前面已经谈到，社会无差异曲线的含义是：每一条曲线表示一定实际收入分配情形之下社会成员所得到的满足，如甲商品多一点，乙商品少一点，能使社会成员得到同等的满足。福利经济学家指出，最优关税率可以使社会成员的收入达到最高水平；在这一水平上，一些人所得到的利益可以补偿其他人所受损失而有余。因此,最优关税率的实行不应当使社会无差异曲线从较高水平下降到较低水平,而应当使社会无差异曲线不变或促使社会无差异曲线向上移动。

怎样看待资产阶级经济学家鼓吹的这种最优关税政策呢?实际上,它就是保护垄断资本利益的一种高额关税政策。第二次世界大战以后,在世界市场上的竞争日益尖锐化的条件下,美国力图以互减关税作为扩张市场和冲破其他国家关税堡垒的工具。例如,在1964年5月美国、英国同西欧共同市场国家举行的"关税与贸易总协定"会议中,美国企图提出在工业品税率方面"一律削减50%",并对美国农产品开放市场的建议,但这样就"等于使西欧共同市场国家的关税率降到8%,而美国的关税率却仍然有1/3以上超过15%"[①],因而受到以法国为代表的共同市场国家的强烈反对。经过3年的"肯尼迪回合"谈判,美国和西欧共同市场国家才于1967年5月达成一项关于工业品税率平均削减35%的协议。根据这项协议,美国的平均税率降为11.2%,比原来的税率下降37%,西欧共同市场国家的平均税率降为7.6%,比原来的税率下降35%。后来,又经过5年多的"东京回合"谈判,美国同西欧共同市场国家和日本等于1979年4月达成协议,从1980年起在八年内降低关税30%。谈判充分反映出美国和其他主要资本主义国家之间在对外贸易方面控制与反控制的矛盾和斗争十分尖锐。美国政府在这场斗争中,竭力想利用最优关税率学说作为与其他资本主义国家在关税问题上协调一致的理论依据。

---

① 《人民日报》,1964年5月10日第4版。

美国对发展中国家一贯实行保护国内市场和压低外国产品价格的高税率政策,以及保护输出品在外国的减免关税等种种贸易特权。最优关税率学说成了掩盖美国资本扩张的本质的工具。巴西经济学家古定指出:"原料品出产国家对工业国家的原料输出在1953年以后上涨的百分比,只及工业国家输出原料品上涨百分比的一半,其原因之一,就是发达国家征课甜菜糖等保护关税。"① 阿根廷经济学家普雷比希也指出:"中心国家的保护政策,增强了周围国家对外贸易条件恶化的趋势。"② 他所说的"中心国家"即美国,而"周围国家"即拉丁美洲等原料品输出国家。

现在,第三世界的发展中国家正在兴起。这些国家从自己的经历中认识到,西方主要资本主义国家所宣传的"世界福利"、"民族福利",等等,都只是为了美化主要资本主义国家对外剥削和掠夺的贸易政策。发展中国家在国际贸易领域中,正在广泛开展反剥削、反掠夺的斗争,并且正在联合起来,采取一致行动,反对旧的国际贸易关系和经济关系,要求改变受剥削、受掠夺的地位,要求建立新的国际经济秩序,建立平等互利的国际贸易关系。这一斗争现在正在取得进展。

---

① 哈罗德编:《发展世界中的国际贸易理论》,1963年版,第409页。
② 普里维什:"不发达国家的贸易政策",载《美国经济评论》,1959年5月号。

第六章 当前资产阶级福利经济理论的动向

第一节 外部经济理论

一、"外部影响"的含义

外部经济理论是资产阶级福利经济学家近年来着重探讨的一个领域。为了说明外部经济理论，有必要先解释一下福利经济学中关于外部影响的含义，因为对各种外部影响的分析是外部经济理论的重要内容。

按照福利经济学家的说法，外部影响是一种经济力量对于另一种经济力量的"非市场性的"附带影响，是经济力量相互作用的结果。这些影响有好的作用，也有坏的作用。好的作用称为外部经济，坏的作用称为外部不经济。

由于这种影响或作用并不是通过市场的价格机制反映出来的，所以厂商与消费者的相互作用并不反映在价格的变动上；同样的道理，人们对于外部影响的反应也不影响市场的活动。当生产者或消费者因外部经济而得到利益时，他们并不需要为此支付报酬；而当生产者或消费者因外部不经济而受到损失时，市场也不需要向造成不经济的一方追究损失。因此，在福利经济学家看来,这种非市场性的附带影响使价格机制不能有效地配置资源。外部影响的范围愈广,市场价格机制有效配置资源的作用就愈小。

福利经济学中之所以要讨论外部影响问题,因为福利经济学被认为是规范研究,它研究人们的福利是否受到外部经济活动的影响,以及应当如何限制或利用这些影响,包括如何通过一定的政策来限制或利用这些影响。

外部影响有两个标志:第一,它们是伴随生产或消费的活动而产生的;第二,它们或者是积极的影响(即带来利益),或者是消极的影响(即造成损害),二者必居其一。从这两个标志出发,可以把外部影响基本上分为以下四种,即积极的生产外部影响;消极的生产外部影响;积极的消费外部影响;消极的消费外部影响。积极的外部影响就是外部经济;消极外部影响就是外部不经济。

积极的生产外部影响,又称为正生产外部影响,它指在生产中给其他生产者带来的经济利益。例如,苹果园与养蜂场是紧邻,这两个企业单位的生产互相受益。蜜蜂要到苹果园采蜜,而苹果园要依靠蜜蜂传授花粉,因此,苹果园的生产对于养蜂场的生产是积极的外部影响,而养蜂场的生产对于苹果园的生产也是积极的外部影响。

消极的生产外部影响,又称负生产外部影响,它指在生产中给其他生产者或居民造成的损害,增加了他们的外部成本。例如,工厂在生产中造成空气和水源污染等,使附近的生产者和居民的利益遭到损失,这就是消极的生产外部影响。福利经济学中所讨论的外部经济问题,主要是这方面的问题。

积极的消费外部影响,又称正消费外部影响,它是指在消费中给外界带来的利益。例如烤面包时散发出来的香甜味或私人花园里的鲜花等散发出来的芳香,都给附近的人一种舒适的感觉。消极的消费外部影响,又称负消费外部影响,例如它是指在消费中给外界造成的损害。例如私人住宅里放收音机、录音机时,声音太响,给附近的人们一种不舒适的感觉。

外部影响还与"公共产品"(public goods)有关。在资产阶级经济学中,公共产品是指由公共提供的,一般居民都能享用的产品与服务,例如国防、卫生保健、文化教育、灯塔等。人们享用这些公共产品,产生外部经济。如果妨碍人们使用公共产品,就会产生外部不经济。

私人不顾承担这些公共产品的生产费用;私人也承担不了的若干种公共产品的生产费用,它们只能由政府从税收中提供。只是在个别情况下,私人企业才承担某些公共服务费用,但这通常被当作一种广告手段,例如私人企业组织免费的演出或球赛等。

二、20世纪70年代以前福利经济学中关于外部经济问题的研究

前面曾经提到,外部经济的概念最初来自马歇尔。后来庇古研究了外部经济和外部不经济问题,提出了"边际私人纯产值"和"边际社会纯产值"等概念作为理论分析工具。[①]

但无论是马歇尔还是庇古,他们对外部经济理论的研究都

---

① 参看本书第二章。

被认为是不充分的。1952年,鲍莫尔在《福利经济及国家理论》一书中曾这样评论道:"一般认为马歇尔已把这个问题引到了更深透的分析,但是我将在下面论证,他的分析作为反对谬误的武器,较之作为一种基础借以构成可用的先验结果,要有用得多。在试图调和报酬递增现象与厂商的均衡上,他发展了他著名的外部经济论,大致就是说,一个厂商的生产成本既取决于该工业的规模,也取决于各个厂商的规模。"[1] 鲍莫尔接着指出:"应该注意,尽管马歇尔为正确分析这个问题奠定了基础,但他自己并没有发展成一个正当的论证。"[2] 鲍莫尔认为,庇古对马歇尔的学说虽然有所发展,但仍是肤浅的。而庇古以后,像勒纳这样著名的福利经济学家,在他的几百页的巨著《统制经济学:福利经济学原理》中,竟没有提到外部经济。鲍莫尔的这些评论是比较符合事实的。因此,在这里,对马歇尔和庇古以后,特别是第二次世界大战结束以后的资产阶级福利经济学中关于外部经济理论的发展进行评述,很有必要。

事实上,从马歇尔和庇古以后,到20世纪70年代左右,资产阶级福利经济学家在外部经济理论方面已经大大超出了马歇尔和庇古当初的研究范围,他们提出了各种不同的论点。下面,对其中一些主要的、有代表性的论点分别予以评述。

(一)奈特的论点

奈特是美国资产阶级经济学家。他早在1924年就发表了题为"社会成本解释中的一些错误"的论文,[3] 对庇古的外部成

---

[1] 鲍莫尔:《福利经济及国家理论》,商务印书馆1982年版,第16—17页。
[2] 同上书,第17页。
[3] 载于《经济学季刊》,1924年8月。

本计算方法提出异议。由于庇古不曾把使用土地的费用计算在平均成本之内,而只是把可变生产要素——劳工工资——计算在内,所以庇古认为:如果生产者的竞争使得平均成本等于工资率,那么边际成本就会低于工资率,而使产量过多;假定这时征收商品税,那就可以使得边际成本等于平均成本,从而达到最优产量。奈特不同意庇古的这种看法。奈特认为土地是归私人所有的,所以地租应当包括在平均成本之内,而只有在平均成本中计入地租费用,才有可能得出生产的最优产量的概念。

奈特还对庇古的超额投资问题表示异议。庇古在讨论超额投资时,曾经举了这样一个例子,即公路上车辆过多,发生交通拥挤现象。庇古认为:在车辆过多的交通拥挤的公路上形成了外部不经济;为了消除这种外部不经济,政府可以对所有车辆征收一种税,从而迫使车主考虑所支付的代价而使通行于公路上的车辆保持最优数量。奈特的看法与庇古不同。奈特不把公路的拥挤看成是由于边际私人产值和边际社会产值之间的差额所造成的,而是把它看成是自然资源的一种浪费。

此外,奈特还提出了这样一个论点,即认为在始终处于完全竞争条件下的经济是不会发生生产中的外部经济的,因为在这种条件下,厂商对生产要素的购买量的增加并不会使生产要素价格下降,而生产要素价格不下降,厂商也就得不到外部经济的利益了。奈特的这种看法反映了他较早地察觉到完全竞争和不完全竞争条件下生产成本变动的差异,因此受到资产阶级经济学界的注意。

（二）艾利斯与费尔纳的论点

1943年，艾利斯与费尔纳发表了"外部经济与不经济"一文。[①] 他们的意见跟庇古相反。他们认为：外部影响下的产量与最优产量并没有差别；这是因为：如果外部影响使生产要素价格上升而引起产品供给价格上升的话，那么生产要素平均成本的上升仅仅意味着生产要素边际单位的租金的增加，这种租金并非真正的社会成本，而只是转移费用。如果没有这种租金，这条供给曲线就可以被当作真正的社会边际成本曲线。反之，如果外部影响使平均成本下降和收益递增，那么边际成本也会下降。如果不把边际单位的转移费用包括在内，那么社会成本也会下降得快一些。

因此，艾利斯与费尔纳认为，在考虑最优产量问题时，外部影响并不像庇古所强调的那样重要。

（三）杜生贝的论点

杜生贝对外部经济的看法也不同于庇古。他在1949年出版的《收入、储蓄与消费者行为理论》一书中，从"相互依赖的效用"的论点考察外部经济问题。所谓相互依赖的效用是指：一个人的福利要受到其他人的行为的影响，一个人福利的变动也会影响别人的福利。杜生贝关于福利的学说是同他的"相对收入假定"联系在一起的。[②]

杜生贝认为：从"相互依赖的效用"的角度来分析，一个消费

[①] 载于《美国经济评论》，1943年，第33卷。
[②] 杜生贝的"相对收入假定"是关于消费收入之间关系的一种假定。杜生贝认为：一个人的消费支出不仅受本人收入的影响，而且受周围的人的消费行为及其收入和消费相互关系的影响；一个人的消费支出不仅受本人目前收入的影响，而且受本人过去的收入和消费水平的影响。

者的福利不仅取决于所有的商品价格,而且还取决于所有转移到这些商品生产中来的生产要素的价格。转移到商品生产中来的生产要素,包括了劳动的供给。杜生贝假定:个人可以在自己的收入和闲暇之间进行选择,以决定自己究竟支出多少劳动。因此,如果要控制一个人在收入和闲暇之间的选择对于别人的福利的影响,那就需要对他的劳动的供给进行控制。控制个人劳动供给的准则是:使这种生产要素与产品的技术替代率等于它们之间的主观替代率,也就是使生产者个人对于产品和生产要素的主观替代率等于边际产值。在杜生贝看来,如果符合这一准则,产值的增加就会使每个人的境况都好起来。

(四) 鲍莫尔的论点

鲍莫尔在其1952年所著的《福利经济及国家理论》一书中,对外部经济和外部不经济的含义进行了这样的表述。他认为,严格地说,外部经济(或外部不经济)的定义是:"由于工业的规模扩大,特别是在该工业中其他厂商情况不变之下增加了生产,使得一家厂商生产成本降低(提高)了。"[①]他举例说,在很小的地区内进行生产的工业,如果扩大其规模会提高运输上的效率,从而减少每个厂商的生产成本,那就出现了外部经济。又如,一个地区本来鱼类资源稀少,任何一家渔商如果在这里扩大作业,就会增加鱼的稀少性,从而提高其他渔商的成本,这样就出现了外部不经济。

鲍莫尔不同意奈特等人关于完全竞争条件下厂商的生产成本不发生变动,从而不存在生产中的外部经济的论点。鲍莫尔

---

① 鲍莫尔:《福利经济及国家理论》,第29页。

认为,奈特等人之所以对外部经济有这种不正确的看法,因为他们只注意到完全竞争条件下生产要素价格的不变问题,而忽略了生产要素的利用效率问题。在鲍莫尔看来,在完全竞争条件下,生产要素价格的不变固然可以使生产成本不变,但即使生产要素价格不变,只要生产要素的使用效率提高了,即劳动生产率提高了,那么在完全竞争条件下,生产成本还是可以改变的,这样,仍有可能出现外部经济。

鲍莫尔还对垄断条件下的外部经济或外部不经济作了考察。鲍莫尔认为,竞争条件下的外部经济问题与垄断条件下的外部经济问题是不一样的。他举例道:"当一个厂商扩大规模将会提高工业中一切厂商的运输效率时,这种扩大如由一个厂商单独去做可能没有利益,但如果该工业为一个人所独占,那就仍然会获得利益。"[1]这就是说,竞争性部门中一个厂商的外部经济(或外部不经济),不一定就是垄断者的外部经济(或外部不经济)。

但总的说来,鲍莫尔认为在外部经济领域内还有许多问题没有得到解决。他认为,帕累托式的最优条件的实现需要许多前提,而在现实世界中,情况并不如帕累托所设想的那样,因为在对外部经济或外部不经济问题进行分析后,仍然得不出理想的结果。鲍莫尔写道:"因为我们不了解外部经济和外部不经济怎样在有关的不同范围内影响到通常的结论,所以我们就不可以假设这些偏离平均起来会相互抵消,因为假设未知数有相等的可能性是谬误的。"[2]不仅如此,鲍莫尔还由此得出了福利经

---

[1] 鲍莫尔:《福利经济及国家理论》,第38页。
[2] 同上书,第168页。

济学本身究竟能够解决什么问题的论断,因为客观世界既然存在着外部经济或外部不经济,而外部经济或外部不经济的影响又不容易被判明,所以福利经济学的原理不可能适用。鲍莫尔写道:"除非在任何既定的场合我们可以估计出外部经济的大小和影响,或除非在特殊的场合我们可以指出外部经济是微不足道的,不然的话,我们作为实证主义的经济学者是完全无权说话的。"①

(五)西托夫斯基的论点

1954年,西托夫斯基发表了"外部经济的两个概念"②一文。他认为,可以用下列方程式来表示利润与外部影响的关系:

$$P_1 = G(X_1, C_1, L_1, X_2, C_2, L_2 \cdots\cdots)$$

公式中,P表示厂商1的利润。X_1表示他的产量。C_1, L_1表示他的投入。X_2表示其他有关厂商的产量。C_2, L_2表示其他有关厂商的投入。

从这个方程式可以看出,厂商所得的利润P_1受到外部经济的影响。厂商在作出投资决定时,所要考虑的除了利润外,还要考虑外部经济对利润的影响,而这种关系是不通过市场来实现的。

根据这一论点,西托夫斯基认为投资会受到外部经济与外部不经济的影响。例如,对外贸易的投资易于受到外国进口品需求弹性和出口安排的影响,这些影响会使本国政府与私人厂商的利益产生差距,产生外部经济和外部不经济。

---

① 鲍莫尔:《福利经济及国家理论》,第168页。
② 载于《政治经济学杂志》,1954年4月号。

(六) 考斯的论点

1960年,考斯发表了"社会成本问题"[①]一文,提出了这样的论点,即在生产的外部经济问题上,买卖双方都应当承担社会成本。他认为,买卖双方可以按照自己的利益在交易中讨价还价,经过协议,受外部影响的厂商可以向产生外部影响的厂商付钱,让后者削减生产。考斯由此指出,庇古的论点仅仅强调由产生外部影响的一方来承担责任,这被认为是不够的。

考斯援引了庇古所举过的例子。假设火车在铁路上行驶时发出的火花破坏了铁路沿线的木材,而使边际社会纯产值与边际私人纯产值有差距。庇古主张应由铁路偿付所造成的损害,国家则应采取赋税和补贴措施,使火车的边际社会纯产值与边际私人纯产值相等。考斯则不同意只限制产生外部经济的一方,因为如果只对一方进行限制,那就会不利于该厂商的经营。

考斯认为,可以另外设计一些调整办法。在进行调整时,不管哪一方承担责任,都是容许的。例如,牛跑到田里损害了庄稼,可以叫养牛人按法律补偿农民,也可以由农民送钱给养牛人,要他少养些牛;或者,把所估计到的损失作为上限,在这个限度之内设法克服外部不经济。比如说,可以叫养牛人出钱修理牛棚的栅栏;而不是送钱给养牛人,要他少养牛。

考斯认为,还有一种调整方法,即促使产生外部不经济的一方减少产量,或促使它进行技术革新。例如工厂喷出的烟雾造成外部不经济,喷出烟雾的数量与工厂的产量有关。可以采取的办法之一就是把产量减少。此外,如果技术上有所创新,能发

[①] 载于《法律与经济学杂志》,1960年10月号。

明一种有效的消除烟雾的设施,以减少社会所受的损失,那就更好了。

(七) 米德的论点

1962年,米德发表了"竞争状态下的外部经济与不经济"[①]一文,全面分析了生产上的外部经济和不经济。他认为:可以把外部经济和不经济分为以下两种情况:第一,"无偿的生产要素"的作用;第二,环境的影响。

关于无偿的生产要素的作用,米德以苹果园和养蜂场的关系为例来加以说明。他指出,苹果园(A)与养蜂场(B)为邻,蜜蜂在苹果园采蜜。如果苹果园增加10%的投资,使苹果产量增加10%;这样,蜂蜜的产量也将随着增加。但养蜂场不必为蜂蜜的增产向苹果园支付费用。米德认为,在这种情况下,苹果园主人的收益会小于其边际社会纯产值,而养蜂场主人的收益则会大于其边际社会纯产值。米德把这一类外部经济称作无偿的生产要素的作用。

米德提出:这一类外部经济可以通过下述方法进行调整。

第一,以苹果园为A方,以养蜂场为B方。由于A的生产扩大能使B受益,所以一方面对A实行补贴,另一方面向B的收益课税。用向B征收的税金来补贴A的劳工和资本支出。

第二,或者对养蜂场增加的产量课税,用税金来补贴为增产苹果所增加的生产要素投入。

第三,或者把A、B两个企业联合起来进行生产。

米德还认为,可以从另一个角度来处理这类问题。这就是:

[①] 载于《经济学杂志》,1962年3月号。

考虑到不仅苹果园对于养蜂场的生产产生了外部经济,而且由于蜜蜂也为果树传授花粉,所以养蜂场对于苹果园的生产也产生了外部经济;在这种情况下,可以对这两个企业的追加工资都进行补贴。

米德认为,另一类外部经济或外部不经济来自环境对于企业的有利或不利的影响。他举例说:假设 A 是小麦生产者,B 是林场;又假设土地是免费使用的,需要偿付的生产要素只是劳工与资本。A、B 双方的关系如下:如果 B 的产量增加,即林业发展,将导致雨水增加,转而促使 A 的产量增加,即小麦增产。这样,林场(B)的生产要素的边际社会纯产值就大于它的边际私人纯产值。米德提出,在这种情况下,应当给林场(B)以补贴,即对增产的树木进行补贴。

米德还指出,这个例子也可以从另一个角度来考察。除了树木的增产可以促进小麦增产以外,就调节气候和空气湿度而言,种植小麦对于树木的生长也有好的影响。因此小麦的生产要素的边际社会纯产值也会大于它的边际私人纯产值。假定整个经济中只有小麦生产者和林场这两个企业,那就不需要改变二者的产量,因为它们彼此给予有利的影响,产量共同增加。

综上所述,米德认为在对待外部经济或外部不经济问题上,要区分以下两种情况:

第一种情况是:社会收益不变,但不一定每个企业所使用的生产要素都不变。在这种情况下,对于整个社会来说,不存在外部经济问题。但需要根据每个企业所使用的生产要素的情况,向有的企业征税,或对有的企业进行补贴。

第二种情况是:两个企业所使用的生产要素不变,但它们的收益并非不变,因为一个企业要受到另一企业所提供的有利影响或不利影响。在这种情况下,应当对产生有利影响的企业进行补贴,并向产生不利影响的企业征税,以便不增加社会的经济负担。

(八) 戴维斯与惠因斯顿的论点

1962年,戴维斯与惠因斯顿发表了"外部因素、福利与对策论"一文[①],分析两个竞争的厂商A和B之间的相互影响问题。

戴维斯与惠因斯顿的总的看法是:如果采用生产函数来表示外部影响,那么很难判断一个厂商的生产活动对于其他厂商的影响究竟有多大,因此他们提出要用成本函数来进行计算。

他们把外部影响分为"可分的"外部影响与"不可分的"外部影响两种。

可分的外部影响是指:假定B的生产活动影响A的总福利,但A的边际收益并非取决于B的影响,而是取决于A本身的生产活动。也就是说,任何厂商或任何人的外部影响是无足轻重的,厂商的成本函数并不受另一厂商的产量的影响,而是受厂商本身的产量水平的影响。在这种情况下,除外部影响,产量、消费水平、成本都成为决定补贴和课税的因素。

不可分的外部影响是指:A的边际收益不仅取决于A本身的生产活动,而且也取决于B的生产活动。这样,成本函数不能分作两个分开的函数,它应包含A、B两个生产单位的产品。也就是说,A的边际成本不仅是它自己的产量的函数,而且也是B的产量的函数。在这种情况下,由于缺乏充分的信息,所以补

---

① 载于《政治经济学杂志》,1962年6月号。

贴和课税都是不易决定的。

戴维斯和惠因斯顿还认为：在外部不经济的条件下，受损害的一方为了自己的利益，也可付钱给造成损失的一方，使后者减少引起损害的生产。但是如果受害者是广大的、分散的个人（例如工厂附近的居民），他们就不可能组织起来应付外部的不利影响，于是就需要政府直接处理这个问题。此外，在两个工厂相互间都有外部不利影响的情况下，最省钱的办法是把两个工厂合并为一个工厂。

（九）布恰南与斯塔布巴因的论点

布恰南与斯塔布巴因在1962年写了"外部因素"[①]一文，对于生产中的外部经济问题提出如下的看法。

假设有A、B两个企业，A是产生外部影响的企业，B是受A的影响的企业。于是有以下四种外部影响：

（1）企业A所产生的企业管理费用，也是企业B企业所接受的管理费用。

（2）企业A所产生的企业管理费用，也是企业B内部的可变产量的外部影响。

（3）企业A的可变产量的外部影响也是企业B的企业管理费用的外部影响。

（4）企业A的可变产量的外部影响，也是企业B所接受的影响。

布恰南与斯塔布巴因认为，上述四种外部影响表示了产生外部影响的企业与接受外部影响的企业之间的关系，以及可变

---

① 载于《经济学杂志》，1962年11月号。

产量的外部影响与企业管理费用的外部影响之间的关系。他们指出,在这些外部影响中,有外部经济的影响,也有外部不经济的影响。而且,其中有些影响属于资源配置方面的影响,也有些不属于资源配置问题。例如,企业 C 产生固定的噪音,使邻近的企业 D 的劳动效率下降,并使 D 的平均成本上升,产量下降,价格上涨,从而使 D 的生产要素的边际成本增大。这种情况下的外部影响不涉及资源配置问题。

布恰南和斯塔布巴因联系帕累托最优原则来考察外部影响问题。他们认为,如果有 A、B 两个企业,B 对 A 产生外部影响,使 A 的境况好起来,但 B 的境况也不因此而坏下去,这就符合帕累托最优原则的要求;补偿也应当用这个原则来考察其福利后果。他们还指出:假定收入分配不发生影响,那么帕累托最优原则与外部影响的存在是并不矛盾的。如果 A、B 双方的关系中存在外部不经济问题(即 A 损害了 B),那么无论从哪一方来解决都是可以的。比如说,一方面,法律可迫使 B 补偿 A 的损失而又不至于影响 B 的最优产量;另一方面,受损失者 A 为了自己的利益,也可以通过不同的方式要求 B 减少它的产量。他们认为庇古在论述这个问题时,只考虑产生外部影响的一方,而没有考虑受外部影响的另一方。因此他们提出"倒转配置"的论点,即受外部影响的一方倒转过来补偿产生外部影响的一方,使后者纠正外部不经济。

三、外部经济理论的基本特征

以上概述了 20 世纪 70 年代以前福利经济学家关于外部经济问题的主要论点。根据这些主要论点,可以把外部经济理论的基本特征归纳如下。

第一,在福利经济学中,外部经济被看成是生产函数或效用函数的相互依赖的结果。例如 A 的福利依赖于 B 的生产或消费行为,或 B 的福利依赖于 A 的生产或消费行为。对这种福利的相互依赖关系的研究以福利经济学中的社会福利函数理论为依据。

第二,福利经济学家在分析外部经济问题时所使用的方法仍然是比较静态的分析方法、局部均衡的分析方法。他们通常是在假设完全竞争的前提下,考察厂商的均衡价格和均衡产量,并认为在必要时,可以通过某种形式的干预,使厂商的均衡产量成为最优产量。

关于这一点,尼科尔森曾这样论述:假设有两个厂商,一个生产商品 X,一个生产商品 Y;假定它们的投入只有劳工(劳工作为可变生产要素);假定 Y 的生产对于 X 的生产有外部影响。这样,X 的生产函数可写做:$X = f(L_x, Y)$。L_x 表示生产 X 商品的劳工,Y 表示对于 X 的影响。例如 X 厂和 Y 厂都在一条河水旁。Y 在生产中污染了河水,于是 X 的产量不仅取决于它自己所用的投入,而且还取决于污染的河水对它的影响。Y 产量的增加,就会使 X 产量减少。这就是外部经济理论中使用比较静态的、局部均衡的分析方法的一例。

第三,福利经济学家在分析外部经济问题时不仅采用局部均衡分析方法,而且也运用了帕累托一般均衡分析中的最优概念,即在如何评价福利的增减时,要根据补偿后没有一方比过去的境况坏些,而至少有一方比过去的境况好些的标准来判断。

布恰南和斯塔布巴因的分析是很能说明问题的。他们认为,假设不存在收入分配的影响,要达到最优产量,就要减少产生外部不经济的企业的产量。比如说,有 A、B 两个企业,A 对 B 产生外部不经济,因此,就要使 A 付出等于对 B 造成的边际损害的代价,或者使 A 得到减少它的产量的补偿。外部经济理论中关于课税和补贴的分析,都是从这样的标准出发的。

按照福利经济学家的看法,如果一方在补偿另一方的损失之后境况坏下去了,而受补偿者的境况并没有好起来,那就意味着社会受到了损失。因此外部经济理论的研究必须寻找出另一种代价较小的办法来减少外部不经济。

第四,福利经济学作为一种规范的研究,它认为自己应当提出处理外部经济和外部不经济问题的有效的对策。所以外部经济理论的另一个基本特征,就是要求资产阶级政府在生产和消费中存在外部影响时承担调整外部影响的任务。它认为,政府的主要作用之一是迫使生产者担负起它们所造成的外部不经济的责任。它有时主张政府直接接管这类企业的业务,或者制定地区性法律来控制这种不利的外部影响,甚至有时主张一些企业国有化(虽然有的福利经济学家认为这个办法并不好,因为国营企业的经理可能与私人企业的经理一样忽视外部不经济所造成的损失)。

四、外部经济理论中关于财产权的学说

在外部经济理论中,值得一提的是尼科尔森关于财产权的学说。他主张,通过财产权的规定,使外部影响"内在化"。所谓内在化是指:涉及外部影响的双方在财产权方面进行协商,把两个工厂合并,这就可以使外部影响内在化。除了工厂合并而外,尼科尔森还认为:例如在娱乐场所(滑冰场、高尔夫球场,旅游旅

馆)附近经常开设一些服务性企业(如加油站,汽车游客旅馆、商店等),也可以把服务业的利益内在化。又如,近年来美国趋向于建立地区性的管理机构,这是因为:一方面,市政府不能处理若干城市问题,而有些问题在市区附近的城镇内都存在(例如空气污染问题,不仅是一个城市的问题,还影响到附近的城镇);另一方面,城市作为商业和文化中心,也为附近的城镇提供了方便,所以建立地区性管理机构可以使外部影响内在化。

尼科尔森十分强调财产权的规定对于解决外部经济下的资源配置问题的重要意义。他认为市场处理不了环境的外部影响,例如工厂对水和空气的污染、市区噪音、车辆的拥挤等。这些例子表明,在有些场合是不能通过协商来使外部影响内在化的,因为受害者人数众多,不可能把他们有效地组织起来达成协议,所以只好用法律来处理双方的经济纠纷,使产生外部不经济的企业改进生产技术,减少污染,例如,对发电厂规定严格的反空气污染的条例,将迫使发电厂使用含硫低的燃料等。再如,也可以通过互利的协议使外部影响内在化。以前面提到的苹果园与养蜂场为例,双方签订合同,养蜂主付租金给苹果园,作为采蜜的报酬,而苹果园主也付租金给养蜂场,"租"蜜蜂来传授花粉。

上述例子都说明了福利经济学中关于外部影响与财产权之间关系的论点。福利经济学家认为,财产权方面的法律规定对于解决外部不经济具有重要意义。以捕鱼业为例,如果水域公有,人人可以任意捕鱼,那么就会捕捞过多,从而影响鱼的产量。私人捕鱼者不会考虑他们的行动会增加社会成本,他们不会削减自己的捕捞量,以维持鱼的存量,因为他们知道别人也不会这样做。福利经济学家由此认为,如果水域归个人私有,业主就会考虑今年的抽捞对于明年捕捞的影响,从而调整自己的产量。所以确立私人财产权或明确私人财产的界限,被认为有利于解决外部不经济问题。

五、外部经济的计算

庇古在1920年出版的《福利经济学》一书中,最早提出了外部经济与不经济表现为所投入的生产要素的边际社会纯产值与边际私人纯产值的差额的论点;并且提出要合理调整市场价格,以便在市场竞争下达到最优产量。① 因此,福利经济学中计算外部经济的传统方法是:以某种经济行为的社会影响与个人影响之差来计算外部经济和外部不经济。

在福利经济学家看来,由于存在着外部影响,所以生产者或消费者所承担的成本并不一定与社会成本一致。如果生产者产生外部经济,其私人成本就超过社会成本。如果生产者产生外部不经济,其私人成本就小于社会成本。在这两种情况下,即使企业的边际生产和交换条件都符合帕累托最优原则,但对于社会来说,却并不符合帕累托最优原则。正因为外部影响的存在导致经济中不可能达到帕累托最优状态,因此福利经济学家主张采取调整外部影响的措施。

然而,在调整外部影响后,是不是一定要达到最优位置呢?有些福利经济学家提出了新的看法,即认为并不是非达到最优位置不可。关于这一点,将在本章第二节讨论次优问题时再详细地叙述,这里只涉及与外部经济有关的问题。

---

① 参看本书第二章。

尼科尔森对于外部经济和外部不经济作了这样的分析：

假设商品 X 和商品 Y 的市场是完全竞争的市场。X 商品价格(P_X)等于这一商品的私人边际成本(MC_X)，即：$P_X = MC_X$。

假设 X 的生产没有外部影响，则 X 的社会边际成本(SMC_X)就等于它的私人边际成本，即：$P_X = MC_X = SMC_X$。

假设 Y 的生产是有外部影响的，其价格虽然等于私人边际成本（即 $P_Y = MC_Y$），但 Y 的社会边际成本(SMC_Y)并不等于私人边际成本（即 $SMC_Y \neq MC_Y$），而是等于私人边际成本加上 Y 的生产对 X 产量变动的影响（这种影响可能使成本增大，也可能使成本下降）。

假设生产一个单位的 Y，使 X 产量减少 MP_Y，其减少的产值等于 $P_X \cdot MP_Y$。P_X 是 X 商品价格，MP_Y 表示 Y 对 X 的边际生产率。这时，它是一个负数。

然而 Y 厂商没有觉察到这一外部不经济的影响，其价格仍等于私人边际成本。

由于 $MP_Y < 0$，$MC_Y = P_Y$，所以 $SMC_Y > MC_Y$，$SMC_Y > P_Y$。

这就是说，在这种情况下，Y 生产得越多，生产 Y 的社会边际成本就越大于 Y 的价格。因此，如果把一些劳工从 Y 的生产中抽出来转移到 X 的生产中去，社会边际成本将下降，社会就得到利益（见第三十八图）。

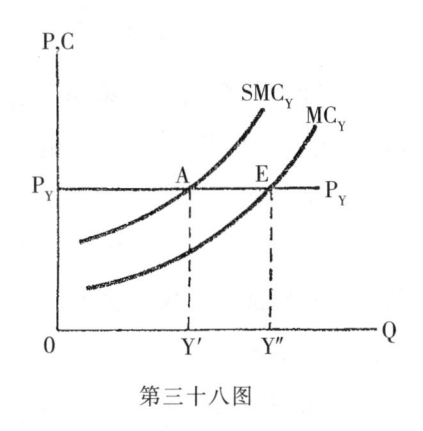

第三十八图

如第三十八图所示，Y 是产生外部不经济的厂商。横轴

(Q)表示其产量,纵轴(P,C)表示其价格或成本。其需求曲线是一条与横轴平行的线。在 Y'' 上,价格等于 Y 的私人边际成本(MC_Y),Y 取得最大利润。

由于 Y 对 X 的外部不经济的影响,生产 Y 的社会边际成本(SMC_Y)大于私人边际成本(MC_Y),也大于 Y 的价格。这样,只有把 Y 的生产减少到 Y',才能使 Y 的社会边际成本等于价格。

那么,如何使 Y 产量缩减呢?传统的办法是课税与补贴。政府可以向产生外部不经济的厂商征收商品税,而使 Y 的产量减少,使 Y 的劳工转移出去。如第三十九图所示,在商品税(t)使 Y 实际得到的价格减少到 P_Y-t 的那个价格上时,厂商就会减少生产 Y。在 Y' 上,厂商私人边际成本是 P_Y-t。这时,每单位商品要承担 t 的外部成本。

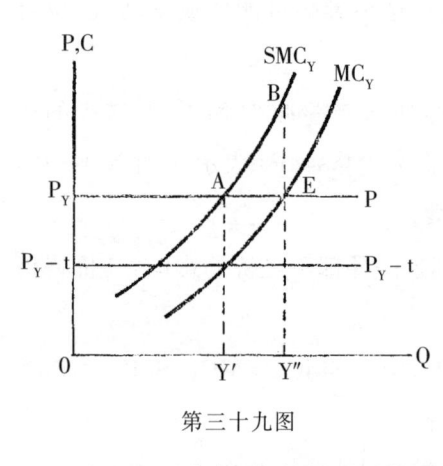

第三十九图

下面用一个例子来说明。假定某造纸厂在生产 150 吨纸时,市场处于均衡状态,它以每吨 200 美元出售产品。但每吨 75 美元的外部成本并未计算在内,这是生产每吨纸引起的环境污染、鱼的死亡、自然环境破坏造成的外部成本。因此,生产纸的社会边际成本不仅包含生产者的私人边际成本,而且还包含上述外部成本。

如第四十图所示。横轴(Q)表示纸的产量(吨数),纵轴(P,C)表示纸的价格和成本,dd 为需求曲线。图上,社会边际成本曲线(SMC)与私人边际成本曲线(MC)平行,并在它之上,二者距离为 75 美元。

如果考虑到生产纸的社会成本,就少生产一些纸,引起纸价上升。从图上看出,当产量为 100 吨,而不是 150 吨时,售价是每吨 250 美元,而不是 200 美元。而在 100 吨的生产水平上,边际私人成本是每吨 175 美元,在 175 美元之上再加上外部成本 75 美元,得出每吨 250 美元的售价。于是政府向产生污染的纸厂征收每吨 75 美元的税。这样就可以使私人边际成本等于社会边际成本了。政府有了课税的收入,就能给受污染损害者以补贴。补贴最高额以每吨纸 75 美元为限。

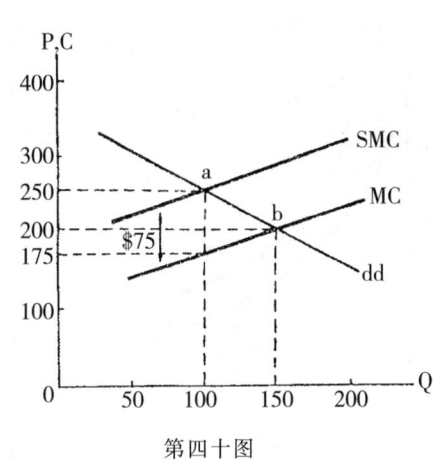

第四十图

可以对第四十图上的 a、b 两点进行比较。b 为产量 150 吨时 MC 与 dd 相交点。这时价格为 200 美元。私人边际成本(MC)也是 200 美元。外部成本无法解决。a 为产量 100 吨时 SMC 与 dd 相交点。这时价格为 250 美元。私人边际成本(MC)为 175 美元。社会边际成本(SMC)为 250 美元。外部成本为 75 美元。课税也是 75 美元。补贴以 75 美元为限。于是在 a 点上,外部成本被认为可以得到解决。

以上分析的是一个造成污染的厂商的情况。下面再对两个厂商的情况进行分析。尼科尔森的分析如下:

假设有 X、Y 两厂，两厂共用一条河。如果 Y 厂使河水污染，而 X 厂使用这条河，并且维持河水干净。于是两厂的社会边际成本与私人边际成本不一致。如前所述，如果两厂合并为一厂，那就可以做到外部影响的内在化。①

此外，尼科尔森还从社会资源配置的角度来考察外部经济问题（见第四十一图）。

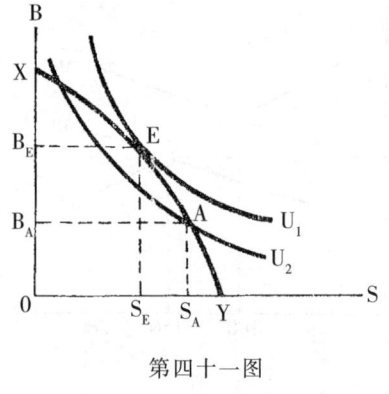

如第四十一图所示。横轴 S 表示一种商品数量，纵轴 B 表示另一种商品数量。XY 曲线表示生产可能性曲线，即社会资源生产 S 和 B 的可能性。U_1 和 U_2 表示两条不同的社会无差异曲线。

第四十一图

假定 S 是产生污染的商品，它造成外部不经济，而 B 的生产假定不产生外部不经济。在一定的资源条件下，要多生产 S，就必须少生产 B，或者，要多生产 B 就必须少生产 S。

在 XY 曲线上有 A、E 两点。A 点位于 XY 曲线与 U_2 曲线相交处；E 点位于 XY 曲线与 U_1 曲线相切之处。假定资源配置按 A 点来定，社会上将有 S_A 数量的 S，B_A 数量的 B。同样的资源，如果按 E 点来配置，社会上将有 S_E 数量的 S，B_E 数量的 B。

$S_A > S_E$，$B_A < B_E$

在这种情况下，由于 E 位于满足程度较高的社会无差异曲线上，所以 E 被认为是资源有效配置的位置。但怎样才能使资

---

① 参看第本书 220—221 页。

源配置由 A 点移到 E 点呢？那就一定要设法改变市场价格，因为厂商在决定生产 S_A 时，并不会考虑到 S 所造成的外部不经济，而只有在市场价格变动的影响下，厂商才会放弃 $S_A - S_E$ 数量的 S 产量，而使社会达到 S_E 与 B_E 的产量组合。

六、福利经济学中有关外部经济理论的若干新论点

20 世纪 70 年代以前，关于外部影响的研究集中于生产领域里，消费方面的外部影响研究较少。1973 年，达蒙与米勒斯发表了"存在消费外部影响情况下的总生产"①一文，对消费中的外部影响及其调整所产生的收入影响进行了分析。他们不同意以前讨论外部经济调整时不考虑收入分配的影响的论点。他们提出了两个理由：第一，在采用课税和补贴调整外部影响后，会使得有关企业的实际收入变动，从而抵消课税和补贴的影响；第二，由于不同的消费者对同一种商品的需求弹性不同，因此调整外部影响将会对消费者的实际收入产生不同的影响。

1973 年蒂坦堡发表了"特别税与污染的控制：一般均衡分析"②一文。他认为，只要政府对污染征收特别税，就能控制污染。这是因为：政府跟消费者与生产者不同，它所从事的目标是寻找社会有效资源配置，所以对污染征收特别税，是政府利用价格机制来解决污染问题的一项对策。由于污染的任何程度的增加都会使消费者福利受到损失，因此用征税的办法和补贴的办法来控制污染，可以转移外部影响，可以达到资源的最优配置。

1976 年，霍尔特曼发表了"调整外部影响的各种税制与补

---

① 载于《经济学季刊》，1973 年 2 月。
② 载于《经济学季刊》，1973 年 11 月。

偿的效率"①一文,也谈到在生产外部不经济情况下的赋税和补贴问题。他认为:在某些情况下,不能直接向外部不经济征税。例如在飞机噪音,交通拥挤等情况下,只能向出售飞机的企业征税,或向飞机所有单位征税,或补贴私人或办公室安装双层玻璃窗等。又如交通拥挤问题,可以征收使用中心区道路的税,再加上实行交通限制等。此外,也可以向产生外部影响的生产单位的产量征税,或调整产量。

关于外部影响问题的研究中,以前发表的大量文章都是分析稳定的外部影响的。稳定的外部影响是指可以掌握的外部影响。人们可以通过各种协调方式,使这种外部影响内在化。1978年,格林伍德与英吉纳发表了"不稳定的外部影响、责任规则与资源配置"②一文,试图发展以前的论点,分析不稳定的外部影响。他们的分析方法是:假定一个厂商对另一个厂厂商的影响是任意的,那么在这种情况下,厂商就会遇到风险,厂商在考虑最大化问题时,就要把外部影响的分担和自己对风险的态度都估计在内。于是,究竟采取协商方式来解决还是采取合并方式来解决,这取决于厂商对于风险的预期。

在他们看来,在稳定的外部影响下,均衡的位置可使外部影响内在化,但是在不稳定的情况下,这一定义的有效性取决于谁控制合并了的工厂以及合并后工厂对风险的态度。他们提出,假设有A、B两厂,A所产生的外部因素对B发生影响,A的利润是它的一系列指标的函数,B的利润是两个厂产量的函数。

---

① 载于《经济学杂志》,1976年2月号。
② 载于《美国经济评论》,1978年7月号。

这样，要达到帕累托最优状态，在理论上最简单的方法是把 A、B 两厂合并在一起，使外部影响内在化。但即使两厂合并，也不知道它的产量决策是否会影响利润。它应当考虑无数个可能性，以便使得风险达到尽可能小的程度。

至于调整后的产量水平，它取决于合并后谁控制这个工厂。如果经理有大笔收入，或是股东掌握了大量股票，控制了企业，这样，企业就服从自己的风险估计，而不服从市场的风险估计，于是就需要有政府的干预。格林伍德和英吉纳认为，在这种情况下，政府的课税和补贴措施可以使生产达到帕累托最优状态。

格林伍德与英吉纳设计了一种"贿赂市场"。所谓贿赂市场是他们的特定的概念，表示在不稳定的外部影响的情况下，与外部影响有关的双方通过协商，一方送钱给另一方，使后者削减产量，以便在均衡产量条件下转移外部不经济的负担。这就会使双方的利润增加。

格林伍德与英吉纳指出，上述贿赂过程取决于法律的规定。这就是说，在法律所许可的污染情况下，受外部影响的厂商 B 在没有其他可行的办法的时候，只得送钱给厂商 A，让后者改变产量。这时，B 是愿意冒风险者，是承受不稳定的外部不经济的一方；A 是不愿冒风险者，是掌握削减产量的情况的一方。但 B 向 A 付钱而使 A 减产的数额不会超过 B 的边际收益，否则 B 就不愿采取这种办法；而 B 付给 A 的钱应等于 A 的边际损失，否则 A 不会同意这样做。

格林伍德与英吉纳还指出另一种情况，即根据法律的规定，造成污染的厂商 A 要补偿厂商 B 的损失。这时，A 可能一方面降低自己的产量，另一方面则要求 B 也减少它的生产。因此，A

是愿意冒风险者,B是不愿冒风险者。B所愿削减的产,是不会超过A给他的补偿。

从以上所述可以看出,近年来资产阶级福利经济学中关于外部经济或外部不经济的论述,从本质上说是马歇尔和庇古的庸俗经济理论的发展,它们是为资产阶级政府和垄断资本集团制定价格和产量政策提供理论依据的。但由于它们涉及了一些与生产力发展有关的问题,特别是有关环境污染所造成的损失及其补偿费用的计算问题,这些看法在一定程度上是可供我们参考的。社会主义经济研究中,对外部经济和外部不经济问题的忽视,应当被看成是研究工作的不足。因此我们不应当拒绝西方经济学家关于这些问题的研究中的一切可供参考之处。

第二节 次优理论

一、次优问题的提出

由于福利经济学的理论向来是脱离实际的,所以近三十年来,一些资产阶级经济学家对于所谓"福利准则"是否能作为制定经济政策的依据发生了怀疑。这种怀疑首先与传统福利经济学中所采用的帕累托的价值判断标准和"最优条件"的假设有关。

根据现代西方福利经济学家的概述,帕累托的价值判断的要点是:第一,所谓"福利"是指社会上一切成员的福利,它表现为序数的社会福利函数;第二,各个人的福利函数是互不依赖的、不能比较的,个人(不是别人)是自己福利的最好判断者;第三，资源配置的任何变化至少增加一个人的福利而不减少其他人的福利时，就被看作是促进了社会福利。[①] 至于帕累托在论证时所作出的技术方面的假设，则被概括如下：第一，假设个人效用函数不变，是静态的。第二，假设每个人既是消费者，又是生产者；第三，假设每个人的偏好不受他人的影响；第四，假设每个人的偏好函数可以用连续不断的效用函数来表示；第五，假设所有的生产函数是连续的；第六，假设商品和生产要素是完全可分割的；第七，假设消费者个人寻求效用最大化，而生产者寻求最大利润。

如前所述，所谓帕累托最优条件问题就是尽可能最大限度地提高交换和生产的经济效率的问题。而要达到那样的经济效率，必要条件是：任何一对生产要素投入量的边际技术替代率相等，即以一种生产要素的最后一个增加的单位来代替另一单位生产要素的比率相等；所要生产的商品跟消费者偏好相一致，即生产中的边际转换率等于消费中的边际替代率。如果在资源配置中，使所有人的边际替代率都等于经济中的边际转换率，那就被认为达到了最大的社会福利。

但帕累托最优条件是以完全竞争市场的假设为前提的。完全竞争的假设并不现实。所谓完全竞争的假设是说：在这样的市场上，所有消费品的均衡价格与价格的比例相等，每对商品的边际替代率相等，每对商品之间的边际转换率相等，它们的价格比例也相等；而边际转换率等于边际替代率。这样，价格等于边际成本，从而达到全部均衡。由于完全竞争的市场是不存在的，

[①] 参看本书第三章。

由于完全排除了外部影响,所以在现代复杂的工业经济中所谓完全竞争只能作为一种极端的模式。现实世界向完全竞争下最优化不可避免地存在着差距。这种差距的存在促使一些福利经济学家考虑对帕累托最优条件进行修正。他们指出:如果在经济活动中达不到所谓最优的资源配置,如果现实世界中的经济活动的结果同福利理论的结论不一致,那该怎么办?而且他们认为,这种现象并非个别的,而是普遍存在的。既然最优条件只是新古典经济学虚拟出来的东西,如果最优条件所假设的完全竞争状态不存在于现实经济生活之中,那又该怎么办?这样,那些持怀疑态度的资产阶级经济学家提出了一个问题:如果经过预测,所得出的福利函数不符合帕累托最优条件,那么经济福利能否增加?次优理论(second best theory)就是在这些讨论的基础上逐渐形成的。

二、次优理论的产生和发展

次优问题最初出现在第二次世界大战以后资产阶级经济学界讨论对外贸易的文章中。当时,一些资产阶级经济学家认为减免关税会改进生产效率和福利,而另一些人则主张应该有差别地减少贸易限制,在不能建立普遍的自由贸易时实行差别关税。1950年,美国资产阶级经济学家怀纳在所著《关税同盟问题》一书中指出:减少某些进口商品的关税会减少世界生产效率,而差别贸易政策则会影响世界生产成本。1955年,米德在所著《贸易与福利》一书中对于这个问题的看法是:关税同盟在鼓励成员国之间通商时会增加福利;而在它阻拦成员国与其他地方通商时会减少福利。怀纳和米德的相同的结论是:关税同盟究竟是增加福利,还是减少福利,或是使福利维持不变,取决于上述两种相反力量的对比,因此,不能轻易地作出某种变化在何种程度上符合帕累托最优原则的结论。

1955年,奥兹加在"关税论"①一文中认为:在多国关税壁垒的世界中,如果一国减少关税,可能减少那个国家和世界的实际收入;如果一国奉行自由贸易政策,可能会使世界所有商品的生产下降。这个论点导致这样的结论,那就是:在存在某种关税而不能实现普遍自由贸易的情况下,最好使某种关税存在于所有国家之中,而不是局部地废除关税。这就是说,在这种情况下,不必去寻找某种符合帕累托最优条件的解法,而宁肯寻找次优的解法。

关于次优问题的讨论的另一个方面是在课税问题上,即能否通过课税,重新分配收入,使经济在一定程度上离开自由放任条件下的均衡。1951年,李特尔在"直接税与间接税的比较"②一文中提出了所得税影响工作效率的论点。这是因为,在帕累托最优条件下,每个工人都根据他自己的生产力和对工作与闲暇的选择,来决定自己究竟工作多少。如果对工资征收所得税,工人的实际收入会减少,他们就不愿多工作。如果征收间接税,虽然不会发生工作与闲暇之间的替代问题,但却会干扰某种商品与其他商品之间的替代率,这样也不能符合帕累托最优原则的要求。

企业如何安排生产的问题,也是资产阶级经济学家关于次优问题的讨论的一个方面。按照帕累托最优条件,在整个经济

---

① 载于《政治经济学杂志》,1955年12月号。
② 载于《经济学杂志》,1951年9月号。

中,每个生产要素的边际成本必须等于它的边际收益。但按照次优原则,如果有一个厂商不符合这个准则,那就要求所有其他厂商也不必符合这个准则。其实,这个问题早在20世纪30年代中期就被资产阶级经济学家提出来了。斯密西斯在"生产与效用函数的分界线"①一文中曾认为:在生产中,当所投入的生产要素不能缩小到最低数量时,它的边际成本就不等于边际生产率;因此,要做到利润最大化,只能使所有其他的投入都离开边际成本等于边际生产率这一准则,即有一些生产要素的边际生产率要超过边际成本,而其他生产要素的边际生产率要小于边际成本。1951年,麦克肯齐在"理想产量与厂商们的相互依赖"②一文中也认为:如果不能达到边际成本等于价格的最优条件,那么将离开帕累托最优条件,而且不可能使生产增加到最大量。

接着,利普赛与兰卡斯特在"一般次优论"③一文中重申了这一论点。他们认为,如果所有的价格都不等于边际成本,那么生产者要做到利润最大化,就不能以帕累托最优条件作为标准。他们还认为:如果两种商品价格之比不等于它们的边际成本之比,例如X的价格比边际成本高出10%,Y的价格比边际成本高出50%,那么就把Y的价格定在比边际成本大50%的价格上,以求得次优的解式。

对于资本主义国家中的企业国有化问题,有些资产阶级经济学家们认为:由于处在不完全竞争的经济中,国有化企业的价格—产量政策有可能降低生产效率,阻碍福利的增长。例如,国

---

① 载于《经济学探索》,1936年版。
② 载于《经济学杂志》,1951年。
③ 载于《经济研究评论》,1956—1957年。

家对于公用事业的接管,初看起来似乎是有利的,似乎这会削弱公用事业的垄断势力,减少盈利,对消费者实行廉价供应,从而带来经济利益。但在长期内,由于公用事业利润的减少,对于公用事业的投资也会减少,结果公用事业的产品供给不足,这仍然对消费者不利。于是一些资产阶级经济学家认为国有化比原来的情况更坏。但另一些资产阶级经济学家的意见刚好相反。他们认为:在一个不完善的经济中,所有的结果都是次优的,因此不见得非坚持自由管理、自动调节的市场作用不可。利普赛与兰卡斯特则提出了这样的论点,他们认为,在经济生活中,政府可以在国有化企业存在的情况下运用自己的价格政策实现最大的"次优福利"。

以上就是次优理论产生和发展的简单过程。

三、次优理论的中心思想

从次优理论的产生和发展的历史可以清楚地看到,次优理论的研究者们所关心的中心问题始终是:如果达不到最优福利位置,那么离开所有可能达到的最优位置,就是次优位置;但"次优"的存在以"最优"的存在为前提,除非在整个经济中存在帕累托最优状态,否则根本没有什么标准来确定次优、第三优、第四优……,也根本说不出对于帕累托最优条件的背离应该在什么方面,或者相差多少量值。

利普赛和兰卡斯特曾经概括次优问题研究的基本论点。他们提出:如果所得到的福利结论不符合某一个帕累托最优条件,但却符合其他帕累托最优条件,那么是否要使它也符合那个帕累托最优条件呢?他们的答案是:要全面符合帕累托最优条件是不现实的；如果未能符合某一个帕累托最优条件，那么要使资源配置达到最优状态，只得离开所有其他的帕累托最优条件。这时的最优配置就是次优配置，因为它受到限制而不能全面符合帕累托最优条件。这就是次优理论的简单概括。

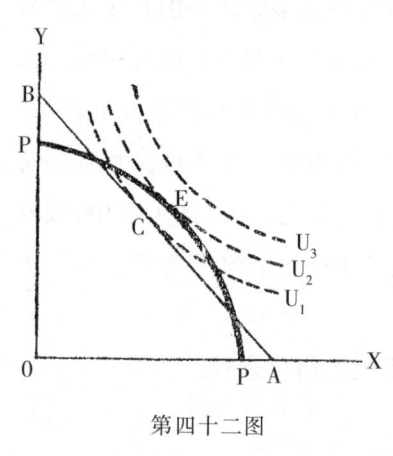

可以用简单的图解来说明。如第四十二图所示，PP线代表两个商品（X，Y）的社会可能产量，即生产可能性曲线。U_1，U_2，U_3 表示不同的社会无差异曲线，亦即表示全体消费者的不同偏好的满足状况。资源配置的最优点在PP与U_2相切的E点。假定在经济生活中出现一种限制而不能达到最优点E点（AB线代表这种限制），那么由于这种限制，两个商品的生产就不可能在AB线的东北方组合。这样，在AB线限制的条件下，最优点不一定位于PP线上，AB线与U_1的相切点C，就是次优位置。实际上，由于AB线的存在，资源组合不可能越过这种限制，最优点E不可能实现。因此，尽管E点的生产效率比C点的生产效率高，但C却优于E。

第四十二图

于是可以得出这样的结论：如果不能符合全部的帕累托最优条件，那么就不一定要求符合其中某些最优条件。

但次优理论的论述还不止于此。根据传统的资产阶级福利经济学说，客观上之所以达不到帕累托最优条件，被认为是由于完全竞争受到了结构上的或政策上的限制的缘故。福利经济学家认为，限制完全竞争的因素有以下这些：垄断，关税，税收，外部因素,公共产品等。他们指出:这些因素会使厂商的私人边际转换率不等于社会边际转换率,使商品的价格不等于它的边际成本,因此不能达到帕累托最优位置。不仅如此,有些福利经济学还认为,在一个复杂的相互联系的经济中,关于完全竞争市场所假设的条件的任何改变都会导致与最优位置的背离,而且也无法知道最终会离开最优位置有多远,即使改变某些条件向最优位置移动也无法判断结果与最优位置仍有多大的距离。比如说,目前处于 A 的位置上,它与最优位置 B 是有距离的。在试图移向 B 而到达 C 之后,仍然说不出 C 究竟是否接近最优位置 B 了。由此得出的结论是:在不可能达到最优位置的情况下,即使改变某些条件,移向最优位置,仍不能判断是否移到了最优位置上。因此,次优理论的研究者所要探讨的,不是如何达到最优位置,而是如何达到次优位置。

利普赛与兰卡斯特提出了两个前提条件。

第一,假定帕累托最优化受到了某种限制因素(如一种课税,一种收费,一种补贴,一个垄断者等)的影响。

第二,仍然保留了关于完全竞争均衡状态下的资源配置的假设。

利普赛和兰卡斯特从上述这两个前提条件出发,作了如下的分析(见第四十三图)。

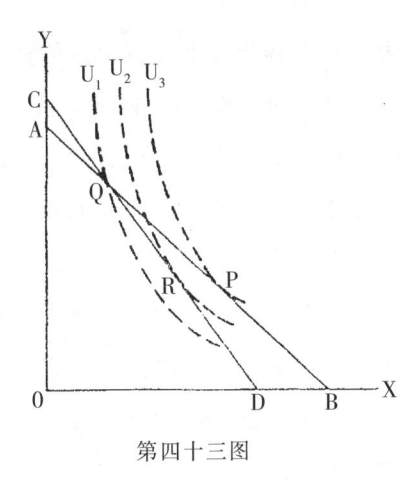

如第四十三图所示,OX、OY 代表两种商品的数量,AB 线代表两种商品的转换率,CD 是

第四十三图

限制因素。如果没有 CD 的限制,最优位置是在 P;P 位于转换曲线 AB 与无差异曲线 U_3 相切之点。

如果要符合限制条件的要求,那么只能在 CD 线上选点。这样就不可能到达 P,但可以到达转换曲线 AB 上的 Q 点。Q 位于无差异曲线 U_1、限制线 CD、转换曲线 AB 的相交点上。Q 还不是次优位置。

无差异曲线 U_2 位于无差异曲线 U1 之上。U_2 与 CD 相切之点为 R 点。R 点是次优位置,它位于转换曲线 AB 线以内,但却在 CD 线上。这表明,在复杂的经济体系中,离开帕累托最优位置仍有可能取得较高的福利,正如 R 不如 P(实际上 P 是无法达到的),但仍优于 Q 那样。

后来,麦克马纳斯在 1958—1959 年发表的"评次优论"[①]一文中,发挥了次优理论的论点。他提出:在不可能符合全部帕累托最优条件的情况下,如果局部地采用一个帕累托最优条件,那将不是增加福利,而是减少福利。麦克马纳斯的这一论点被认为是利普赛与兰卡斯特论点的补充和发展。

1968 年,米商在《福利经济学》一书中进一步发挥了次优论的论点。他认为,只要在生产中有一个限制因素,就不能再采用最优化标准。他主张修改帕累托的生产最优条件,即把生产最优条件修改为:在从生产要素转换为产品形式时,单位产品价格应当等于它的社会边际成本,并且可以用所雇佣的劳工的生产数量来衡量产品的单位值。假设一个商品的价格高出它的社会边际成本,那么所有其他商品的价格都要高出它们的社会边际

---

① 载于《经济研究评论》,1958—1959 年。

成本。在这种情况下,可以寻求次优解:使商品价格与边际成本的比率相同。

米商没有修正交换最优条件,即消费者边际效用之比等于价格之比。他认为,在消费方面也会受到所购买的商品数量和价格的限制,例如对于某种商品采用配给制,那么消费者所购买的商品数量就受到限制而小于最大的商品购买数量。但是由于配给制是政府规定的,所以米商认为不可能有次优解。

肖恩在 1975 年出版的《微观经济学》中,用图解来说明次优问题,进一步发展了次优理论。肖恩假设个人 A 是垄断者,是价格决定者,而个人 B 接受个人 A 所规定的价格。

如第四十四图所示。假定个人 A 允许变动价格,个人 B 就移到曲线 $t_0T_0^2$ 的那些点上。如果垄断者规定价格比例为 $t_0T_0^2$,它跟个人 B 的无差异曲线相切于 M 点,E 点是完全竞争的均衡点。均衡价格比例 t_0E 是在帕累托最优点上,而 M 肯定是低于最优点的,这就不是原来最优状态了。所以肖恩指出,次优论的消极结论是重要的,因为在实际生活中,总是到处有畸变,所以它的解总是带有次优的性质,而不可能是最优的。

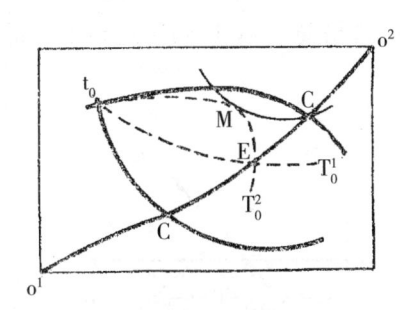

第四十四图

四、次优理论怎样为资产阶级政府的政策服务?——以关税同盟为例

前面在谈到次优理论的产生和发展时曾经指出,次优理论

的提出者主要是因为考虑到帕累托最优条件在现实情况下不可能达到,于是就提出应当退而求其次,寻找次优的解法。这种次优理论在关税同盟方面的运用,可以作为福利经济学的政策运用的例证。

以关税同盟来说,根据米德、利普赛、凡涅克等人的论述,可以证明有选择的保护贸易措施是有根据的,在达不到最优解的时候,通过关税同盟来增加贸易国的福利将是一种次优解。现将次优论中的关税同盟学说简述如下:

假定有 A、B、C 三国。A、C 两国是较大的国家,B 国是相对比较小的国家:B 国生产某种产品的生产成本是递增的,它的产品价格高于 A、C 两国进口的产品的价格(见第四十五图)。

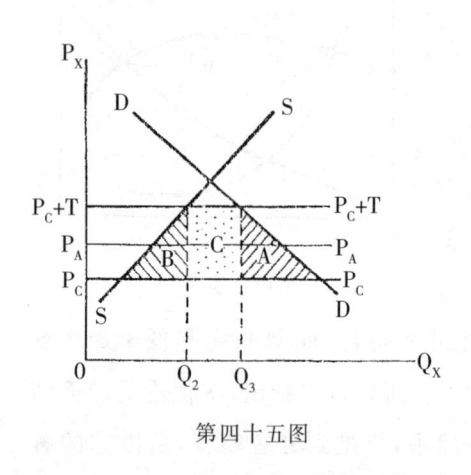

图中,纵轴 P_X 表示 B 国的 X 部门的产品的价格,横轴,Q_X 表示 B 国的 X 部门的产品的数量,DD 表示 B 国的需求曲线,SS 表示 B 国的供给曲线。假定 B 国是一个与世界市场隔绝的国家,它的国内的 X 部门产品的均衡价格将由 DD 与 SS 的相交点决定。

第四十五图

现在假定 B 国有可能同 A 国或 C 国进行贸易,从 A 国或 C 国进口 X 部门的产品。假定 A 国的 X 部门产品的进口价格为 P_A,C 国的 X 部门产品的进口价格为 P_C。如第四十五图所示,P_C 小于 P_A,所以 B 国愿意从 C 国进口产品。假定 B 国对进口产品征收关税,而关税率为 T,那么 C 国进口品的价格为 P_C+T。在 C 国进口品价格为 P_C+T 的条件下,B 国对 X 部门的产品的需求量为 $0Q_3$,B 国国内的 X 部门产品的供给量为 $0Q_2$,从 C 国的进口量为 Q_2Q_3。

从第五章第三节中关于自由贸易政策与关税政策条件下的福利变动比较的分析得知,在 B 国征收关税率为 T 的关税之后,B 国的福利损失相当于 A、B 两个三角形面积,长方形 C 则为 B 国的关税收入。假定关税收入用于公共支出,则可以根据补偿原则而不计入福利损失之中。

同样的道理,由于 C 国的 X 部门产品的价格高于 A 国产品的价格,C 国的产品到处排挤 A 国的产品,甚至还输入 A 国。于是 A 国也征收关税。A 国征收关税后,C 国进口品的价格也提高了,A 国在实行自由贸易时与征收关税时的经济福利的变动情况,也与 B 国相似。

现在,假定 A、B 两国组成了关税同盟,这就是说,A、B 两国在 X 部门产品的贸易上,一致对外,采取统一的关税率,排斥了 C 国产品的进口。B 国作为 X 部门产品的进口国,其产品改由 A 国进口而不再从 C 国进口。A 国的 X 部门产品过去在市场上要遭到 C 国产品的排挤,现在却可以自由输入关税同盟内部的成员国——B 国——了(见第四十六图)。

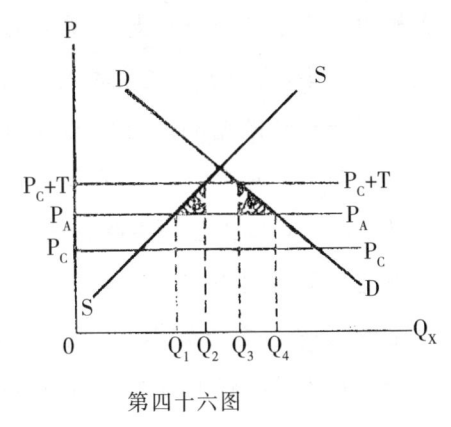

第四十六图

如第四十六图所示，P_A 是 A 国 X 部门产品的价格，$P_A P_A$ 线是 B 国所面临的 X 部门产品的供给曲线。

在实行 A、B 两国的关税同盟以前，即在价格为 P_C+T 的情况下，B 国国内 X 部门产品的供给量为 $0Q_2$，B 国对 X 部门的产品的需求量为 $0Q_3$，B 国从 C 国进口的 X 部门产品为 $Q_2 Q_3$。现在，由于 A 国 X 部门产品自由输入 B 国，即在价格为 P_A 的情况下，B 国国内 X 部门产品的供给量由 $0Q_2$ 降为 $0Q_1$，B 国对 X 部门的产品的需求量则由 $0Q_3$ 增加为 $0Q_4$，B 国从 A 国进口的 X 部门产品为 $Q_1 Q_4$。

研究关税问题的福利经济学家认为，在不可能达到最优条件的情况下，次优解不失为一种可取的办法。例如，把第四十五图与第四十六图相比，可以看出，作为福利损失的 A、B 两个三角形的面积，是缩小了。A、B 两个三角形的面积的缩小，意味着关税同盟导致的 B 国的福利的增加。但另一方面也应当注意到，实行关税同盟前存在的作为 B 国关税收入的长方形 C，在实行关税同盟后不存在了。正如前面已经指出的，假定 B 国把关税收入用于某项公共支出，则可以根据补偿原则而不计入福利损失之中，所以表示关税收入的长方形 C 的消失也可以不计算它引起福利的变动。但如果 B 国政府的某项公共支出已经成为一项不可减少的支出，在关税收入消失后，B 国政府还必须另外征收某项国内赋税来弥补该项公共支出，那么就必须考虑另外征收某项国内赋税所引起的 B 国福利的变动的情况。这就是说，关税同盟方案作为一种次优解，它最终究竟是净增加 B 国的福利还是净减少 B 国的福利，在这种情况下还必须依赖取消关税之后的其它赋税政策的作用为转移。

但无论如何,福利经济学家在有关关税同盟方面所发表的次优论的观点,向现代资本主义国家的政府提供了制定对外贸易政策的建议,使它们了解到在什么样的情况下可以针对不同国家实行有差别的关税率,或同什么样的国家组成关税同盟。

以上是对B国的福利变动的分析。下面,再看福利经济学家对关税同盟对A、B两国合计的福利变动进行分析(见第四十七图和第四十八图)。

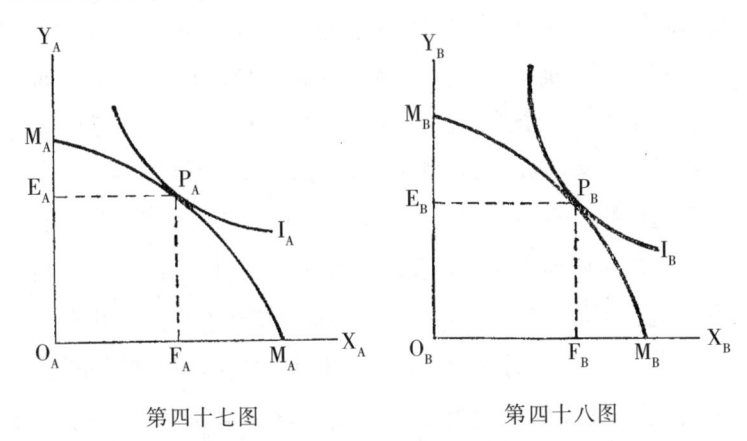

第四十七图

第四十八图

第四十七图说明A国的最优状态,第四十八图说明B国的最优状态。在这两个图中,A、B两国的社会无差异曲线分别是I_A和I_B。A、B两国的社会转换曲线分别是$M_A M_A$和$M_B M_B$。两国的社会无差异曲线与社会转换曲线的相切点分别是P_A和P_B。P_A和P_B分别说明A、B两国的X、Y两种产品的最优产量的位置。

为了防止第三国(如C国)的同类产品的竞争,A、B两国有必要采取一定的关税政策。但如果两国不是个别地实行自己的独立的关税政策,而是建立关税同盟,制定共同的关税率,那就有可能增加总的福利。关税同盟方案成为这种情况下的次优方案。

例如，在 A、B 两国中，A 国的 X 产品生产占优势，A 国以维持本国的 X 产品生产为目标；B 国的 Y 产品生产占优势，B 国以维持本国的 Y 产品生产为目标。由于两国建立了关税同盟，A 国将放弃 Y 产品的生产而专门从事 X 产品的生产，B 国将放弃 X 产品的生产而专门从事 Y 产品的生产。然后两国相互交换。

由于 A 国在生生 X 产品方面优势，B 国在生产 Y 产品方面有优势，于是 A、B 两国都能根据建立关税同盟后对自身的有利条件，而使生产量增加。这就意味着，原来的 $M_A M_A$ 线或 $M_B M_B$ 线都有可能向右上方移动，而与较高的社会无差异曲线相切。这意味着两国的福利的增加，至于福利究竟可能增加多少，将取决于 $M_A M_A$ 线或 $M_B M_B$ 线向上移动的幅度。

但这时仍然存在着另一种可能性，即假定 A、B 两国中，有一国在建立关税同盟以前，无论是生产 X 产品还是生产 Y 产品都比另一国占优势，但为了建立关税同盟，该国必须减少其中一种产品的生产，以便让另一国能得到某种利益，在这种情况下，建立关税同盟后，两国的福利能否增加或究竟能增加多少，除了取决于两国原来在生产 X 产品或 Y 产品的生产成本方面的差距而外，还取决于当时世界市场上两国所面临的第三国竞争的情况。

福利经济学家的这些论证，也为现代资本主义国家的政策在考虑对外贸易政策时提供了一定的依据。

第三节 相对福利学说

一、对庇古福利命题的怀疑

在资产阶级福利经济学中，相对福利学说主要是在 20 世纪

60年代以后发展起来的。它的主要代表人物有米商、伊斯特林等人。

相对福利学说的研究者通常对阿布拉摩维茨于1959年发表的"国民收入和产品长期趋势的福利解释"[①]一文推崇备至，认为这篇文章是相对福利学说的最早代表作。

阿布拉摩维茨是美国资产阶级经济学家。1959年，他在"国民收入和产品长期趋势的福利解释"一文中，对庇古关于福利的解释提出疑问。阿布拉摩维茨的看法是：把福利的增长与国民收入的增长等同起来的论点是大可怀疑的，不能认为总产量的增加与福利的增加是一回事。

阿布拉摩维茨还认为，不仅庇古所提出的广义的福利（即社会福利）的增加与国民收入的增长之间不存在正比例关系，甚至庇古所提出的狭义的福利（即经济福利）的增长与国民收入的增长之间也不存在正比例关系。

因此，在阿布拉摩维茨看来，庇古用国民收入量作为福利或经济福利大小的标志的"经典性"解释是不能成立的。

相对福利学说的研究者从阿布拉摩维茨的论点出发，主要怀疑庇古的下述三个命题：

第一，庇古认为：福利由效用或满足程度来表示，因此，对于个人福利，可以用单位商品价格及其变动计算效用的大小和增减，并用效用的大小和增减来表示福利的增减；对于社会的经济福利总和，可以用一国国民收入来表示；一国的国民收入也就意味着一国国民的个人福利的总和[②]。相对福利学说的研究者认

---

① 载阿布拉摩维茨编：《经济资源的配置》，斯坦福大学出版社，1959年版。
② 参看第二章。

为这个命题是不能成立的,因为一国国民的个人福利不可能相加,即使相加在一起,其总和是没有意义的;同时,由于一国国民中每个人对福利的估价不一样,所以不能用国民收入的大小表明该国国民的福利的大小。

第二,庇古认为,既然一国国民收入的增加表明一国福利的增加,所以在自由竞争条件下,通过资源自由流动,能使边际私人纯产值(指生产者增加一个单位生产要素所得到的纯产值)和边际社会纯产值(指社会增加一个单位生产要素所得到的纯产值)趋于一致,这样,资源配置也就可以达到最优境界;但在社会上,有些部门的边际私人纯产值大于边际社会纯产值,另一些部门的边际私人纯产值则小于边际社会纯产值。庇古提出,政府应通过对前一类部门的征税,加以限制;并给后一类部门的津贴,促进其发展,这样就能增加一国的福利。[1] 相对福利学说的研究者则认为,既然一国民收入的增加不能表明一国福利的增加,那么政府实行的征税和津贴的做法也就不能增加一国的福利。

第三,庇古认为,在国民收入为既定的条件下,通过国民收入的再分配也能增加一国的福利。他是根据边际效用递减规律而得出这一论断的:同一数额的货币,在富人手中的效用较小,在穷人手中的效用较大。因此,实行累进税制和采取社会福利措施,把富人的一部分收入转移给穷人,可以增加效用的总和,从而增加福利总量。庇古的这一命题,为后来的福利国家理论提供了理论依据。[2] 相对福利学说的研究者认为庇古的这一命

---

[1] 参看第二章,第五章第二节。
[2] 参看第二章,第五章第一节。

题同样不能成立,因为一国国民中每个人对福利的估价不一样,所以把某些人的一部分收入给予另一些人,并不一定能增加后面这些人的福利。

二、相对收入假定和相对福利学说

相对福利学说的研究者们为什么怀疑和否定庇古的福利命题呢? 要说明这一点,必须先了解相对收入假定与相对福利学说的关系。

前面已经提到,相对收入假定是美国经济学家杜生贝在1949年提出的。[①] 杜生贝认为:一个人的消费支出不仅受到自己收入的影响,而且受到周围的人的消费行为及其收入和消费相互关系的影响;相对收入假定的这一内容,即人们消费支出受周围的人的消费行为及其收入和消费相互关系的影响,对福利经济学的发展起着重要的作用。简单地说,根据杜生贝的理论,一个人从他的消费支出得到的效用是他们现期支出同他人的支出的比率的函数。

以 U_i 表示第 i 个人的效用指数,

c_i 表示第 i 个人的消费支出,

c_j 表示第 j 个人的消费支出,

a_{ij} 表示第 i 个人的消费对第 j 个人的消费的比率。

这样,

$$U_i = f\left[\frac{c_i}{\sum a_{ij} c_j}\right]$$

相对福利学说就是在这个假定的基础上形成的。这就是

---

① 参看第六章第一节。

说,一个人的支出同全国平均每个人的消费支出的比率是一个出发点,一个人由消费支出所得到的效用就以此为依据。他的消费支出越是高于这个平均数,他的福利就越大;反之,他的消费支出越是低于这个平均数,他的福利就越小。

依据相对收入假定,每一个人都隶属于一定的"关系集团"。所谓关系集团,是指个人在心理上把自己与之联系起来的那些人,个人的偏好和对事物的看法要受到这个集团的评价标准的影响,个人的行为和生活方式总是力求与这个集团的其他成员相似。因此,一个人对自身福利程度的看法,并不取决于绝对收入水平,而取决于相对收入水平,即取决于同别人的收入的比较,特别是取决于同自己心理上与之联系的那些人(关系集团)的收入的比较。

因此,讨论福利含义的相对福利学说的研究者一方面把福利与快乐(happiness)相提并论,另一方面又把快乐看成是相对的,是通过比较而得出的。例如,资产阶级福利经济学家米商认为,在福利经济学中,福利与快乐是同义词[①],福利是人们所体验的感受。[②]

艾考斯在其1972年出版的《基础经济学》中,也这样写道:福利与快乐是一回事,经济制度的首要任务就是"致力于人类的快乐"。[③] 而对快乐的理解则是相对的。坎屈里尔在其1965年出版的《人类关心的型式》中说明了快乐这个概念是因人而异的,各人有自己的理解。快乐的标志,有些是属于情绪方面的,

---

① 米商:《福利经济学》,载《国际社会科学百科全书》,第16卷,纽约1968年版。
② 米商:《福利经济学:十篇引论》,第二版,纽约1969年版。
③ 艾考斯:《基础经济学》,波士顿1972年版,第7页。

也有些是属于本质方面的。财富或收入有一定程度的联系,但它们并不是完全一致的。快乐不仅因人因地而异,而且在同一个人、同一个地点,也因时代不同而有不同理解,例如今天的美国人对快乐的理解就不同于第二次世界大战以前。

为了论证快乐的含义,他写道:如果说有人因有钱而快乐,但同时却有一些人虽然钱较少而快乐并不稍减,甚至存在着一些"无忧无虑的快乐的穷人"。国民与国民之间的比较也是如此,例如,西德平均每人的国民生产总值高于埃及八倍,但西德人自我感觉的快乐程度与埃及人不相上下;日本平均每人的国民生产总值高于菲律宾两倍多,但日本人自我感觉的快乐程度与菲律宾人不相上下。这意味着国民生产总值的大小与快乐的关系不那么密切。①

他还举美国人和印度人对快乐的理解为例。他说,根据他的调查,一个印度农业工人最希望的是有一个儿子,有一块土地,有一头母牛,在乡下盖一座房子。如果满足了这些要求,他就感到快乐了。一个印度工人最希望的是能买一辆自行车或一个收音机,子女能受到教育,自己身体健康,不生病。如果满足了这些要求,他就感到快乐了。然而,一个美国工人的想法则是:能买一辆新汽车,有一座好房子和较好的家具,有更多的假日,能去打猎和游玩,这样才感到快乐。因此,快乐的内容是不能用收入的绝对水平高低来衡量的。②

米商根据相对收入假定,甚至提出这样的论点,即人们的满足程度不仅仅依赖所占有的商品的效用,而且也依赖着这些商

---

① 坎屈里尔:《人类关心的型式》,路特格斯大学出版社,1965年版,第184页。
② 同上书,第205—206、222页。

品的相对价值。一个人对自己的收入和福利的评价不仅仅取决于收入的绝对水平,而且也取决与别人的收入相比较的水平。

为什么得出这样的结论呢?这是因为,在米商看来,既然福利是相对的,因此福利与个人收入的增长之间并无必然的联系。如果周围的人的收入都增长了,而某人的收入也按同一比例增加,那么这不会给他增加福利。如果所有的人的收入都增加了,但周围有些人的收入增长幅度比某人收入增长幅度更大,那么这个人虽然与过去相比增加了收入,但他不会因此感到幸福,反而会感到苦恼。由此可见,传统理论中的"福利随收入增加而增加"的命题不能成立。米商甚至写道:"一个人宁肯自己收入减少5%,而别人减少10%,却不愿大家的收入都提高25%。"[①]这正是典型的相对福利观点。

伊斯特林在"经济增长改善人类的命运吗?"[②]一文中,也从相对收入假定出发,讨论了相对福利的含义,怀疑和否定了庇古的福利命题。

伊斯特林认为,每个社会都有一定的消费标准或平均支出水平,一个人越是低于社会的消费标准,或者越是低于全国平均支出水平,他就越是不快乐;一个人越是高于社会消费标准或全国平均支出水平,他就越快乐。根据这种解释,一个人的收入增加了,但别人的收入没有增加得那么多,那么他的快乐就增大。一个人的收入增加了,但如果每个人的收入都同样程度地增加了,那么他的快乐不变。同样的道理,根据这种

[①] 米商:"增长和反增长:问题何在?",载威廉·米契尔编:《宏观经济学文选:当前政策问题》,纽约1974年版,第496页。

[②] 载于保罗·戴维和墨尔文·雷德尔编:《经济成长中的国家和家庭》,纽约1974年版。

解释,久而久之,社会的消费标准或全国平均支出水平是趋向于提高的,所以尽管人们的收入增多了,但水涨船高,他们的快乐并不增多。

在相对福利学说的研究者看来,如果客观的情况确是如此,那么庇古的福利命题还有什么意义呢?

三、关于福利的比较问题

伊斯特林在否定庇古的福利命题时,还提出了这样的看法。他认为,由于福利和快乐是一回事,快乐是人的心理的感受,是主观的东西,没有尺度可以衡量,因此,每一个人对福利的评价标准是不一样的,人与人之间的福利大小的比较也就失去了意义。福利因人而异,因地而异,因时而异,所以国与国之间的福利大小的比较、同一国家不同历史时期的福利大小的比较,也是无意义的。由此得出的一个论点是:用不同国家的平均每人国民收入数字来判断各国居民的福利程度,是一种不正确的国际比较方法;用一国不同历史时期的平均每人国民收入数字的变化来判断该国居民福利状况的变化,也说明不了任何问题。

伊斯特林举人的身高为例。他说道:美国人事实上比大多数印度人长得高。但如果你去向美国人和印度人作调查,请被调查人回答:"你感到自己长得很高,还是比较高,还是不很高?"结果必然可以得到不同的答复。美国人中,有人会回答:"我长得很高",也有人会回答:"我长得不很高"。印度人中,同样有人会说:"我长得很高",或"我长得不很高"。印度人中自己认为"长得很高"的人,在美国人当中可能不算高。美国人中自己认为"长得不很高"的人,在印度人当中可能是"长得很高"的。

为什么各人的自我感觉如此不同？这是因为人们生活在不同的环境中，每个国家都有一个身材高不高的标准，这个标准来自每个人的个人体验。美国人生活在身高的人的环境中，他们中间的较高的人并不感到自己很高。印度人生活在不很高的人的环境中，他们中间的个子较矮的人也不感到自己个子矮。因此，只要全世界还不存在一个大家都承认的身高的标准，美国人和印度人中间对身高的看法就不会一样。

同样，把今天的美国人同二百年前的美国人相比，也会这样。今天美国人的身材一般高于二百年前的美国人，但今天美国人自己也感觉不到这一点。今天美国人中个子不高的人，如果与二百年前的美国人相比，可能是身材高的人了。这是因为，历史上的美国人和今天的美国人之间缺乏一个公认的身高标准，所以也就无法把他们对个人身高的理解拿来比较。

伊斯特林认为，以身高作比喻，可以说明福利的相对性。身高是相对的，福利或快乐也是相对的。美国人的福利与快乐，既不能同外国人相比，也不能同他们自己的祖先相比。

伊斯特林接着写道：快乐与身高相比，"相似之点在于：每个人在对自己的快乐作评价时，把他的实际体验同来自他个人社会体验得出的规范相比较。不同的是，对快乐而言，并没有不依赖于个人的客观的度量的尺度。"[①]身高总还可以有一个客观尺度，快乐则同个人心理状态有关，例如，有的人尽管被别人认为应该是快乐的人，其实他本人并没有此种感受。因此，伊斯特林的看法是：如果说身高是相对的，那么福利或快乐更是相对的。

---

① 伊斯特林："经济增长改善人类的命运吗？"，载保罗·戴维和墨尔文·雷德尔主编《经济成长中的国家和家庭》，纽约1974年版，第117页。

伊斯特林认为,由于各国和各个历史时期的消费标准不同,各国的居民和各个历史时期的居民对于福利或快乐的体验不同,所以福利的国际间的比较或不同历史时期的比较说明不了问题。较不发达的国家的人民无法理解经济发达国家的人民的愿望,他们还不曾学会使用对经济发达国家的人民可能有用的一切东西。而除了福利的相对性而外,如果再考虑到不同的文化形式、不同的民间风俗习惯、不同的宗教信仰、不同的政治状况等,那就更可以看出这样一点:各国或各个历史时期的不同收入水平,不能作为判断人们的快乐程度的依据。

四、相对福利学说的政策含义

相对福利学说的研究者认为,既然一个人的福利只存在于同别人相比时的自我感觉之中,所以收入均等化的措施不可能增加低收入者的福利。他们由此否定所谓收入均等化增加福利的命题。他们由此得出的另一个论点是:一切旨在缩小居民之间的收入差距,以便增加低收入者的福利的政策措施,实际上都不可能达到预定的目标。

伊斯特林就此论述道:一个人对快乐的体验是从自己的相对地位出发的,他总是把自己的生活状况同别人相比。虽然有一些人认为,每个人总是把自己的生活标准同全国平均的生活标准相比;另一些人认为,人们不是把自己的生活标准同全国平均生活标准相比,而是同每个人所隶属的那个社会集团或阶层的生活标准相比;但不管怎样,都是同别人相比。一比较,就有差异,这种差异使处于较差地位的人苦恼。除非全体居民的生活水平完完全全一样,一点差异都不存在(这当然是不可能的),

否则总有人感到不满足,感到不快乐。特别是由于差异缩小了,对差异的敏感性反而增大了。越是敏感,就越不快乐。

伊斯特林这样写道:

"目前得出的结论并不一定意味着需要把注意力从经济增长转移到收入再分配作为改进福利的手段。资料本身不说明国际间快乐程度的差异是系统地与不平等相联系的。并且理论上的关系是未能确定的——如果相对地位不变,收入差异减少一半,那么快乐程度会大一些吗?至少表面上讲得过去的是:对收入差异的敏感性可能提高了,因此,收入较低的人在收入相距为50%的新环境中可能同他们在过去收入相距为100%的环境中一样地感到苦恼。如果是这样的话,那么主观的福利可能无变化。"①

关于相对福利学说的政策含义并不仅限于此。一些资产阶级经济学家提出:既然福利是相对的,那么地位也是相对的。人们的生活水平可能一样,或差距不那么显著;但人们的地位不可能一样,人们在地位方面的差距也不会一样,这样,苦恼将始终存在。

同样的道理,既然福利是相对的,那么贫困也只可能是相对的。

例如,伊斯特林就认为,正如人们对福利的理解并非固定不变的一样,贫困这个概念在历史发展过程中也是变动的。每一个时代都有与本时代相适应的意义上的穷人。贫困概念的变动表明了相对福利学说的重要性。

---

① 伊斯特林:"经济增长改善人类的命运吗?",载《经济成长中的国家和家庭》,第119页。

伊斯特林列举了以下这些论述为证。1965年,斯莫伦斯基写了"过去和现在的穷人"一文(载于《贫困的概念》报告集,华盛顿版),指出纽约市的工人的"最低限度舒适"的生活费用在本世纪内大约总是相当于按人口平均计算的国民生产总值的一半左右(见该报告集第40页)。1967年,富克斯在"贫困的再解释和收入的再分配"(载该年出版的《公共利益》杂志,8;第88—95页)一文中,以及1972年塔巴拉赫在"收入的适度:经济发展的社会观"(载该年出版的《发展研究杂志》,8;第57—76页)一文中,也都有相似的看法。这些观点表明:不同历史时期内,贫困的含义是不一样的;国民生产总值在增长,按人口平均计算的国民生产总值在增长,城市居民的最低限度舒适的生活费用的标准也在提高。以这个标准来衡量,穷人始终存在,但今天的穷人的绝对收入水平已不同于本世纪初年的穷人了。

由此得出的政策含义是:考虑到福利的相对性,考虑到穷人始终会存在,所以任何旨在消除贫困的政策措施都是不会成功的。某项政策措施实行后,好不容易把穷人统统变成了不那么穷的人,但社会上必定还有一部分人成了新的穷人,或者这些刚刚变为不那么穷的人依然被他们自己或被别人视为穷人。这种相对意义上的穷人不但存在,还会被创造出来。

如果再考虑到收入不断增长后,人们的欲望也不断增加,人们的福利或快乐并不变化,那么这一政策含义就更清楚了。为什么会这样?这是因为,收入和欲望同时增长,一个欲望刚被满足,另一个新的欲望又出现了,任何已被满足的欲望创造着未被满足的欲望。人们并不因收入增长而感到更加快乐。因此,在人们的欲望无止境的前提下,福利是实现不了的,贫困也是消灭不了的,想要使人们得到满足的努力注定不会生效。相对福利学说的研究者以这样的论点来否定各种福利政策的目标和有效性。

五、相对福利学说关于未来社会的设想

关于人类社会的发展前景问题,相对福利学说的研究者提出了这样的观点,即认为:即使个人收入增长了,那么个人的欲望也会随之增大,因此有关"丰裕社会"、"美好社会"的说法是没有根据的。他们指出,当前美国是否处于丰裕社会?或者说,人类社会是否存在着这样一个最终的阶段?那是大可怀疑的。因为从按人口平均计算的收入来说,这一代人确实超过了前一代人,但他们的快乐并不一定超过前一代人。况且经济增长也不可能使人类达到某种最终的丰裕境界,原因在于:经济增长过程本身产生着不断增大的欲望,而这又使得经济增长永远进行下去。

爱德蒙·马林沃德在"经济增长的代价"[1]一文中曾这样指出:消费水平的普遍提高并不能很好地满足人们的要求,这是因为,当一个人采取步骤来增加自己的消费品时,他总是假定自己可以从一个稳定的生活环境中得到来自追加的消费品的效用。但如果社会上所有的人都提高自己的消费水平,他就无法从追加的消费品得到所预想的满足。马林沃德由此得出的结论是:

第一,尽管国民收入的增长可以使人们得到某种好处,但如果从对人们的满足程度的衡量来说,更重要的是相对的消费水平,而不是绝对的消费水平。

---

[1] 载于爱德蒙·马林沃德编:《经济增长和资源》,1979年版。

第二，人们不可能甚至永远不可能达到这样一种理想的境界，即人们可以指望社会的丰裕而自动地满足人们的各种需求。

这就是说，马林沃德把人们指望因国民收入增长而得到的满足称为"虚幻的满足"，但虚幻的满足并不等于真正的满足，它也不会变成真正的满足。

伊斯特林也认为，应该从福利的相对性问题得出这样的结论：真正要满足人们的欲望，还需要对人类福利的原因和性质进行更加充分的研究，以及对人们的消费心理进行更加充分的研究。由于人们的兴趣不仅受到经济增长的影响，而且人们兴趣的变化还作为对经济增长的推动力起作用，并通过经济的变化，同政治活动有着密切的关系，因此，在未来的高度发达的社会中，政治动荡甚至政治骚乱也是有可能发生的，其重要原因在于居民的愿望和他们的愿望被满足程度之间的不一致、福利的相对程度的不一致。

这里所涉及的是一个十分重要的政策结论问题。它就是：究竟怎样解释现代资本主义社会中的政治动乱的原因？在杜生贝提出相对收入假定之后不久，资产阶级社会学家和经济学家就把这种理论用于解释"革命"、"反叛"的起因。1970年，古尔在《人们为什么造反？》一书中进一步说明了相对收入或相对福利对于政治安定和动荡的意义。按照传统的观点，一个社会集团之所以会起来反对另一个社会集团，主要是因为该社会集团的生活状况越来越坏。但资产阶级社会学家和经济学家认为，这一论点是不适用现代资本主义社会的，例如，美国黑人的生活状况与过去相比，并不是越来越坏，而是有所改善的，那么应当如何解释20世纪60年代内美国黑人的政治动乱呢？

运用相对福利学说而作出的解释是：

第一，虽然一个社会集团的生活状况与过去相比有所改善，但它却发现另一个社会集团的生活状况以更快的速度得到改善，从而自己与那个社会集团在生活状况方面的差距不是缩小了，而是扩大了，这就引起了它的不满，它认为这是不公平的，于是发生骚乱。

第二，虽然一个社会集团的生活状况与过去相比有所改善，但它的欲望却以更快的速度增长了，它的欲望与它的实际生活状况之间的差距不是缩小了，而是扩大了，这也将引起它的不满，它认为现实状况是不可容忍的，于是它反对现状。

相对福利学说的宣传者伊斯特林等人认为，这种解释是有根据的。他们由此提出了自己的看法。例如，在伊斯特林看来，人们的消费心理或人们的愿望既然如此值得注意，那么尽管今天美国社会比过去丰裕了，但这一代人有自己的不快乐的地方，无论收入多的人，或收入少的人，都有相类似的烦恼。同样的道理，现在这一代人没有什么理由可以认为下一代人不会产生自己特有的欲望，以及在达不到这些欲望时不会产生自己特有的烦恼。看来这一代人不必去为下一代人操心，更不必为他们去设计什么未来社会的蓝图，因为这些都是徒劳的。不仅如此，根据相对福利的论点，那种指望建立一种美好社会，即指望通过收入再分配来缓和国内矛盾和消除政治动乱，建立理想的未来社会的主张，也是没有根据的。相对福利学说的宣传者认为，到了将来，不管那时的收入分配如何公平，但人们永远不会因此满足。只要人们的欲望和生活状况之间还存在差别，政府的各种缓和国内矛盾的措施也只可能是徒劳的。

六、相对福利学说的庸俗性和辩护性

资产阶级福利经济学中的相对福利学说是一种以人的主观评价来解释福利的理论。这一理论尽管以怀疑和否定庇古的福利命题为标榜，但其实质上仍与庇古和庇古以后的福利经济学说一样，反对福利的阶级性，否认福利的客观属性，否认福利的客观来源，断言社会的福利取决于人的主观评价。特别需要指出的是，相对福利学说在把人的欲望同福利联系在一起时，它所谈论的人的欲望是抽象的，实际上是资产阶级利己主义思想和资产阶级个人欲望的代名词。这种论调没有科学性，它的出现和发展反映了资产阶级经济学的进一步没落和庸俗化。

相对福利学说还是一种间接地为资本主义剥削进行辩护的理论。这一理论的基本观点，就是认为贫困的产生根源于人们对等量收入在现在和未来两个不同时间内主观评价的差异，根源于人与人之间对快乐的不同看法。它由此出发，进一步断言在资本主义制度下反对剥削和消灭贫困的行动都是无效的。这种论调还歪曲资本主义社会中阶级斗争的性质，似乎这些斗争是由欲望不断增长的人们的不满足所引起的。这些反科学的论断显然符合于资产阶级的意图。

第四节 "平等"和"效率"交替学说

一、"平等"和"效率"的交替

正如第二章已经谈到的，庇古曾把收入再分配和资源有效

配置作为福利经济学的重要课题。庇古以后,关于收入均等化是不是实现福利的必要条件问题,在新旧福利经济学家之间是有所争议的,但效率或资源有效配置(或保证生产和交换的最优条件)作为促进福利的手段,则被新福利经济学认为无需怀疑。在这方面,庇古和庇古以后的新福利经济学家的看法没有多大分歧。

但是,究竟应当如何理解效率的福利含义呢?这至今仍被认为是一个不易回答的课题。资产阶级经济学家认为,效率一词从福利经济学的角度来考察,还有几个疑难问题没有得到解决。

第一个疑难问题是:不管生产什么东西,只要能卖掉就好,生产出来的东西能够卖掉,就等于社会生产有了效率。但如果深入一步,那就会问道:是不是生产出来的任何东西能够卖掉,都能称作有效率呢?如果生产出来的是对人的健康有危害的东西,能卖掉就意味着生产有效率吗?

第二个疑难问题是:生产得越多证明经济越有效率吗?如果也作进一步的考察,那就会发现,并不一定是生产得越多,经济就越有效率,有时甚至可能是这种情况,生产得少些,经济反而更有效率些。

除了这两个与效率本身有关的疑难问题而外,另一个被认为不易回答的、与效率有关的问题就是:效率与收入分配之间究竟存在着什么样的关系?

在福利经济学家看来,收入均等化意味着"平等",资源有效配置意味着"效率"。福利经济学既要探讨平等问题,又要解决效率问题。平等和效率二者同时成为福利经济学理论的鼓吹者竭力宣传的政策目标。但这两个目标能不能同时达到呢？尽管新福利经济学在把收入再分配摒除于福利经济学研究范围之外时已经声称,收入再分配有可能降低经济效率,但近年来,一些资产阶级经济学家在对西方主要资本主义国家采取社会福利政策的后果进行分析后,感到这个问题还大有深入研究的必要。他们认为平等和效率这两个政策目标是相互抵触的,二者之间存在着此长彼消的交替关系。据说,如果要做到平等(即实现收入均等化),那就要牺牲效率(即无法实现资源有效配置);反之,如果要提高效率,那就必然要扩大收入差距,难以实现平等。这个难题就被称为平等与效率的交替问题。

平等和效率的交替被认为是很难解决的。这个问题之所以被认为难以解决,据说是因为在资本主义社会中,收入分配的基本依据是市场对个人贡献的评价和付酬制度。效率的作用也就是市场的作用。比如说:"市场里的奖金为人们努力工作和作出生产性的贡献提供刺激力量。如果没有奖金,社会就要翻来覆去地去探讨选用其他各种方法。其他方法中,有些是不可靠的,例如利他主义;有些是危险的,例如集体忠诚;有些是不能容忍的,例如强制或压迫。"[①]因此,必然会导致这样的结果:市场越起作用,效率越高,收入也就越多;市场越不起作用,效率越低,收入也就越少。据说,这一矛盾最突出地反映于政府给低收入者的补助方面。如果采取把低收入者的收入一律提到某种标准线(由政府或社会保险基金组织补助差额),被认为是对少干活的不恰当的鼓励,会引起效率的损失。如果一律不给补助,则又

---

① 阿瑟·奥肯:《平等和效率:巨大的交替》,华盛顿1975年版,第119页。

不利于平等的原则。因此效率和平等被认为不可能兼而有之,而只可能有所侧重,有所先后,这就是:为了强调收入均等化,就宁肯牺牲效率;或者,为了强调效率,就宁肯让收入差距扩大。

二、平等和效率的先后次序

平等和效率的先后次序问题涉及资产阶级经济学说中更为深刻和重要的一个问题,即价值判断问题。

有些资产阶级经济学家们在谈到福利时,认为福利首先与自由相联系,而如果平等的获得以自由作为代价,那么这种平等是不可取的。他们还认为,平等只能通过市场竞争机制来实现,而不能依靠政治组织的措施来实现。由于在资本主义社会中,私有财产在法律上不是排他性的,即人人都有机会得到私有财产,所以用政治或法律来限制一些人获得财产或减少一些人的财产的做法,本身就是不公平的;如果要谈到什么平等的话,那么最大的平等是机会平等,而机会平等以自由的存在作为前提。例如,哈耶克说道:"由特殊干预行动对自发过程中造成的分配状况的'纠正',就一个原则同等地适用于每一个人而言,从来不可能是公正的。"[①]按照这些经济学家的意见,应当把市场竞争放在首位,侧重经济效率的提高,而不应当采取人为的收入均等化措施,强求平等,给社会带来更大的损失。

必须指出的是,这些强调效率的资产阶级经济学家,在维护"自由"与"效率"的幌子下,竭力反对工会采取提高工资和改善工作条件的斗争,他们认为工会就是"工会垄断",因为工会用强

---

① 哈耶克:《法律、立法和自由》,第 2 卷,《社会正义的幻景》,芝加哥 1976 年版,第 142 页。

制手段来垄断劳工供给,这违反了"自由"原则;而工会的一致行动则是通过"威胁"工会会员和他们的亲属而取得的。因此,这些资产阶级经济学家主张采取以下措施来控制工会的"威胁",例如,取消在企业中只雇属于一个工会的成员的权利;取消工会和企业之间订立合同的条件;取消一切纠察权,任凭每个工人对待罢工的决定采取独立行动,而不得进行威胁;或者说,虽然允许工人有罢工的权利,但要取消对罢工者和他们的家属的补贴,由工会自己筹措资金等。可见这些资产阶级经济学家完全站在垄断组织利益一边压制工人运动,他们所要维护的"自由";实际上是代表垄断资本利益的自由,而并非像他们所说的"人人平等"的自由。

与此相反,另一些资产阶级经济学家持有不同的观点。他们认为,如果听任市场竞争机制充分发挥作用而不采取人为的干预措施,那么不仅收入不可能公平地分配,甚至资源也不可能有效地配置。他们的主张是:"使平等优先"。[①] 他们强调把国家干预下的收入均等化放在首位,缩小市场的调节作用。在持有这种看法的资产阶级经济学家中,还有一些人提出,单单是收入均等化还不够,还应当强调财产均等化、权力均等化等,这些也都只有在国家干预之下才能实现。因此,所谓使平等优先,实际上也就是主张进行国家干预,限制市场经济的作用。

持有这种看法的资产阶级经济学家中还有人认为,在现代资本主义社会中,效率与财富并没有直接的联系,比如说,有些人持有股票而致富,但这些人既不从事生产,也不从事服务,他

---

① 约翰·劳尔斯:《正义论》,哈佛大学出版社 1971 年版,第 62 页。

们并不因自己的效率的提高而获得财富。所以从这个角度来看,可以把收入分配同效率问题分割开来,而不必顾虑平等会挫伤效率。

第三种意见是一种折中的意见。持有这种观点的人认为:既不是效率优先,也不是平等优先,而是二者兼顾。他们试图找到一条既维护市场机制,又消除收入差别扩大的途径,即设法使平等和效率二者都能有所增进的途径。

例如,约翰·劳尔斯从福利经济学的角度考察了平等问题。他认为,传统的福利经济学研究中关于平等的论述是很不够的,比如帕累托的社会选择的论点就没有作出政策方面的结论。劳尔斯认为:把新福利经济学观点运用于平等理论,所得出的政策结论应该是,一方面要肯定现有的分配状况是平等的,而另一方面则要照顾到"社会上最不获利的成员"的利益。他提出了两个原则:第一,"最大自由原则",即每个人要有平等权利,有最广泛的基本自由,而且有与其他人同样的自由,除非自由妨害了基本的制度结构;第二,"差异原则",即社会和经济的安排要符合每个人的利益和地位与职位,要承认差别,容许差别存在。他认为,境况较好的人有较多的希望得到收入和财富,只有这样才是平等的;而另一方面,他认为:在社会上"最不获利的成员"的利益未能提高时,那些境况好起来的人不应当否定最不获利者的利益。因此,约翰·劳尔斯的主张是一种折中的、调和的主张,既支持了现实生活中的强制性干预,又强调了机会平等,为"最大自由原则"的贯彻提供了理论基础。

又如,布恰南等人提出了另一种折中的论点,他们在分配问题上主张采用合同方法,强调分配合同的效果,反对把分配概念说成是伦理准则,因此他们赞成劳尔斯的论点。但他们认为不能把劳尔斯的主张看成是实际政策的主张,于是他们又采用帕累托的假设,包括效用不能比较的假设,并且以"自由的人们的协议会产生利益"的看法作为伦理依据。这种试图运用这种"合同原则"来解决分配问题的做法并不排斥通过国家进行干预。他们认为,国家的职能有两个方面:"保护"和"生产",而两者之间如果能够协调起来,那就会促使福利的增加。他们认为,个人在集体选择中的作用只是决定成本和行使否决权;个人的选择,只有在大家的投票取得意见一致时,才站得住脚。但是,实际上,集体决定是不可能取得一致的。他们提出,如果能用合同方式来使大家达到一项促进福利增加的协调,当然是理想的。如果需要国家充任这种合同的执行人或公平地执行合同的仲裁人,那也是容许的,只要政策主张能够符合事实上的多数标准就行了。而且,即使某个集体判断所作出的政策决定会使某些人受损失,但只要有其他人得到利益,这也不违反帕累托标准。可见,这种做法实际上是把资本主义国家看作能"公平地"执行合同的仲裁人,从而美化了资产阶级国家的性质。布恰南等人甚至认为,人们因对收入分配现状的不满而要求的收入重分配并非出于公益的目的,而只是个人追逐私利的一种表现,所以最好由公共合同的方式来协调分配中的矛盾。这就更清楚地说明了他们的折中的、调和的主张是一种资产阶级改良主义方案。

但采取协调主张的最重要的代表则是阿瑟·奥肯。

三、平等和效率协调的模式——混合经济制度

美国经济学家阿瑟·奥肯在其 1975 年出版的《平等和效

率：巨大的交替》一书中这样分析道：

他认为，如果说平等和效率都应当得到重视，那么在二者发生冲突的场合，则应当达成妥协。在这种场合，某种平等将以牺牲效率作为代价，而某些效率将以牺牲平等作为代价。但其中任何一项牺牲，必须被判断为可以得到更多的另一项的必要手段。① 这就是说，在奥肯看来，市场竞争机制在某些情况下需要加些限制，但不能限制过分；收入均等化措施需要保留一些，但也不能过度。这是因为：为了实行平等，需要政府进行干预；但政府的干预将侵犯个人自由，将产生官僚主义，所以有必要同时发挥市场的调节作用，使它能够限制官僚制度的权力，有助于维护个人自由，并且刺激工作者去努力工作，提供更多的产品，鼓励创新；反之，如果不对市场机制的过度膨胀加以适当限制，货币将成为专横跋扈的力量，低收入者将得不到保障。②

奥肯认为，一个社会如果不采取在平等和效率之间妥协的做法，而是要真正去实现收入的平等，那将是一种空想，这是因为：收入的平等概念本身是不明确的。他指出，由于各个家庭的需要不同，所以要达到同等程度的福利水平，需要的是不同的家庭收入水平。反之，如果真正实现了收入的平等，那么各个家庭所得到福利将会不一样。他举了一个简单的例子，这就是城市居民和乡村居民因需要的差别而在得到同等福利方面所要求的收入水平的差别。也就是说，不能简单地利用城乡居民在收入方面的不平等来说明他们在福利方面的不平等。除此以外，奥肯还认为人们的福利并不一定来自收入，而可能有收入以外的

---

① 参看阿瑟·奥肯：《平等和效率：巨大的交替》，第89页。
② 同上书，第119页。

来源,这样,即使致力于实现收入方面的平等,也不可能使人们的福利相等。

在分析了以上这些问题之后,奥肯进一步指出,强调把效率放在优先地位的经济学家们所鼓吹的机会平等,它的含义比收入的平等更加难以捉摸,而且在这方面很难加以度量。比如说,各人的天赋能力是不一样的,各人的家庭背景也是不同的,只要承认人与人之间有这些差异,那就很难说机会是完全平等的。又比如说,一个穷人和一个富人都需要向别人借钱来买房产,富人很容易借到钱,穷人不容易借到钱,或者,穷人即使能借到钱,但要按较高的利息率付利息。既然实际生活中存在这种情况,那就很难说机会是平等的。奥肯由此认为,社会只有采取在平等与效率之间妥协的做法,而不可能去实现完全的机会平等。

在奥肯看来,在资本主义制度下,虽然平等和效率之间有冲突,但二者的妥协是可能的。这就是:既不过分强调平等,又不要不对市场的作用加以限制。他写道:"民主的资本主义社会,将继续寻求在权利领域和金钱领域之间划出界线的更好方法。它能够取得一些进展。自然,它绝不会解决这个问题,因为平等和经济效率之间的冲突是不可避免的。在这种意义上说,资本主义和民主实在是一种最不可能有的混合物。或许这就是它们互相需要的原因——把某种合理性放进平等里,并把某种人性放进效率里。"[①]

但奥肯却攻击社会主义制度,硬说社会主义不是理想的使平等和效率协调的制度。他写道,集中计划的社会主义国家在

---

① 参看阿瑟·奥肯:《平等和效率:巨大的交替》,第120页。

效率上遇到两个障碍。一个障碍是：工厂根据上级指示生产，实际总产值有可能并不下降，但很可能品种不齐全。例如，一个铁钉工厂，如果上级按钉子数目来衡量它的成果，它可能拼命生产小号钉子，如果上级按钉子总重量来衡量它的成果，它又可能转而生产大号钉子。另一个障碍是：生产不是根据消费者的偏好，而是根据计划者的偏好进行，因此产品不符合消费者的意愿。①奥肯把上述这些缺乏效率的情况称为"官僚制度的代价"。②

在奥肯看来，一个实行集中计划经济的社会主义国家是有能力把国民生产总值较快地增长的；但由于生产出来的产品的品种不齐全或不适应消费者偏好，因此这并不表明生产有效率，也不表明福利的增长。至于那种非集中类型的市场社会主义制度，即依靠市场和价格来调节社会主义经济的一种模式，那么它从来不曾在实际的经济中得到运用，多半只是理论界的一种设想，如果它们真的能付诸实施的话，仍然不能解决市场经济中通常碰到的麻烦，即收入的不平等。

奥肯特别反对他所说的"官僚制度"下的集中类型的社会主义经济。他认为，在这样的场合，不仅缺乏效率，而且也不可能实现平等，因为在他看来，收入的平等以就业的平等作为前提条件。奥肯指出，国营企业的经理的薪水虽然不会像资本主义大公司的经理的薪水那样多，但薪水对于国营企业的经理来说，只是他所得到的利益的一小部分。因此，奥肯认为不能从薪水方面来看待平等与不平等问题。奥肯指出，如果劳工市场缺乏平等的就业机会，存在着某种排他性，那么收入就不可能是平等

---

① 参看阿瑟·奥肯：《平等和效率：巨大的交替》，第56—57页。
② 同上。

的;他把"不平等的机会"、"不平等的收入"、"无效率"三者联系在一起,声称如果就业平等原则被破坏,人们就得不到赚取同等收入的机会,个人的才能和积极性就不能发挥,于是无效率也就以复利的形式成倍地增长。只有较大的机会平等才能产生较大的收入平等。①

因此,奥肯同其他一些主张兼顾平等和效率的资产阶级经济学家一起,赞成"混合经济"结构。所谓混合经济结构,是指既保存私人财产权和个人自由,使之不受国家权力的侵犯;又存在国家对收入再分配的调节(如累进所得税制和低收入补助),以促进较大程度的平等。奥肯指出:由政府管理企业或者实行企业的资本主义国有化,看来是效率较差的,但这并不意味着在某些部门不可以由政府进行管理。电力工业被认为一个例子。他认为,把电力工业之类的部门交给政府管理不是走向社会主义的一个步骤,而是能够更好地发挥电力工业的效率,以便使它更好地为私营企业服务。应当指出,在奥肯之前,一些新福利经济学家也曾表述过类似的看法。

在平等和效率的协调问题上,奥肯写了这样一段具有总结性的意见:"关于美国的经济制度,我的最有信心的预言是,如果保持和加强它的基本构架,而不是拆毁这种构架,那它就会逐渐演化并适应新的环境。这种逐渐适应新环境的能力,乃是我们目前的混合制度的最大优点。改革它并促进它的演化,是可以办得到的事情,在我看来,要比拆毁它远远有吸引力。我所能看到的一些办法都会有损于效率;它们只会以危险的和代价高昂

---

① 参看阿瑟·奥肯:《平等和效率:巨大的交替》,第89页。

的官僚主义化为代价,很有限地增进一些平等。尽管支持资本主义的道德方面的理由完全没有说服力,可是效率方面的理由,在我看来是完全使人非相信不可的。"①

四、关于改善平等和效率之间关系的具体措施

在改善平等和效率之间关系的具体措施上,这些资产阶级经济学家提出要改变以往的收入再分配的具体做法。他们认为,工作积极性和闲暇之间也存在着一种交替关系。如果累进的个人所得税率太重,人们宁肯闲着,也不愿增加工作量,从而减少效率;如果遗产税太重,人们不仅宁肯闲着,不愿多干活,从而减少效率,甚至宁愿大肆消费,不愿储蓄,从而不利于经济增长。因此,要使平等和效率协调,就需要运用专门的税收政策。例如,征收特种消费税主要会影响不同产品和劳务的替代,而不至于影响效率;而增加土地税,则可以提高建筑用地的利用率,促进建筑业发展(刺激人们拆旧房,朝高层和地下发展),以及提高农业土地的利用率,促进农业发展(刺激人们提高单位面积产量)。② 再以对穷人的补助来说,如果为了促进平等,由政府补助差额,把低收入者的收入一律提高到某种标准线,以维持一定的生活水平,那么这被认为是对"闲着少干活"、"干和不干一个样"的一种鼓励,会引起效率损失;而由政府提高法定最低工资率的做法,则被看作更大的效率损失,因为这样会促使企业大量解雇或拒绝使用最低工资工人,因为企业认为按这种工资率雇用某一类型的工人是不合算的。

---

① 参看阿瑟·奥肯:《平等和效率:巨大的交替》,第64页。
② 海曼:《政府活动经济学》,纽约1973年版,第270—271页。

为了使平等与效率二者处于协调状态，奥肯曾经设想一种方案，即在资本主义现存经济制度之下，将大企业的一部分股票分配给工人所有，并且让工人有权参加企业重大事务的决定。他认为这种办法既可以扩大平等，又可以增加效率。但他认为这种曾经被设想为十分美妙的协调措施在美国很难实行，他认为美国工人不愿意采取这种办法。奥肯写道："照道理讲，工人分享利润和参加作出决定可以加强公司雇员的忠心和刺激力。然而，总的说来，美国公司和劳工并没有选择这条道路；他们似乎喜欢他们的敌对立场，似乎总在寻求能够行得通的互相斗争的办法，而不是寻求通力合作的新办法。很像两只老公猫，它们似乎总喜欢吵架。"[①]

这样，奥肯认为只有实行一些比较次要的，但阻力较少的协调措施。例如，他认为，如果改变以往的补助办法，实行所谓"负所得税"（即政府规定收入保障数额，然后根据个人实际收入给以适当的补助金。为了不把低收入者的收入一律拉平，补助金将根据个人实际收入的多少按比例发给）；或者，实行所谓的有限的工资津贴（即政府规定每小时的工资津贴额，然后根据每个获得最低工资的工人的实际工时发放，使多干活的人多得到补助），那就可以既有利于缩小收入差距，又不影响工人的效率，也不会挫伤企业投资和扩大生产的积极性。奥肯曾建议，假定最低工资率是每小时2元，平均工资率是每小时4元，全国平均每户收入为14,000元，这样，政府发放的工资津贴可以定为最低工资与平均工资之差的50%，即每小时1元，而让成年工人得

---

① 阿瑟·奥肯：《平等和效率：巨大的交替》，第63页。

到每小时3元收入,全年收入接近6,000元,略低于全国平均家庭收入的一半。①

增加国家对教育的支出,也被认为可以促进平等和效率的协调。据说,这一方面可以提高社会的科学文化水平,提高劳动力质量,提高社会的经济效率(这被称为"社会的受益");另一方面使低收入者收入有所增加,有助于缩小社会上的收入差距(这被称为"个人的受益")。资产阶级经济学家认为,通过发展教育,即使还不能实现收入均等化,但它可以促使效率和平等趋于协调,这一点是没有疑问的。

以上就是奥肯提出的使平等与效率互相妥协的具体措施。他特别强调,"最迫切的事情是帮助那些收入等级上处于最低的第五层的人们,帮助他们走到我们丰裕社会的主流里去。我相信帮助他们上升的各种规划,经过一段时间和在更为宽广的收入等级的范围里,将会产生力量。"②这反映了他实际重复了从庇古以来福利经济学家一直宣扬的资产阶级改良主义的论调。

五、资本主义制度下平等和效率交替问题的实质

资产阶级经济学家们关于平等和效率交替问题的争论,表明他们在福利问题上的"研究"与过去相比多少有些不同。但是,尽管他们在平等和效率这个问题上绞尽脑汁,这个问题在资本主义制度下始终是无法解决的。

我们知道,所谓平等(即收入均等化)和效率(即劳动生产率和经济资源利用率)之间的矛盾,实际上是分配和生产之间的矛

---

① 参看阿瑟·奥肯:《平等和效率:巨大的交替》,第113—114页。
② 同上书,第118页。

盾的一种反映。在资本主义制度下,这种矛盾是不可能解决的,因为资本主义生产是在生产资料私人资本主义所有制的基础上进行,而分配是由生产决定的,分配关系取决于生产结构,分配本身就是生产的产物。在资本主义条件下,利息和利润作为分配形式,是以资本的存在和资本对雇佣劳动的剥削为前提的;工资只是工人的劳动力价值的货币表现,绝不是工人劳动所创造的全部价值。因此,所谓收入均等化在资本主义社会中只不过是资产阶级用以欺骗人民的一种花招,根本不可能付诸实现。至于资本主义社会中的效率,那么它始终以雇用劳动制度的存在、以资本主义生产过程中的饥饿纪律的存在为前提,同时它是资本主义竞争规律起作用的一个后果。在效率的背后,存在着资产阶级对工人的压榨和剥削,存在着大资本对小资本的排挤和吞并。资产阶级经济学家舍去特定的资本主义生产关系,虚构所谓平等和效率的交替,似乎资本主义社会中或者存在平等;或者虽然效率下降了,但却可以换取到较高的平等;或者通过某种措施,可以使平等与效率二者兼顾。凡此种种,都是对资本主义制度的美化。

资产阶级经济学家曾经设想平等和效率这两个经济政策目标在经济持续增长中能够得到实现或接近于实现,因为只有总收入增长之后才比较容易实现收入的均等化,也只有经济增长的基础上,才能使闲置的资源得到有效利用,或使得未被合理利用的资源得到合理的利用。实际上,这种设想是不符合资本主义现实状况的。在生产资料私人资本主义所有制的基础上,经济增长以加强投资为前提,而私人投资的增加需要有较高的预期利润率作为动力。如果要缩小收入差距,降低利润率和提高实际工资率,那么在其他条件不变的情况下,私人投资将下降,经济增长率也将放慢。此外,征收高额累进税后,储蓄倾向将下降,积累率可能减少。这也阻碍了经济增长。另一方面,经济增长与资源有效配置之间能否协调,则取决于经济增长的部门结构、本国资源状况和经济增长过程中对本国资源的利用程度以及技术进步速度等条件。资本主义制度下,为追求最大利润而实现的经济增长很可能在资源配置失调情况下实现。这实际上是加剧了收入分配、资源配置、经济增长之间的矛盾。

资产阶级经济学家所说的在混合经济结构中可以兼顾平等和效率二者的论点,在理论上是荒谬的。所谓混合经济结构,按照资产阶级经济学家的看法,是指经济中既含有以利润为动机的私人企业因素,又含有所谓不以利润为动机的公共企业的因素;或者说,是指私人资本主义和"社会化的"经济混合在一起,其中,"社会化"包括生产工具"社会化"、收入"社会化"、投资"社会化"等。他们鼓吹混合经济的优越性,认为私营经济关心利润,关心效率,公共经济关心社会福利,关心平等,二者互相补充,以充分利用生产资源,实现经济稳定。实际上,正如前面已经指出的,所谓混合经济,并没有改变资本主义的性质,并没有改变资本主义经济规律发生作用的场所;发展这种混合经济,其实就是要求加强国家垄断资本主义对经济生活的干预。但在资本主义社会中,只要国家企图通过财政支出来促进收入均等化(姑且不谈收入均等化是不可能实现的),那么结果必定是增加财政赤字和加剧通货膨胀,使更多的人的实际收入下降。

资产阶级经济学家在平等和效率问题上对社会主义经济的指责,从根本上说是不能成立的,因为社会主义制度的性质,既保证提供较高的劳动生产率,又保证实现普遍的生活水平提高。但从历史上看,由于社会主义国家在革命前一般生产力水平远不如主要资本主义国家那样发达,物质生产技术力量相对说来要相差很多,这就使它们不易立即在平均劳动生产率方面赶上或超过主要资本主义国家。加之,在实际生活中,由于社会主义经济中还存在着诸如管理体制不完善,计划工作缺乏经验等问题,效率不高的现象未能消除。但这并非来自社会主义制度本身,而且,社会主义国家的人民在马克思列宁主义政党领导下,在生产力发展的基础上,是完全有可能克服某些工作中的缺点,不断改进经营管理,促使效率增长的。

第五节 关于国民福利尺度的讨论

一、国民生产总值作为衡量福利的尺度

在资产阶级经济学中,国民核算体系包括国民生产总值(GNP)、国民生产净值(NNP)、国民收入(NI)三个主要指标。国民生产总值表示一个国家每年所生产的全部产品和劳务,它是以货币来表示的。国民生产净值是国民生产总值扣除了资本损耗(折旧)以后的余额。国民收入是从分配的角度表示一国生产要素的收入,它衡量一个国家一年新创造的价值。国民生产净值扣除了间接税就是国民收入。这些指标都被用来反映一国福利的大小。

具体地说,在资产阶级经济学著作中,传统的衡量经济福利的最好尺度是实际国民生产总值,即以不变美元价格来计算的

国民生产总值。采用不变美元价格计算的理由是：以现行美元价格计算的历年国民生产总值的变动，是物价变动和产量变动二者混合的结果；因此，要利用国民生产总值作为衡量的尺度，必须把物价变动从国民生产总值中排除掉。此外，如果要关心的不仅是历年经济的总产量增加多少，而且也包括这段时间内平均每人生产的产量增加多少，那么还必须按人口变动来校正实际国民生产总值。这两种调整的结果就得出"平均每人实际国民生产总值"的变动额。

从"平均每人实际国民生产总值"这一基本概念可以引伸出"平均每人实际消费额"概念。这个概念被认为更能说明消费者经济福利的增长。它是由组成国民生产总值的个人消费支出，先按不变价格调整，再换算为平均每人的实际消费支出而得出的。对这个数值还可以作进一步的调整，即在个人消费支出之上再加上按不变价格计算的政府对商品和劳务购买中属于公共消费性质的那一部分，例如用于公园和休养地的支出，得出包括公共消费在内的平均每人的实际消费支出。

从"平均每人实际国民生产总值"这一基本概念还可以引申出另一个与福利尺度有关的概念，即"平均每个劳动投入单位的实际国民生产总值"，或"平均每个劳动和资本投入的综合单位的实际国民生产总值"。这些概念说明一段时间内经济效率的变动。如果平均每个劳动投入单位（或平均每个劳动和资本投入的综合单位）的实际国民生产总值越大，就表明经济效率提高了，而经济效率的提高也被看成是福利增长的标志。但这一概念不如"平均每人实际国民生产总值"或"平均每人实际消费额"概念那样易于被人们接受和理解。

二、国民生产总值指标的局限性和缺陷

前面提到的相对福利学说,是从福利的相对性方面对传统的福利标准提出怀疑,即认为国民生产总值或平均每人的国民生产总值不能作为衡量福利的标志。本节所要谈的,是究竟选择什么样的标志作为衡量国民福利的尺度问题。这里所要着重论述的,是资产阶级经济学家关于国民生产总值这种尺度本身的局限性和缺陷的讨论。

资产阶级经济学家中如今已有越来越多的人承认国民生产总值、国民生产净值和国民收入作为一种福利尺度是不够的。他们认为国民生产总值指标大致有以下这些局限性和缺陷:

第一,它们被认为不能完善地反映福利或生活水平,例如,人们内心的或精神上的满足既不能得到反映,人们职业中的不愉快(如清理垃圾工作,重复的装配线工作等)也不能被反映出来。

第二,由于闲暇不是产量,所以人们因劳动日缩短而得到的闲暇完全不包括在国民生产总值和国民收入之中。然而闲暇应该是福利增长或生活水平提高的一种标志。

第三,国民生产总值和国民收入是总量指标,它们只反映总产量,而不反映产品的类别。比如说,所生产出来的产品,是军火,还是民用工业品;是毒品,还是大众化的消费品?这些产品中,可能有一些不仅不能表示生活水平的提高,甚至恰恰是减少福利或降低生活质量的。

第四,国民生产总值和国民收入并不能反映产品的质量和质量的改进。虽然通过价格的变动可以反映一些,但这远远不

够。比如说,从电灯泡到小汽车,今天的许多产品比三十年前的同类产品的质量改进了许多,这对人们的生活水平有很大影响,但国民生产总值和国民收入中反映不出这一点。

第五,国民生产总值和国民收入这些总量指标只反映产品的生产情况,而不能反映产品的占有和分配情况,不能反映收入的分配情况。关于福利或人们生活水平的衡量,产品的占有和收入的分配比产品的生产更为重要。

特别是从20世纪60年代后期起,以国民生产总值来表示国民福利的观点受到了新的有力的挑战,因为环境破坏与经济增长之间的矛盾激化了,从而人们对认为产量增长意味着国民福利提高的命题发生了严重的疑问。一些资产阶级经济学家提出:在生产增长速度与环境质量受损害的速度之间是否存在一种"交替关系"?较快的增长率是否意味着有更多的污染和噪声,以及更大的环境的破坏?随着人们对污染问题的日益严重性的觉察,连经济增长这个长期以来被公认为纯粹福利的好事,也被一些人看作纯粹的坏事了。据统计,1950年美国实际国民生产总值是5,335亿美元(按1972年美元价格计算),但当时的污染程度显然接近于自然环境的吸收能力。不过在当时,这一点还不曾引起社会各界人士的普遍注意。但十八年后,到1968年,实际国民生产总值翻了一番,即增加到10,518亿美元;与此同时,每年累积于空气和水源中的铅、汞和其它含毒物质的量的增加比例,以及几乎其他每一种环境破坏程度的增加比例,可能还要大一些。这样下去,4%的增长率将使得美国实际国民生产总值在1986年时再增大一倍。但由于某些污染已经超过了可容忍的程度,所以随着经济增长,现有污染状况的继续加剧的前景几乎使人人为之担忧。① 于是那种认为不能用国民生产总值来表示国民福利的论点就被更多的人所接受。

以上就是当代资产阶级经济学家关于国民生产总值和国民收入不足以成为福利尺度的论述。在他们看来,国民生产总值无法衡量一个社会的生活质量,国民生产总值的水平或增长率与生活质量没有自动的和直接的联系;即使国民生产总值增长了,居民的福利也未必能得到改善,因为国民生产总值指标的局限性和缺陷表明国民生产总值与福利之间甚至可能有较大的偏离。因此,如果不在国民福利的度量体系上有所改进,政策上就可能走向谬误。②

三、"经济福利尺度"和"纯经济福利"

1972年,美国经济学家诺德豪斯和托宾在题为《增长过时了吗?》的学术报告中提出"经济福利尺度"这一概念。他们主张通过对国民生产总值的校正得出经济福利指标。经济福利尺度分为按总额计算和人均计算两种,经济福利尺度的英文是Measure of Economic Welfare,简称 MEW。③

萨缪尔森在20世纪70年代初提出一个用以替代国民生产总值(GNP)的度量概念,它被称为 NEW,即 Net Economic Welfare(纯经济福利,或译为经济净福利)。萨缪尔森说,"纯经济福利"就是"经济福利尺度"的另一种说法。

由于 GNP 被认为未能准确地反映国民经济福利,所以在

---

① 参看夏皮罗:《宏观经济分析》,第4版,第二十章。
② 参看霍根多恩:《管理现代经济》,1972年版,第三章、第十四章。
③ 诺德豪斯和托宾:"增长过时了吗?",载《经济增长》,哥伦比亚大学出版社1972年版。

萨缪尔森看来,需要对它有以下两方面的修正:

一方面,从以传统方法核算的GNP中,减掉那些使国民福利有妨碍或造成损失的费用(或折合的价值),例如环境污染引起的损失,城市生活中的麻烦(如交通拥挤、噪音、来往奔波)等。

另一方面,把以传统方法核算的GNP中所不包括的一些项目加进去,例如计入家庭主妇的劳务、增加了的闲暇的价值,等等。①

以这种方式计算的MEW或NEW,显然与GNP是不同,但诺德豪斯、托宾、萨缪尔森都认为这将是走向衡量社会成员的生活质量的一个初步。诺德豪斯和托宾这样写道:"增长过时了吗?我们不这样看。虽然国民生产总值和其他国民收入总量是福利的不完全尺度,但在校正了它们的最显著的缺陷之后,它们表达的长期进步的广阔景象依然存在着。"②据估算,美国的MEW或NEW一直在增长,但比平均每人的GNP的增长要慢一些。

但也有一些经济学家认为,如果考虑到经济增长引起环境破坏和造成自然资源耗竭的损失,并且考虑到这些损失正日积月累,那么经济增长的后果是严重的,这些后果必将由后代来承担。此外,还有些人认为,MEW或NEW未能包括很多其他方面的福利的增加,例如犯罪率下降,死亡率下降,自杀率下降,婴儿死亡率下降,疾病发生率的下降,教育普及,等等。如果在计算的时候,在国民净产值或经济福利量之上再加上这些指标,就可以得出一个更具有综合性的福利指标,它将更能反映国民福利的变动状况。这一点表明了有关福利指标问题的讨论的深

---

① 参看萨缪尔森:"从GNP到NEW",载《新闻周刊》,1973年4月9日。
② 诺德豪斯和托宾:《增长过时了吗?》,第24页。

入。但总的说来,这一问题的讨论仍在继续进行中,特别是涉及具体计算问题时(例如把城市社会秩序混乱和犯罪率高之类的损失如何用货币来表示),还有许多困难有待于解决。

萨缪尔森承认,NEW 和 GNP 的增长之间存在着矛盾,这种矛盾实际上就是生活质量与经济增长之间的矛盾,如果要 MEW 或 NEW 增长快一些,那么 GNP 的增长可能要放慢一些。这就是说,福利与经济增长之间的矛盾的解决方式不再是如传统资产阶级经济学所说的那样唯一地靠经济增长来增加福利,而是可能靠牺牲经济增长来增加福利。

四、"社会财富"作为衡量福利的指标

1976 年,日本经济学家都留重人在《走向新政治经济学》一书第五章"代替 GNP"中,对国民福利的衡量问题从另一个角度作了阐述。

都留重人说:美国经济学家欧文·费雪在其 1906 年出版的《资本和收入的性质》一书中提出的资本和收入概念是有用的。费雪曾指出,收入来自社会财富(或资本),而社会财富不仅包括生产者的实际资本(如工厂和设备),而且也包括公共财产资源、地质资本和消费者的实际资本。生产被认为是这种社会财富的追加,消费则是它的减少。由于收入基本上与社会财富存量成比例,所以消费对收入有负的作用,生产对收入有正的作用。都留重人认为,可以利用上述的费雪的概念来代替 GNP。[1]

都留重人接着说,这里所涉及的统计工作与编制国民财富

---

[1] 参看都留重人:《走向新政治经济学》,1976 年版,第 89—90 页。

统计的工作相似,而与对国民财富的传统估算不同。他举住宅价值的估算为例。

通常在估算作为国民财富组成部分的住宅总存量时,是按照平方米、建筑物类型(木结构、钢筋混凝土结构等)、建筑物年龄来估算的其价值的,但这并不能作为衡量福利的指标。如果要使它有可能用于衡量福利,似乎必须考虑下列项目:

第一,住宅的基本设施,例如单独的盥洗室和厨房的情况;

第二,环境的舒适,例如房间朝阳的情况,不受噪音和空气污染干扰的情况,可以为孩子们提供的游戏场地的情况等;

第三,交通便利,不仅包括交通的费用,而且包括所花费的时间的价值;

第四,购货的方便情况。

都留重人说,并不是所有这些项目都可以计量;但它们通常可以反映于房租或房产价格中,即房租较昂贵的或房产价格较高的住宅,与房租较便宜的或房产价格较低的住宅相比,一般说来,它的上述这些舒适条件较好。

但都留重人认为,不幸的是,即使用不变价格来计算,各个不同时间的房租或房产价格的比较仍不能说明上述这些舒适状况的实际变化,所以在计量方面仍然存在着基本的困难,在这里必须考虑到同一时点的比较问题。都留重人提出,可以用一定时点内某些相对的房租(或房产价格)的差别来说明以不变价格表示的房租(或房产价格)的历史的变化。例如在某一时间,住宅在某方面越具备有利的环境,则其房租(或房产价格)就会相应地增高。这二者之间可能有一定的关系和比例。根据这种关系和比例,可以对不同历史时期的住宅的环境舒适程度进行比较。因此,都留重人得出这样的结论:至少就社会财富的某些组成部分而言,还是有可能编制出一种可以用于对不同时期进行比较的衡量福利的指标的。①

都留重人还指出,以国民生产总值和国民收入作为衡量福利的尺度,与以社会财富作为衡量福利的尺度,所得出的结果是很不相同的。如果按国民生产总值和国民收入来衡量,由于它们增长较快,所以显得福利增加很多,但如果用社会财富(考虑到它们给人们的舒适和便利,减去给人们增添的环境不舒适和其他负担)来衡量,那么福利的增加远不是那么快的。

五、综合福利指标

随着发展经济学的研究的深入,衡量福利的指标问题被资产阶级经济学界提到更广泛的角度来探讨。一些经济学家认为有必要重视基本人类需要或最低限度人类需要的满足;于是,在统计方面,国民生产总值或国民收入之类的指标也被认为不够了。于是一些经济学家就寻求更有效的新指标。例如,摩里斯认为一个表现社会经济成就的综合指标应该满足以下六点要求:

"1. 不应该假设只适用于一种发展的模式。

2. 应该避免只反映特定社会的价值标准。

3. 应该衡量的是成果,而不是投入。

4. 应该能够反映社会成果的分配。

5. 应该易于编制,易于理解。

6. 应该可以用于国际上的比较。"②

---

① 参看都留重人:《走向新政治经济学》,第 91—92 页。
② 摩里斯:《衡量世界穷国的状况》,纽约 1979 年版,第 21 页。

1975年,在摩里斯指导下,美国海外发展委员会(Overseas Development Council)提出了生活物质质量指标(The Physical Quality of Life Index 简称 PQLI)。这种综合指标由识字率、婴儿死亡率、预计寿命三个指标组成。识字率指全国 15 岁以上的人口中识字者的百分比。婴儿死亡率指每一千个新生儿的死亡数。预计寿命用来表示人们可能的寿命长度。识字率、婴儿死亡率和预计寿命的变化,反映一国国民得到的物质利益的变化。它们可以从社会的、文化的、医学的、营养学的角度来说明一国的物质福利的大小。

美国社会保健协会提出了另一种综合指标:ASHA。ASHA 是美国社会保健协会(American Social Health Association)的缩写。

ASHA 指标包括以下六个项目:就业率、识字率、平均预计寿命、人均国民生产总值增长率、出生率和婴儿死亡率。具体的 ASHA 指标值,是用就业率、识字率、平均预计寿命和人均国民生产总值增长率的乘积除以出生率和婴儿死亡率的乘积求得的。假定一国人均国民生产总值增长率为 3.5%,就业率为 $850‰$,识字率为 $850‰$,出生率为 $25‰$,婴儿死亡率为 $50‰$,平均预计寿命为 70 岁。把这些数字代入公式,所得值为 $2,022$,称为 ASHA 设想值。

由于 ASHA 指标包括就业率、识字率、平均预计寿命和婴儿死亡率等,所以被认为可以更好地反映了一国的经济福利,反映一国的生活质量。

从当前资产阶级经济学界关于国民福利衡量尺度的讨论,可以看出传统用来衡量国民福利的国民生产总值指标和国民收入指标,如今已普遍受到怀疑。只是各个经济学家对它们的怀疑程度有所不同,因此提出的补充意见和新指标也是不同的。总的说来,那种认为传统的国民生产总值可以完整恰当地反映一国国民福利的经济学观点,肯定已被认为陈旧过时了。

这场讨论至今尚未结束。看来,要想使讨论在短期内取得一致的意见,并找出切实可行的计算福利的方法,是困难的。

六、有关福利指标讨论的意义

资产阶级经济学界关于福利指标的讨论反映了两个重要的理论问题。一是反映了传统的资产阶级国民指标体系的不足,反映了福利衡量的困难;二是暴露了资本主义制度下单纯追求经济增长率所造成的社会弊病的严重性。

环境的污染与生态平衡的破坏就是一例。随着工业的迅速增长,工业的三废以及农业中大量使用化肥和杀虫剂造成严重的环境污染、生态平衡的破坏日益严重。而巨型油轮的使用和海上采油中的事故,造成了海上石油污染。工业废气使得空气中二氧化碳含量上升,影响全球气候。燃烧含硫的燃料造成的酸雨腐蚀建筑物,破坏森林、湖泊和渔产。工农业生产越发达,污染和生态平衡的破坏越严重。这是一个关系到人们生活质量的问题,它之所以引起资产阶级经济学家的关切,不是偶然的。

又如,资本主义国家为了追求最大限度的利润,对资源采取滥用和浪费的办法。这种浪费也是传统的福利概念中不包括的。

至于资本主义国家片面追求物质生活造成大城市拥挤、失业增多、贫富悬殊、道德败坏,以至人和人之间关系淡薄、精神空虚、生活颓废、犯罪率增长等社会问题,也与福利有关。有效的福利指标应当考虑这些。从这个意义上说,尽管有效的福利指标的制定远非易事,但资产阶级经济学界的这场讨论是有意义的。

第六节 宏观福利理论的探讨

一、宏观福利经济问题的提出:勒纳的论述

福利经济学中的收入再分配和资源有效配置属于微观经济学领域内的课题,所以福利经济学说通常被认为是资产阶级微观经济学的一个部分。当然,在凯恩斯的《就业、利息和货币通论》一书出版后,20世纪40年代内资产阶级经济学家中也有一些人着手探讨宏观福利经济问题,但总的说来,这个问题当时并未引起注意。

勒纳是较早研究宏观福利经济问题的福利经济学家之一。他在1946年出版的《统制经济学:福利经济学原理》一书的第二十一章至二十五章,从投资、利息、就业之间关系的角度对宏观福利经济问题进行了考察。

勒纳认为,在一个纯粹的资本主义经济中,有一种内在的机制起着调整投资率、利息率、消费水平的作用,从而有可能自动地导向充分就业。他把这个过程分为八个步骤:

1. 如果经济中没有实现充分就业,失业工人的竞争将引起工资下跌;

2. 由于工资下降,其他生产要素的价格也会下降。其中,下跌幅度较小的生产要素在一定程度上就会被价格较低廉的劳

动所替代,于是对这些生产要素的需求会减少。而下跌幅度较大的生产要素在一定程度上又会替代劳动,于是对这些生产要素的需要会增加。结果,将会形成各种生产要素的价格都按照与工资下降相同的比例下降。

3. 一切生产要素价格的下降导致产品也按同样的比例下降。

4. 在所有产品的价格下降之后,交易中所需要的货币量就减少了,人们对持有货币的需求也减少了,于是就多余出一部分货币。

5. 人们认为不必要把多余出来的货币保持在手中,从而把它们用于放款生息。

6. 用于放款生息的货币多了,利息率便下降。

7. 利息率下降,使得投资变得有利可图。此外,也有可能使人们减少储蓄,增加消费。

8. 投资的增加将减少失业者。如果这时仍有一些人失业,那么整个过程就会反复地重演,直到实现充分就业为止。①

上述过程也可能逆转过来。这就是说,如果经济中已经达到了充分就业但总需求仍继续增大的话,物价就会全面上涨,于是在交易中就需要有较多的货币量,人们对持有货币的需求也会增大,结果,人们要求得到货款的愿望增大而手头可以用于放款生息的货币减少,利息率将因此上升。利息率的上升将减少投资,于是就直接减少收入和就业,直到使过度需求消失为止。②

---

① 参看勒纳:《统制经济学:福利经济学原理》,第 281—283 页。
② 同上书,第 283—284 页。

勒纳认为,尽管资本主义经济中的导向充分就业和防止通货膨胀的机制可以起着上述的作用,但这种机制也可能失去作用。从前面提到的各个步骤来分析,每一个步骤都可能发生障碍而使这种机制不发生作用。例如,

第一个步骤:尽管有工人失业,但如果工资因某种原因(如工会组织的作用)而不下降,那么这种机制就发生障碍了。或者,

第二个步骤:假定失业时工资下降了,但如果其他生产要素的价格因某种原因不随着工资的下降而下降,那么这种机制也会发生障碍。或者,

第三个步骤:假定一切生产要素价格都下降了,但如果厂商因处于垄断地位而不使产品价格下降,这种机制仍然发生障碍。或者,

第四个步骤:即使产品价格下降了,但由于人们存在着观望、等待的心理,以为物价还会下跌,所以不一定会把手头的货币用出去或贷放出去,而宁肯继续把货币保留在手中,以便在物价再度开始上涨之前进行购买。这样,产品价格的下降不一定使得人们减少持有货币的需求。如果发生这种情形,那也表明上述机制发生了障碍。或者,

第五个步骤:假定物价持续下跌,人们对持有货币的需求确实减少了,但现有的货币量的减少甚至会更多,因为在这个时期,银行主要想收回放款,比平时多掌握一些现金。如果发生这种情形,即现有货币量的减少大于对货币需求的减少,那么也就根本不会发生用于放款生息的货币增多的情形。或者,

第六个步骤:即使人们手中可以用于放款生息的货币增多

了,但由于灵活偏好的关系,利息率也不会下降得很多。这样也会使上述机制发生障碍。或者,

第七个步骤:虽然利息率的下降会使得投资增加,但与此同时,物价的下跌却抵消了这一影响,因为物价下跌使得投资者感到投资会无利可得。

第八个步骤:勒纳认为这方面的障碍不大,这就是说,只要投资增加了,收入就会增加,失业也会减少。但由于前六步或前七步中都存在着障碍,所以纯粹资本主义经济中通常是不可能自动导向充分就业的。①

勒纳还认为,如果上述过程逆转过来,那么由于过度需求而造成的通货膨胀,也会因同样的原因而不可能自动停止下来。

在进行了这些考察之后,勒纳提出了这样的论点:为了符合社会的利益,政府应当承担起维持充分就业和防止通货膨胀的责任;政府拥有的六种主要手段是:征税、政府支出、政府举债、政府贷款、政府购买、政府销售;只要政府运用这些手段,那就可以达到维持充分就业和防止通货膨胀的目的了。至此为止,勒纳的论述主要是凯恩斯已经表述的论点的阐释。但勒纳作为一个福利经济学家,他的学说的特点在于他从福利经济学角度接着对政府的调节方法作了分析。

勒纳指出,政府应当力求使政府支出和私人支出的边际社会利益(marginal social benefit)相等。在这里,边际社会利益是指增加一定量的产品使社会所得到的利益,也就是使社会上一切成员所得到的净利益。在勒纳看来,政府进行调节时应当考

---

① 参看勒纳:《统制经济学:福利经济学原理》,第285—294页。

虑全部支出(包括政府支出和私人支出)的结构,应当尽可能使得任何一美元支出都能给社会带来相等的利益,这样就可以使得资源得到充分的利用。但勒纳还指出,要把直接边际社会利益同间接边际社会利益区分开来,即不仅只考虑直接边际社会利益,也要考虑间接边际社会利益。比如说,为了减少失业人数,政府有必要增加一笔公共工程的支出,但这笔公共工程的支出的直接边际社会利益可能很低,甚至可能是一个负数,如果这笔公共工程的支出能够使其他地区和部门增加收入和就业,那么这就是它的间接边际社会利益。所以在计算支出的边际社会利益时要计算总边际社会利益,即直接边际社会利益与间接边际社会利益之和。

根据勒纳的看法,不仅政府用于各种不同目的的支出的边际社会利益应当相等,而且各种不同的赋税的边际社会成本(marginal social cost)也应当相等。他所说的边际社会成本是指社会边际机会成本而言,而社会边际机会成本就是:社会把追加的生产要素用于生产某种产品而不能用于生产其他产品所受到的损失。政府使各种不同的赋税的边际社会成本相等,可以使纳税人受到的损失减少到最低限度。

这样,勒纳就得出了关于政府的调节(包括政府支出和税收)的福利经济原则,这就是:如果总支出不足,那么一切形式的赋税都必须减少,一切形式的支出都必须增加,直到各种边际社会利益(在赋税的情形下是各种边际社会成本)减少并在充分就业下彼此相等为止。如果是为了防止通货膨胀,从而必须限制需求的话,那么一切支出都应当缩减,一切赋税都应当增加,直到各种边际社会利益和各种边际社会成本又在一个更高的水平之彼此相等为止。勒纳认为：只有这样，才能在政府调节中符合资源充分利用的目的，才能保证经济既达到充分就业，又防止通货膨胀。勒纳的这些论述可以看成是关于宏观福利理论的较早的表述。

二、对"最优增长"概念的异议

究竟什么样的经济增长是"最优增长"？问题首先涉及"最优增长"概念。长时期内，最优增长一直被认为是按最适当的投资比例实现的、能使未来获得最大消费的经济增长。① 拉姆赛在1928年12月《经济学杂志》上发表的"数理的储蓄理论"一文，被公认是最早讨论这个问题的论著。它的主题就是：社会应当把收入的多大部分用于储蓄？自从拉姆赛提出这个论点以后，资产阶级经济学界都是这样理解最优增长的。② 但最近十年来，这种传统的理解从三个不同的方面受到资产阶级经济学家的怀疑和批评。

首先，持有异议的人们问道：为了未来的最大消费而减少现期消费和增加投资，值得这样做吗？后代人并不替我们这一代效劳，我们这一代为什么要关心后代人的最大消费？只要经济还在增长（不管增长率是大还是小），后代人反正会比这一代人富裕些，而且用不着花很大气力，技术知识的积累就会使后代子孙的生活比我们现在的生活好，那么这一代有什么必要节衣缩食，减少现期消费，使后代人在生活水平上大大超过这一代呢？

---

① 摩尔：《现代经济理论导论》，纽约1973年版，第538—539页。
② 参看布里托："经济增长理论中的新发展"，载《经济学文献杂志》，1973年12月号，第1,357页。

这一代人与后代相比,应该说是相对贫困的,那么,为什么如今这些"穷小子"要牺牲自己的享受,压缩消费,以供后代奢侈和挥霍呢?①

其次,持有异议的人们指出,传统的最优增长概念是以后代人与这一代的价值判断标准相同为前提的。但正如本章第三节在谈到相对福利学说时所指出,这种关于价值判断标准不变的假定,并无根据。后代人的消费心理可能发生变化,社会消费风尚可能与今天大不一样。消费品的花样翻新和种类繁多会成为人们的一种苦恼,因为要作出选择是件伤脑筋的事。② 后代人很可能出现"反消费主义"思想,即要求摆脱消费品的束缚,不做"消费品拜物教"的奴隶。那时可能出现一场反对着重物质生活的"文化革命",其根源也许正在于社会提供的产品太多了。③ 既然这一代所珍视的东西——最大消费,很可能被后代人所鄙弃,那么有什么必要把"减少现期消费,使未来获得最大消费"作为最优的经济增长途径呢?

最后,持有异议的人们还认为,最优增长概念不能仅仅以能否保证未来最大消费为根据,而必须放在充分就业和物价稳定这一对政策目标的格局中重新考虑。以美国来说,当前政策的制定离不开对通货膨胀和失业问题的处置。不同通货膨胀率、失业率,以及所谓通货膨胀和失业的"最优交替"联系在一起考

---

① 参看素洛:"世界就要面临末日了吗?",载威廉·米契尔等编:《宏观经济学文选:当前政策问题》,纽约 1974 年版,第 483 页。
② 参看米商:"增长和反增长:问题何在?",载《宏观经济学文选:当前政策问题》,第 496 页。
③ 参看伊斯特林:"经济增长改善人类的命运吗?",载保罗·戴维等编:《经济增长中的国家和家庭》,纽约 1974 年版,第 120—121 页。

虑的经济增长,不可能是最优增长。以往关于最优增长的分析,只着眼于少数几个高度总量化的变量,与政策制定并没有什么直接的关系。它主要是一种纯粹推理的研究。① 这样,宏观福利学说的中心课题自然而然地转到通货膨胀与失业方面来了。

三、通货膨胀与失业交替条件下的宏观福利问题

勒纳对于宏观福利问题的较早的研究是针对着单独发生失业或单独发生通货膨胀的情况而进行阐述的。但自从1958年菲利浦斯提出通货膨胀与失业交替关系的论点之后,西方经济学界关于宏观福利问题的讨论大大深入了一步。这时主要讨论的问题是:在通货膨胀与失业交替的条件下,如何使福利最大化?

根据菲利浦斯曲线关系的含义,除了物价增长率和工资增长率之间有正比关系而外,工资增长率和失业率之间还有反比关系,因此,通货膨胀率和失业率之间也存在反比关系。

对菲利浦斯曲线关系,流行于资产阶级经济学界的一种解释是:这种交替关系来自工会的活动。这就是说,工会领导下的有组织的工人的行动能使工资率增长幅度超过生产率的增长。这导致产品价格不断上升。特别是在失业率较低时,更是如此。失业率较低通常也就是企业利润较多的时候,所以企业一般宁愿答应"过分的"工资增长要求,而不愿有罢工。反之,在高失业和低利润的情况下,企业会在相当大的程度上抵制工资增长的要求。

按照这种解释,就有关工资增长率和失业率的关系而言,可

---

① 参看科普曼:"最优概念及其使用",载《美国经济评论》,1977年6月号,第265页。

以预计到每一种失业率之下有什么样的工资增长率,以及在不同的工资增长率时可以预计有什么样的通货膨胀率。

菲利浦斯本人曾从对英国资料的研究得出下述结论:货币工资水平在5%失业率的情况下是稳定的。另一些资产阶级经济学家对20世纪50年代和60年代初期的美国经济的研究表明,要使工资增长不超过生产率增长,也许需要有5%—6%的失业率。此外,要满足不超过3%失业率(这是六十年代内一般接受的"充分就业"定义),价格可能有必要每年上升4%—5%。①

20世纪60年代后期资产阶级经济学界关于菲利浦斯曲线的研究,提出了菲利浦斯曲线向上移动的观点,即5%的物价上涨率与4%的失业率一起发生;而在较早一些时候,与5%通货膨胀率一起发生的则是3%的失业率。这些研究还提出,要把通货膨胀率压低到2%,将会要求有5.5%的失业率。②

70年代初期,资产阶级经济学界进一步注意到菲利浦斯曲线的向上移动,并指出了其原因何在。一是劳动力构成发生了变化,特别是青少年和妇女所占的比重增大了。由于青少年和妇女有较高的失业率,所以失业率虽然上升,但劳动力市场仍然出现缺乏合适的劳动力,所以工资仍有可能上升,这样,与任何既定的失业率相联系的通货膨胀率比过去高了。另一个原因是工人根据通货膨胀的经验,在进行有关货币工资率的谈判中考虑到通货膨胀;在任何一定的失业率之下,他们提出的工资要求

---

① 参看萨缪尔森和索洛:"反通货膨胀政策的剖析",载《美国经济评论》,1960年5月号。

② 参看夏皮罗:《宏观经济分析》,第4版,第23章。

将会大于在通货膨胀率较小的气氛下所提出的工资要求。这也使得菲利浦斯曲线向上移动。从20世纪60年代起也有一些资产阶级经济学家提出不同的看法,他们认为,以较高的通货膨胀率作为代价而得到的较低的失业率,只是暂时性的。工人不久就将发现实际工资已经被通货膨胀减少了,他们将要求货币工资率有较大比例的增加,以便抵消较高的通货膨胀率。一旦发生了这种情况,曾经被通货膨胀压低了的实际工资率又开始回到它原先的水平。这样一来,失业率也回到它最初的水平。结果是较高的通货膨胀率和较高的货币工资率增长率一起发生,失业状况没有变化。弗里德曼就持有这种观点。使劳动供给和对劳动的需求相等的实际工资率水平上的实际失业率,被弗里德曼称作"自然失业率";按照他的说法,这种失业率依赖于"劳工市场和商品市场的实际结构特征,其中包括市场的不完全性、需求和供给的随机可变性、收集有关职位空缺和劳工可利用性的信息的成本、流动的成本,等等。"[①]因此,只有改善劳工市场条件,例如使工人有较大的流动性,使他们易于获得有关职位空缺的信息,消除产品市场和劳工市场上的垄断等,才有使菲利浦斯曲线向下移动的趋势。

总之,近年来资本主义经济的实际情况,使资产阶级经济学家对菲利浦斯曲线关系提出了怀疑。关于菲利浦斯曲线向上移动的论点也好,关于失业和通货膨胀只是暂时交替,而长期不交替的论点也好,都表明它们承认菲利浦斯交替关系的恶化,表明通货膨胀和失业已经交织并发,即资本主义经济危机复杂化了。

---

① 弗里图曼:"货币政策的作用",载《美国经济评论》,1968年3月号,第8页。

通货膨胀与失业并发症对资本主义的国民经济生活发生了全面的影响。于是有些资产阶级经济学家感到,福利经济学问题不仅不能只从微观经济学角度来考察,而且也不能只从假定存在充分就业或者假定存在过度需求的角度出发。通货膨胀条件下的就业水平,或零通货膨胀条件下的失业代价,成为当前宏观福利经济学领域内的一个新的研究课题。换句话说,这方面的重要研究项目就是所谓在尽可能低的通货膨胀率条件下降低失业率的问题。关于这一点,美国经济学家托宾1971年12月28日在美国经济学协会第八十四届年会上所作的会长演说"通货膨胀与失业"中,曾这样说道:"至于宏观经济政策,我已经主张它应争取失业在零通货膨胀率下达到更低的目标。降低多少失业呢?低到足以使失业与空位相等吗?我们不知道。理所当然地没有简单的充分就业公式——概念的,更不必说是统计的。社会不可能避免非常困难的政治上与时间上相互间的选择。随着我们更加弄清楚关于劳工市场、流动性、寻业,以及更加弄清楚失业与通货膨胀两者在社会上和分配上的损失的时候,我们经济学家们是能够说明这些选择的。继凯恩斯之后35年,福利宏观经济学仍然是有关系的、挑战中的主题。我敢相信,它有灿烂前途。"[①]

从托宾的这段演讲词中,我们可以了解到,宏观福利理论所要探讨的零通货膨胀率或低通货膨胀率下的低失业率问题,包括了两个方面。一个方面是如何协调通货膨胀与失业的交替关系,以便使这种交替成为"最优的"。为此必须对通货膨胀与失

[①] 托宾:"通货膨胀与失业",载《现代国外经济学论文选》,第一辑,商务印书馆1979年版,第286—287页。

业造成的分配上的"损失"进行比较。另一方面是如何从社会上、政治上来选择通货膨胀与失业的交替点,以便使这种交替成为可以被社会所接受的或允许的。为此就必须对通货膨胀与失业所引起的社会动荡或政治不安定进行研究。

在这里,我们着重分析一下当前资产阶级经济学家关于通货膨胀和失业的最优交替的论述。

资产阶级经济学家认为福利最大化的问题要放在多种政策目标的格局中来考虑。由于当前资本主义国家政策的制定离不开对通货膨胀和失业问题的处置,所以如果说通货膨胀无法根除,那就应当尽可能使通货膨胀率下降,并设法适应它;如果说失业现象始终会存在,那就应当调节它,使之不至于超过一定的限度。于是就存在"可以被社会接受的通货膨胀率"或"可以被社会接受的失业率"问题。而在一部分认为通货膨胀和失业之间存在着长期交替关系的资产阶级经济学家看来,既然存在长期交替关系,那就产生所谓通货膨胀和失业的最优交替点的确定问题。

什么是最优交替?对这个问题的论证涉及"收益"和"成本"的比较。所谓"收益",是指降低通货膨胀率或失业率可能带来的好处;所谓"成本",是指通货膨胀率或失业率上升可能造成的损失。因此,据说"最优交替"应当放在这样一种位置上,一离开它,"成本"的增加就会大于"收益"的增加。因此,为了确定这种"最优点",就要对通货膨胀和失业的"成本"与"收益"进行权衡。尽管这种权衡被认为是困难的,而且持有不同经济理论观点的人有不同的解释,但不管怎样,凡是主张对通货膨胀和失业的"成本"和"收益"进行比较的人都认为,政策的制定者不应该在任何情况下使通货膨胀或失业中的任何一项达到使社会不能容忍的地步，而应当使通货膨胀和失业二者都保持在适当的水平上。

托宾写道："既不是宏观经济政策的制定者，也不是被选举出任的官吏和全体选民（政策制定者对他们应负责任的），都能回避权衡失业损失对比通货膨胀损失的轻重。正如费尔普斯已指出的，这种社会选择有时间上相互间的大小度量。非自愿失业的社会损失多半是显而易见的和直接的。通货膨胀的社会损失发生较迟些。"①托宾倾向于把失业"成本"看成比通货膨胀"成本"高一些。

从这一立场出发，托宾认为，不能渲染通货膨胀对收入再分配的不利影响，如把通货膨胀说成是"最无情的税"，或把通货膨胀说成是将导致资源配置不当等。他认为，即使不是通货膨胀，而是通货收缩，那么只要这种通货收缩是未被人们预计到的，也会产生类似的对收入分配和资源配置的不利后果。

托宾不同意货币主义者提出的"自然失业率"理论。根据那种理论，经济中对于自然失业率似乎是无能为力的，因此不如顺从自然失业率而不把消除失业作为稳定政策的明确目标。托宾反驳道："自然失业率——即和零度通货膨胀一致的失业率——从经济福利的立场上看，是没有特殊理由存在的。"②托宾接着说："认为不能达到和维持较低的失业率，不符合实际情况。根据自然失业率的假设，较低的失业率实际上只能用加速通货膨胀才能达到和维持。'加速'这个词并不一定像人们所想象的那

---

① 《现代国外经济学论文选》，第一辑，第 282 页。
② 托宾：《十年来的新经济学》，商务印书馆 1980 年版，第 85 页。

样,就一定是灾祸。实际上,加速通货膨胀不会像某些通货膨胀过程的抽象模型所表现的那样无情的千篇一律。无论如何,还是应当把加速通货膨胀最后造成的损害,和它在就业和生产方面带来的好处进行一番比较,看看到底是利大还是弊大。"[1]

四、关于通货膨胀对福利变动的影响的论述

但另一些资产阶级经济学家认为,从福利经济学的角度来看,失业与通货膨胀的不同的福利后果是不一样的,需要进行较细致的分析。例如,夏皮罗指出,失业当然会使一部分人的福利状况较显著地恶化,使这些人与社会其他成员的收入差距扩大了;而通货膨胀则对较多数的社会成员的实际收入发生影响,其中较多数的人的实际收入会下降,但收入差距并不会因通货膨胀而显著地扩大。从这个意义上说,社会还是可以同通货膨胀共处,而要同失业共处则比较困难。但夏皮罗说道,这仅仅就"温和的通货膨胀"而言;如果"温和的通货膨胀"一变而成为急剧的、恶性的通货膨胀,那么它对社会全体成员都将带来可怕的后果,不仅社会福利状况会大大恶化,而且由于它将使整个经济瘫痪(如 20 世纪 20 年代德国那样),使失业猛增,那么它将变得比部分人的失业更加难以忍受,这样,在考虑"成本"时,通货膨胀的"成本"(即它可能带来的损失)就必须放在更突出的位置上了。

关于通货膨胀对人们的福利的影响,夏皮罗具体分析如下:[2]夏皮罗认为需要从三个方面来考察通货膨胀对社会某些

---

[1] 托宾:《十年来的新经济学》,第 85—86 页。
[2] 参看夏皮罗:《宏观经济分析》,第四版,第 22 章。

成员状况的损害和对另一些成员状况的改善。一是通货膨胀对收入分配的效应;二是对财富分配的效应;三是对就业的效应。

（一）通货膨胀对收入分配的效应

如果货币收入并不同物价水平一样快地增长,那么每当物价水平提高时,实际收入就减少。例如对于未参加工会的工人来说,货币工资率的向上调整的滞后很长。对那些签订了完全按生活费调整的合同的工会工人而言,货币工资率调整的滞后则是较短的。

从 19 世纪以后的历史来看,得到利润的人是通货膨胀受益者,因为产品出售价格的上涨要比产品生产成本的增长更快。在完全竞争条件下,虽然较高的物价水平也会导致工资率上升,因为在较大的利润的诱导下,雇主力图扩大产量,从而增雇工人。但工资上升是落后于利润上升的,所以利润的获得以牺牲工资作为代价,于是那些从利润得到收入的人通过通货膨胀而受益。

在不完全竞争条件下,企业经常用按成本加成定价的方式来确定价格（例如按利润率定价）,那么从利润得到收入的人更有可能从通货膨胀获得好处。

至于说到由长期合同得到利息和租金收入的人,那么他们是受到通货膨胀的损害的。这种情况直到合同满期为止。一旦长期合同到期了,新合同可能以较高的利息率来替代旧的低利息率。但是,只要新合同仍然是不包括自动调整条款的长期借贷或租赁合同,那么得到利息和地租收入的人总会不可避免地因通货膨胀而减少收入。

最后,受通货膨胀打击最厉害的就是退休者和老年人,因为他们的收入几乎完全来自养老金和社会救济金。如果说社会保障津贴的数额还有可能自行增长,以抵消消费品价格上涨的话,那么养老金却只提供固定数目的金额。假定退休后若干年内一直有通货膨胀,通货膨胀就会勾销固定数额的养老金的相当大一部分。

此外还应看到,由于通货膨胀引起了居民中间收入的再分配,而所得税又是按收入分等级来负担的,并且由于在缴纳所得税时,处于课税的较高等级的居民中,平均每一户缴纳的税金要大于处于课税的较低等级的居民中平均每一户所缴纳的税,所以通货膨胀后,随着居民货币收入的增长,有一些居民从课税的较低等级升到了课税的较高等级。在所得税税率不变的条件下,以前处于课税较低等级的居民(他们以前是收入较低的居民)现在要纳更多的税。这就是说,只要所得税税率不变,那么尽管货币工资率能随物价上升而相应地上升,从而实际的纳税前收入不变,但居民纳税后的可支配收入却减少了。

(二)通货膨胀对财富分配的效应

居民财富状况受通货膨胀的影响的程度,依赖于通货膨胀影响居民拥有的资产的货币价值的方式,以及它影响居民所欠的债务的货币价值的方式。居民所欠的房产抵押贷款、汽车抵押贷款、银行贷款等在偿还时要求还清原来的货币额,它们不因物价的涨跌而变得更大一些或稍小一些。在居民的资产中,有一些要求按固定额偿还的款项(如借给别人的钱、存款),但还有一些则是可变价格资产,包括房屋、土地、汽车等物质资产,以及像股票这样的金融资产,它们受通货膨胀的影响较小。至于居民手头的现金,由于它们以票面值形式固定下来,所以等于一种要求以固定额偿还的资产,它们也受到通货膨胀的不利影响。

居民的净财产值是它的资产值和债务值之间的差额,所以它究竟受到通货膨胀的不利影响还是受到有利影响,主要取决于居民的资产结构和债务结构以及二者总额的比较。需要指出的是,在一些居民受到通货膨胀的不利影响的同时,另一些居民则会受到通货膨胀的有利影响,结果,通货膨胀将使财富从一些居民手中转移到另一些居民手中。

在资本主义现实条件下,政府部门和企业通常是净债务人,因为政府发行公债,企业发行公司债券或向银行借钱。作为净债务人,它们都因通货膨胀受益。此外,从纳税情况看,居民也有可能成为通货膨胀的受益者。比如说,物价上升10%,如果其他情形不变,政府的税收总额大约也增加10%。但由于政府所负的债务仍同过去一样多,所以政府的利息支出不会同比例增长。这样,政府总收入增加了,政府总支出(其中一部分是利息支出)的增长幅度将小一些,于是政府收支情况的好转有可能使纳税人的实际负担减轻些。

(三) 通货膨胀对就业的效应

通货膨胀会不会使某些失业者重新就业,这也是判断这些人究竟是从通货膨胀中得到好处还是受到损失的一个依据。如果他们只有在通货膨胀条件之下才能就业,他们显然受益于通货膨胀,而不管通货膨胀所引起的收入再分配使他们得到好处还是受到损失。但与此同时,通货膨胀也可能有阻止资源最优配置的趋势。比如说,有些部门在通货膨胀期间扩大产量(指价格上升大于成本增长的行业),也有些部门在通货膨胀期间会收缩产量(指价格的上升受到限制的行业)。通货膨胀期间各部门价格上升程度的不一致和产量的增减,将引起资源配置的失调。这也会对就业发生影响。如果这种资源配置失调引起了失业人数的增加,那就会对工人的福利发生不利的影响。

总的说来,通货膨胀与未发生通货膨胀时相比,就业是不是增加,产量是不是增加,被认为取决于一些条件。一个重要条件是:通货膨胀后货币工资率的调整落后于价格上升的时间间隔究竟有多大。如果工人对通货膨胀进行预测,不让实际工资率下降,那么就业就不会增加,这样,通货膨胀不会给失业者增加福利。另一个重要条件是存货的变动情况。如果厂商认为通货膨胀将继续存在,甚至还会加速,那么他们有可能增加存货,使之超过近期销售增加所需要的量。这种预期除了鼓励厂商增加存货而外,还可能鼓励他们增购设备,因为他们估计物价将来会更高。这时,消费者也会增加自己的购买量,他们会积存易于保管的消费品。这种过度的购买还会促进投机。所有这些情况都可以促使失业减少,产量增加,直到达到一定限度,使生产和购买的调整成为不可避免的事情之时为止。而一旦开始了这种调整,生产很可能比过去低,失业很可能比过去高。这不但抵消了过去因产量增加和就业增加而增加了福利,甚至福利还会比过去减少。

根据以上所述,只能得出这样的结论,通货膨胀对就业和产量究竟发生有利的效应还是发生有害的效应,这个问题并没有简单的是或不是的答案。这个答案依通货膨胀的程度以及经济的变动为转移。

以上就是资产阶级经济学家关于通货膨胀与失业引起福利变动问题的基本观点。必须指出,他们所提出的通货膨胀与失业最优交替的学说,在理论上是十分错误的。通货膨胀与失业是资本主义制度的产物,资本主义基本矛盾,即生产社会化和私人资本主义占有之间的矛盾,是通货膨胀和失业的根源。通货膨胀和失业二者之间并不存在此长彼消的因果关系。20世纪70年代内通货膨胀和失业的交织并发,表明所谓最优交替只是某些资产阶级经济学家的一种设想。至于最优交替条件下的福利最大化,则更是毫无根据的。无论通货膨胀还是失业,都只可能既造成国内资源配置的失调和资源的浪费;又使得低收入者、失业者、靠固定福利补助费为生者的实际收入下降,使贫富差距扩大。即使是"可以被接受的"的失业率和通货膨胀率,也都避免不了这种结果。资产阶级政府在这里处于两难境地,收入均等化和资源有效配置中的任何一点都不可能达到,更谈不到如何二者同时达到理想的程度了。

五、关于通货膨胀与经济增长之间关系的论述

前面已经谈到,在资产阶级福利经济学中,经济增长历来被看成是国民福利增长的同义语。因此,通货膨胀对于经济增长的影响也就是通货膨胀对国民福利变动的影响。这个问题近年来在有关宏观经济福利的讨论中,同样成为重要的研究课题。

问题首先涉及什么样的物价水平之下,可以有较高的经济增长率?比如说,温和的通货膨胀时的经济增长率较高,还是价格稳定时的经济增长率较高等。一些资产阶级经济学家认为,从历史资料来看,经济增长率较高时,物价不易稳定;于是在工资的增长落后于物价上升的情况下,利润将增大,而利润的增大又会促进经济增长,因为投资多了。但另一些资产阶级经济学

家认为，当前，由于工会的压力，不需要多长时间就能消除工资落后于物价的现象，这样，利润不会增加，于是通货膨胀对于经济增长的影响是不明显的。至于猛烈的通货膨胀，由于它使正常的经济关系紊乱，所以被认为是不利于积累，从而不利于经济增长的。

既然通货膨胀与经济增长之间的关系如此复杂，所以有些资产阶级经济学家认为，有必要把这种关系的分析再深入一步，例如，需要通过通货膨胀对储蓄的效应来分析通货膨胀对经济增长的影响。他们认为，在通货膨胀时期，如果工资的增长在较长的时间内落后于物价的上涨，那么这将引起工资在总收入中所占的比重缩小，总收入中归于利润的部分扩大。由于利润收入的获得者具有较高的储蓄倾向，因此，当工资在收入中所占比例缩小时，收入中用于储蓄的部分就会扩大。根据古典派的假定，资源中用于生产消费品的份额是与工资在收入中比重的大小有关的，资源中用于生产资本品的份额则与利润在收入中比重的大小有关。这样，通货膨胀后，由于工资在收入中所占比重减少，于是一部分资源将从生产消费品的部门转移出去，而随利润和储蓄在收入中所占比重的增大，用于生产资本品形式的那部分资源就和利润和储蓄一起增长。这样也就促进了经济增长。①

但也有些资产阶级经济学家提出与此相反的论点。他们认为，通货膨胀可能促使人们减少储蓄，增加消费，而储蓄率的下

---

① 参看费利克斯："利润膨胀和工业增长"，载《经济学季刊》，1956年8月号；阿尔契安和凯塞尔："通货膨胀引起的工资落后于物价的现象的意义和确实性"，载《美国经济评论》，1960年3月号；卡吉尔："工资滞后假定的经验研究"，载《美国经济评论》，1969年12月号。

降将减慢资本积累的速度，对经济增长不利。即使是利润收入增加的人，他们一方面看到自己的收入在迅速增长，但另一方面也看到自己的实际财产值可能因通货膨胀而减少。面临这种情况，通货膨胀是不是会使他们的收入中用于储蓄的部分扩大，也是有些疑问的。①

对于上述这些相互对立的两种论点，夏皮罗表述了自己的看法。他认为，猛烈的通货膨胀无疑阻碍着储蓄，但是，只要工资的增长继续落后于物价的增长，温和的通货膨胀仍有可能使储蓄的增加超过消费支出的增长，因为利息率将上升，以抵消通货膨胀带来的损失，而储蓄者有可能购买各种各样的保值的资产，以防止由于通货膨胀引起的损失。因此，在夏皮罗看来，除了过度通货膨胀的特殊情况而外，总的说来，储蓄是否因通货膨胀而增加，决定性的因素就是工资滞后现象是否存在。就长期经济增长率依赖于资本积累率这一点而言，假定工资在通货膨胀期间并不明显表现出落后于物价的增长，那么通货膨胀促进经济增长这一结论的主要依据是站不住脚的。②

夏皮罗接着指出，除了资本积累率而外，还有许多影响经济长期增长率的因素。但是，不管资本积累的重要性可能有多大，由于工资增长的较大程度滞后在发达的工业国家中已经是过去的事情了，所以通货膨胀不再表现出像它过去曾经明显表现的促进经济增长的作用。如果把第二次世界大战以来这段时期内主要工业国的通货膨胀率和实际国民生产总值增长率比较一下，那么看不出二者有什么清晰的一致性。例如，在西方主要工

---

① 参看夏皮罗：《宏观经济分析》，第4版，第22章。
② 同上。

业国家中,通货膨胀率最低的西德是经济增长率最高的国家之一;而有着最高通货膨胀率的日本,经济增长率也最高。英国有最低的经济增长率,但在通货膨胀率方面,它是最高的国家之一。在这里,问题与第二次世界大战对各国的影响有关,一般说来,根据战后的资料,很难说第二次世界大战以来的长期通货膨胀期间,通货膨胀究竟是加速还是减慢主要工业国家的经济增长率。[①] 从夏皮罗的上述意见可以了解到,这个问题至今在资产阶级经济学界仍被认为是不易确定的问题。

六、政治周期理论

福利作为一项政策目标,并不是资产阶级政府能够轻易放弃的。20世纪70年代内,某些资产阶级经济学家根据资产阶级政府的政策着重点的变换,提出了所谓"政治周期"的理论。这是当前资产阶级宏观福利经济学说的一个新的动向。

资产阶级经济学家们目前惯于使用的"政治周期"的含义是:资本主义国家经济的波动和政府经济政策的重点,随几年一度的大选而变化。这就是说,在临近大选时,政府为了取得选民的支持和信任,为了给自己粉饰政绩,往往采取扩大政府开支以减少失业和救济贫民的做法,使经济中呈现一种虚假的繁荣景象,而一旦选举结束,新总统上台后,为了弥补财政方面的窟窿,为了防止通货膨胀率过高而影响社会经济,往往压缩福利支出,而要等到下一届大选临近时,才又重演增加福利这一套办法。

这样,根据政治周期的演变,所谓通货膨胀和失业的交替或

---

① 参看夏皮罗:《宏观经济分析》,第4版,第22章。

收入均等化和经济效率的交替都将依照下述情况进行：

在临近大选时，政府强调收入均等化，强调应付失业问题，强调实现福利目标；

在大选结束，新政府上台后，就强调经济效率，强调抑制通货膨胀，强调经济增长。

资产阶级经济学家认为这是多年来资本主义国家经济变动所表明的实际情况，而且也是福利目标轻重缓急次序的一种规律性现象。因此，资产阶级经济理论在研究宏观福利问题时必须反映这一特点，并编制新的宏观经济模型——"政治—经济模型"。例如，诺德豪斯关于美国总统选举前后通货膨胀和失业关系的研究，就是这方面的一篇代表作。但必须指出，资产阶级经济学家有关政治周期的研究，尽管它反映了资本主义国家实际政治和经济生活中的某些现象，在理论上却是错误的，因为它掩盖了资本主义国家的阶级矛盾和阶级斗争；割裂了政治与经济之间的辩证的、有机的联系；否认资产阶级政府的本质，而把资本主义国家用以维护统治福利措施看成是政客们单纯为了个人捞取选票的手段，至于政府本身却似乎是中立的、不偏不倚的。我们知道，政客们的个人行动和诺言固然有一定作用，但这必须放在资本主义社会阶级关系和阶级斗争形势中去考虑，而不能予以夸大和绝对化。再说，那种把政治因素（如大选）纳入以数学形式表示的经济模型的做法，也是形而上学的。这只能成为一种数学游戏，而没有科学意义。

* * *

综上所述，近年来资产阶级经济学家在福利经济问题研究方面的"新"观点，从实质上说来仍然和新福利经济学一样，其主要目的在于：或者企图证明资本主义国家能够通过政府的有关措施来调节价格和生产，使社会资源合理配置；或者企图证明在资本主义制度下，一切旨在"改善"居民收入分配状况的措施和"增进"社会福利的措施都是无效的；关于资本主义制度下的收入分配现状，尽管有不能令人满意之处，但如果加以变更，也许情况还会更加糟糕。这些就是"外部经济理论""次优理论""相对福利学说""平等和效率交替学说"，以及"宏观福利学说"的中心思想所在。即使是资产阶级经济学家关于衡量福利指标的讨论，也是以美化资本主义制度为宗旨的，因为按照他们的各种解释，似乎资本主义国家只要对国民生产总值、国民生产净值、国民收入等指标加以补充和修正，或者另外建立一些可以反映"生活质量"的指标，资本主义社会的剥削性质也就不再存在，那样的社会就是一个名副其实的福利增长的社会了。因此，我们在承认当前资产阶级经济学家关于福利经济问题的讨论有可供参考之处的同时，不应当忘记它们在本质上是为资本主义制度服务的，是从属于庸俗经济学的理论体系的。

在外部经济理论、次优理论、平等和效率交替学说以及宏观福利学说的影响下，资产阶级政府对经济实行了一些调节措施，它们可以在经济生活中起到一定作用。例如，对于污染的治理，对于税收和津贴政策的制定，对于通货膨胀率和失业率的控制，资产阶级政府可以根据一定的福利经济理论作出某些决定，并使之付诸实施。但必须注意到，由于国家机构是掌握在垄断资产阶级手中的，它必然服从垄断资本的利益，因此它的经济政策总是为了达到这样一个目的：把它用各种方式征收到的钱用于维持垄断资本主义制度。根据一定的资产阶级福利经济理论而制定的政策推行的结果，必然加强了垄断组织的力量，加剧了垄断集团之间的竞争，扩大资本主义生产与消费之间的矛盾，使资本主义制度中的固有矛盾更加尖锐。

资本主义制度自身存在着不可解决的矛盾，资本主义经济危机和现代资本主义社会经济的多种并发症（通货膨胀、失业、生态平衡破坏、资源浪费、城市生活条件恶化、社会问题严重，等等）是任何药方也医治不了的。从20世纪初期以来，资产阶级经济学家们在福利经济问题上绞尽脑汁，提出了种种论点和政策主张，但这些又有什么用处呢？一部资产阶级福利经济学产生和发展的历史，不过是资本主义经济危机日益深刻化和复杂化，以及资产阶级政府各种反危机措施无效的见证而已。

人名索引

二画

丁伯根（Tinbergen，J.） 第 132、135、162、171～173 页。

三画

凡涅克（Vanek，J.） 第 264 页。

马克思（Marx，K.） 第 4、6、166 页。

马林沃德（Malinvaud，E.） 第 280、281 页。

马歇尔（Marshall，A.） 第 8～10、13～15、30、31、36、39～41、44、45、56、57、66、74、230、231、254 页。

四画

瓦尔拉（Walras，M.E.L.） 第 15、137、138、142 页。

瓦尔德（Wald，H.P.） 第 201、202 页。

贝佛里奇（Beveridge，W.H.） 第 181 页。

巴纳斯（Barnes，I.R.） 第 208 页。

巴罗内（Barone，E.） 第 138、139、141～143、158、178 页。

巴格瓦蒂（Bhagwati，J.W.） 第 212 页。

韦伯夫妇（Webb，S.J.-Webb，B.P.） 第 144 页。

韦斯特斯屈雷特（Weststrate，C.） 第 183 页。

五画

汉内（Haney，L.H.） 第 14 页。

汉森（Hansen，A.H.） 第 181、184、188 页。

兰卡斯特（Lancaster，K.） 第 258、259、261、262 页。

兰格（Lange，O.） 第 134、135、139、141、170 页。

兰德雷思（Landreth，H.） 第 136 页。

艾伦(Allen, R.G.D.) 第77、80页。

艾考斯(Eckaus, R.S.) 第272页。

艾利斯(Ellis, H.) 第221、233页。

艾德礼(Attlee, C.R.) 第182、183页。

古尔(Gurr, T.R.) 第281页。

古定(Gudin, E.) 第227页。

达蒙(Diamond, P.A.) 第251页。

布里托(Britto, R.) 第315页。

布恰南(Buchanan, J.M.) 第241~243、288、289页。

卡尔多(Kardor, N.) 第15、77、112~117、119~121、212、222页。

卡吉尔(Cargill, T.F.) 第329页。

卡塞尔(Cassel, G.) 第136页。

史密斯(Smith, W.L.) 第161、166页。

包尔丁(Boulding, K.) 第16、96、98页。

边沁(Bentham, J.) 第2~8、21、43页。

弗里德曼(Friedman, M.) 第319页。

弗莱明(Fleming, J.M.) 第206页。

尼科尔森(Nicholson, W.) 第192、243~246、249、250页。

皮尔逊(Pierson, N.G.) 第136、139~141页。

皮科克(Peacock, A.T.) 第188页。

六　画

米契尔(Mitchell, W.C.) 第274、316页。

米商(Mishan, E.J.) 第15~17、21、92、95、104、123、125、262、263、269、272~274、316页。

米勒斯(Mirrlers, J.A.) 第251页。

米塞斯(Mises, L.E.) 第139~141页。

米德(Meade, J.E.) 第206、222、224、238、239、256、264页。

亚当斯(Adams, W.) 第200页。

西托夫斯基(Scitovsky, T.) 第15、112、118~122、133、161、210、212、217、218、221、222、236页。

西蒂尔(Saitiel, W.) 第192页。

列宁(Lenin) 第2、68、188、189页。

迈因特(Myint, H.) 第40、66、92、

95、98、103、106 页。

托洛茨基(Trotsky) 第 149 页。

托宾(Tobin, J.) 第 303、304、320、322、323 页。

考斯(Coase, R.) 第 207、237 页。

多布(Dobb, M.) 第 173~178 页。

伊斯特林(Easterlin, R. A.) 第 269、274~278、281、282、316 页。

七 画

亨德森(Henderson, J. M.) 第 101、103、208 页。

庇古(Pigou, A.C.) 第 8、10、12~16、21、25、30~34、36~62、64~70、72~75、92、123、124、144~147、156、178、181~184、194、230~233、237、242、246、254、268~271、274、275、283、284、296 页。

怀纳(Viner, J.) 第 256 页。

杜生贝(Duesenberry, J. S.) 第 176、233、234、271、281 页。

杜普依(Dupuit, J.) 第 195 页。

李特尔(Little, I.M.D.) 第 17、21、74、92、112、114~116、118~125、131、165、202~205、220、221、257 页。

克拉克(Clark, C.) 第 40 页。

克莱潘(Clapham, J.) 第 66 页。

克罗斯兰(Crosland, C.A.R.) 第 183、184 页。

麦克马纳斯(McManus, M.) 第 262 页。

麦克肯齐(Mckenzie, L. W.) 第 258 页。

劳尔斯(Rawles, J.) 第 287~289 页。

匡德特(Quandt, R.E.) 第 101、103 页。

坎屈里尔(Cantril, H.) 第 272、273 页。

肖恩(Shone, R.) 第 263 页。

迪金森(Dickinson, H.D.) 第 141 页。

希克斯(Hicks, J.R.) 第 15、77、79、80、87~89、103、112、113、116~121 页。

利普赛(Lipsey, R.G.) 第 258、259、261、262、264 页。

阿布拉摩维茨(Abramoritz, M.) 第 269 页。

阿尔契安(Alchian, A.A.) 第 329 页。

阿罗(Arrow, K.J.) 第 128~130 页。

八　画

法因索德(Fainsod, M.)　第 208 页。

范埃伊克(Van Eijk, C.T.)　第 132 页。

拉姆赛(Ramsey, F, P.)　第 315 页。

拉普拉斯(Laplace, P.S.)　第 149 页。

拉斯泼雷(Laspeyres, E.)　第 70 页。

英吉纳(Ingene, C.A.)　第 252、253 页。

奈特(Knight, F.H.)　第 231、232、234、235 页。

罗尔(Roll, E.)　第 8、10、138 页。

罗伯逊(Robertson, D.H.)　第 90 页。

罗宾斯(Robbins, L.C.)　第 75、76、91、92、140、141 页。

罗宾逊(Robinson, J.)　第 28、90、91、183、184、186 页。

罗森贝(Rothenberg, G.)　第 22、160 页。

罗斯福(Roosevelt, F.D.)　第 181 页。

帕累托(Pareto, V.)　第 8、10～12、15、76、77、92、94、110、111、113、124、127、138、139、141、143、235、242、243、246、253～264、288、289 页。

帕斯奇(Paasche, H.)　第 70 页。

肯普(Kemp, M.C.)　第 213 页。

凯恩斯(Keynes, J.M.)　第 18、30、181、310、313、320 页。

凯塞尔(Kessel, R.A.)　第 329 页。

彼特森(Petterson, W.)　第 183、188 页。

佩洛(Perlo, V.)　第 186 页。

杰文斯(Jevons, W.S.)　第 7、8 页。

九　画

柯尔(Cole, G.D.H.)　第 156、184 页。

柏格森(Bergson, A.)　第 15、124～127、130、131、133、141、143、163、164、166、167、171、178 页。

哈罗德(Harrod, R.F.)　第 15、112、212、218、227 页。

哈利(Halay, A.)　第　页。

哈耶克(Hayek, F.A.)　第 140～142、159、182、286 页。

科普曼(Koopmans, T.C.)　第 317

费尔纳(Fellner, W.) 第 185、186、233 页。

费尔普斯(Phelps, E.S.) 第 322 页。

费利克斯(Felix, D.) 第 329 页。

费雪(Fisher, I.) 第 305 页。

十 画

海莱(Haley, B.F.) 第 16、96、98 页。

海曼(Hyman, D.N.) 第 294 页。

诺德豪斯(Nordhaus, W.) 第 303、304、332 页。

莱本斯太因(Leibenstein, H.) 第 132 页。

格林伍德(Greenwood, P.H.) 第 252、253 页。

格拉夫(Graaff, J.) 第 16、19、20、125 页。

格雷(Gray, H.M.) 第 200 页。

格雷瑟(Grether, E.T.) 第 200 页。

都留重人(Tsuru, Shigeto) 第 305～307 页。

埃克坦(Ecketein, P.) 第 192 页。

埃利斯(Ellis, H.) 第 125、163、166、167 页。

埃奇沃思(Edgeworth, F.Y.) 第 10、11、77、80、95、96 页。

夏皮罗(Shapiro, E.) 第 303、318、323、330、331 页。

索洛(Solow, R.M.) 第 318 页。

恩格斯(Engels, F.) 第 4、55、151 页。

桑代尔(Sandel, J.) 第 132 页。

俾斯麦(Bismarck, O.) 第 151、180 页。

泰勒(Taylop, F.M.) 第 158 页。

十一画

萧伯纳(Shaw, G.B.) 第 155 页。

菲利浦斯(Phillips, A.W.) 第 317～319 页。

萨缪尔森(Samuelson, P.A.) 第 15、21、73、77、78、90、124、125、130～132、181、212、213、216、217、220、221、303～305、318 页。

勒纳(Lerner, A.P.) 第 47、48、77、141、143、147～150、156、169、171、178、190、194、216、222、231、310、311、313～315、317 页。

梅茨勒(Metzler, L.) 第 221 页。

维塞尔(Wieser, F.) 第 137、138、

141、143、166 页。

十二画

谢费尔(Shaeffle, A.) 第 136 页。

普利斯特利(Priestley, J.) 第 3 页。

普里维什(Pribisch, R.) 第 227 页。

富克斯(Fuchs, V.R.) 第 279 页。

蒂坦堡(Tietenberg, T.H.) 第 251 页。

蒂特穆斯(Titmuss, R.T.) 第 182 页。

惠因斯顿(Whinston, A.) 第 240、241 页。

塔巴拉赫(Tabbarah, R.B.) 第 279 页。

斯皮格尔(Spiegel, H.W.) 第 40 页。

斯莫伦斯基(Smolensky, E.) 第 279 页。

斯密西斯(Smithies, A.) 第 258 页。

斯塔布巴因(Stubblebine, W.C.) 第 241～243 页。

斯蒂文斯(Stevens, R.W.) 第 212 页。

奥肯,阿瑟(Okun, Arthur M.) 第 285、289～296 页。

奥兹加(Ozga, S.A.) 第 257 页。

鲁格尔斯(Ruggles, N.) 第 199、202 页。

鲍莫尔(Baumol, W.J.) 第 118、129、231、234～236 页。

十三画

雷德尔(Reder, M.W.) 第 16、17、26、95、201、274、276 页。

蒙哥马利(Montgomery, R.H.) 第 197 页。

十四画

赫其生(Hutchison, T.W.) 第 66 页。

熊彼特(Schumpeter, J.A.) 第 141～143、151～156、165、166、178 页。

缪尔达尔(Myrdal, G.) 第 21 页。

十五画

摩尔(Moore, B.) 第 315 页。

摩里斯(Morris, M.D.) 第 307、308 页。

德列诺夫斯基(Drewnowski, J.) 第 169～173 页。

十六画

霍尔特曼（Holtermann, S.） 第251页。

霍布森（Hobson, J.A.） 第12、13页。

霍坦（Houghton, D.） 第183页。

霍根多恩（Hogendorn, J.S.） 第303页。

霍推林（Holtelling, H.） 第15、77、111、194～202、205、207～209页。

穆勒,约翰（Mill, John） 第4～8页。

穆勒,詹姆士（Mill, James） 第4、5页。

十七画

戴维,保罗（David, P.） 第274、276、316页。

戴维斯（Davis, O.A.） 第240、241页。